Freudvoll
raus aus
den Schulden

von Simone Milasas

Freudvoll **raus aus den Schulden**

Verlegt von Access Consciousness Publishing, LLC
www.accessconsciousnesspublishing.com

Gedruckt in den Vereinigten Staaten von Amerika

Leichtigkeit, Freude & Herrlichkeit

WARNUNG
Dies könnte deine gesamte finanzielle Realität verändern

Dieses Buch ist im Englisch der Queen verfasst.
(Ich bin schließlich Australierin!)

Danksagung

Danke an all die Menschen auf diesem Planeten, die ich getroffen habe und an die, die ich noch treffen werde.

An Gary & Dain – für die großartigen lebensverändernden Werkzeuge von Access Consciousness und eure Freundschaft und dafür, dass ihr mich ermächtigt zu wissen, dass alles möglich ist.

An Justine, meine PR-Agentin – dafür, dass du immer sagst, wenn etwas nicht so toll läuft: „Mach dir keine Sorgen, das ergibt später eine gute Geschichte!"

An Moira – dafür, dass du meine Paradigmen geändert hast, als du mich fragtest: „Warum könnt ihr nicht ein Haus in Brisbane UND an der Sunshine Coast haben?"

An Brendon – dafür, dass du meine erfreuliche andere Hälfte bist, eine tägliche Inspiration, mich immer siehst und der finanzielle Geschäftsführer von unseren gemeinsamen Kreationen bist.

An Rebecca, Amanda & Marnie – es hätte ohne eure Unterstützung nicht kreiert werden können. Danke EUCH.

An Joy of Business & Access Consciousness – Danke dafür, dass ihr für mich da seid und so unglaublich kreativ seid und dass es so viel Spaß macht, mit euch zu spielen/arbeiten!

An Steve & Chutisa – Danke für alle unsere Finanzgrundlagen-Kreationstreffen!

An Chris, Chutisa, Steve, Brendon, Gary & Dain – Danke für eure Geschichten der Veränderung, die den Menschen zeigen, dass es immer eine andere Möglichkeit gibt.

Gebt nicht auf. Hört nicht auf. Kreiert weiter und seid euch BEWUSST, dass alles möglich ist.

www.gettingoutofdebtjoyfully.com

Vorwort

Ich hatte 187.000 Dollar Schulden, bevor ich bereit war, meine finanzielle Realität zu verändern. Das ist eine Menge Geld, und ich stand im Prinzip mit leeren Händen da! Ich hatte viele verschiedene Jobs und reiste durch die ganze Welt. Ich hatte Geschäfte ins Leben gerufen, und ich hatte viel Spaß. Ich machte auch immer noch Geld, aber ich hatte kein Haus oder Investitionen oder irgendein Gewahrsein davon, wie viel Schulden ich wirklich hatte. Ich vermied es, mir das anzuschauen und ganz heimlich dachte ich, dass sich die Sache vielleicht von selbst auflösen würde!

Im Juli 2002 traf ich Gary Douglas, den Gründer von Access Consciousness® (die Firma, für die ich im Moment weltweite Koordinatorin bin), bei einem „Mind, Body and Spirit"-Festival, wo ich einen Stand für mein Business hatte, das ich damals betrieb und das „Good Vibes For You" hieß. Ein gemeinsamer Freund brachte Gary mit, um „Hallo" zu sagen. Gary umarmte mich, und ich wich sofort zurück. Er sagte zu mir: „Weißt du, es würde dir viel besser gehen, wenn du offen wärst zu empfangen. Du wärst glücklicher und du würdest auch mehr Geld machen." Ich dachte, er sei verrückt. Was meinte er damit, empfangen? Das ergab keinen Sinn. Ich dachte, ich müsste geben und geben und dass es das war, was mein Leben besser machen würde. Niemand sprach jemals über empfangen! Ich dachte, ich wäre auf diesem Planeten, um zu *geben*.

Ich ging zu einem der Vorträge von Gary bei dem Festival. Er handelte von Beziehungen. Er war echt, er benutzte Schimpfwörter, er war nicht ehrfürchtig, er war lustig, und er erzählte den Leuten nicht, was sie tun sollten und nicht tun sollten. Er war der erste Mensch, der sagte, dass du das wählen kannst, was für dich funktioniert, und dass du nicht sein oder tun musst, was irgendjemand meint, das du sein oder tun musst.

Er sagte, dass du der Einzige bist, der weiß, was für dich wahr ist, sonst niemand. Das war eine komplett andere und vollkommen ermächtigende Ansicht. Ich war neugierig geworden.

Ich begann, viele der Werkzeuge von Access Consciousness® zu nutzen, und ich bemerkte, dass sich mein Leben auf wundersame Weise zu verändern begann. Ich wurde glücklicher, und alle möglichen Dinge im Leben wurden einfacher und freudvoller.

Ich hörte mir einige Male an, wie Gary und sein Geschäftspartner Dr. Dain Heer über die Geldwerkzeuge von Access Consciousness® sprachen, aber ganz ehrlich, ich verstand nicht wirklich, was sie sagten, oder schenkte dem Aufmerksamkeit. Erst bei meinem dritten Access-Kurs hörte ich mir endlich an, was sie über Geld und die Werkzeuge sagten, die man nutzen kann, um seine finanzielle Situation zu verändern. Ich fragte mich: „Was würde passieren, wenn ich diese Werkzeuge tatsächlich nutzen würde?" Alle diese anderen Teile meines Lebens veränderten sich, wenn ich die Werkzeuge von Access verwendete, also könnte sich vielleicht auch meine Geldsituation verändern?

Ich erzählte niemandem, dass ich die Werkzeuge nutzen würde, denn ich dachte mir, das wäre genauso wie damals, als ich das Rauchen aufgab. Niemand hatte mich wirklich unterstützt. Und wie viele Leute unterstützen dich wirklich dabei, wenn du große Mengen an Geld machst? Also begann ich einfach nur für mich, einige der Werkzeuge zu nutzen, und meine Geldsituation begann sich ziemlich schnell zu verändern. Geld zeigte sich auf einmal aus scheinbar zufälligen Quellen und meine Bereitschaft, Geld zu empfangen, steigerte sich dynamisch; bis zu einem Punkt, an dem ich wirklich das Geld, das hereinkam, haben konnte, anstatt immer Möglichkeiten finden zu müssen, es auszugeben oder zu zahlen, sobald es sich zeigte. Hmmm – wieder dieses Wort „empfangen". Vielleicht hatte Gary irgendwie recht, als er vorschlug, ich solle dem Empfangen gegenüber offen sein!

Nach zwei Jahren war ich schuldenfrei.

Du erwartest jetzt vielleicht, dass ich sage, es fühlte sich wunderbar an schuldenfrei zu sein, aber so war es nicht für mich. Es fühlte sich seltsam an, keine Schulden zu haben. Ich fühlte mich wohler damit, verschuldet zu sein als schuldenfrei. Zum einen fühlte es sich vertrauter an. Es entsprach auch der Energie der meisten meiner Freunde. Und es deckte sich definitiv mit der Energie dieser Realität, in der alle „wissen", dass man um Geld kämpfen muss. Die Grundüberzeugung ist, dass man hart für sein Geld arbeiten muss. Geld sollte sich nicht mit Leichtigkeit und Freude und Herrlichkeit zeigen. Vor diesem Hintergrund ist es nicht so überraschend, dass ich innerhalb kurzer Zeit (etwa zwei Wochen) wieder Schulden hatte. Glücklicherweise war ich bereit zu erkennen, was ich tat. Ich wählte, mir dessen gewahr zu sein, was ich kreierte, und die Werkzeuge anzuwenden, die ich bei Access gelernt hatte. Schließlich konnte ich meine Geldsituation wieder umkehren.

In diesem Buch werde ich die Prozesse und Werkzeuge mit dir teilen, die ich verwendet habe, um nicht mehr Schulden zu wählen und dazu überzugehen, aus einem Raum heraus zu funktionieren, in dem ich bereit war, Geld zu haben und Geld zu verwenden, um der Erweiterung meines Lebens und meiner Lebensweise mit Freude beizutragen. *Bei diesem Buch geht es wirklich darum, eine finanzielle Realität zu kreieren, die voller Freude ist und für dich funktioniert.* Wenn du meinst, dass du das gerne tun würdest, musst du bereit sein, brutal ehrlich mit dir selbst zu sein und andere Wahlen zu treffen. Du musst dir absolut klar darüber werden, was du wirklich gerne wählen *würdest*, denn die Wahrheit ist, *du* bist derjenige, der alles kreiert, was sich in deinem Leben zeigt.

Es wäre einfach zu denken, dass ich nur eine abgenutzte Plattitüde von mir gebe – „Du kannst alles verändern!" – und du wirst vielleicht versucht sein, das schnell zu übergehen oder nicht ernst zu nehmen, aber schau dir noch einmal an, was ich dir nahelege: Wenn du dir wünschst, eine finanzielle Realität zu kreieren, die du wirklich liebst und die wirklich für dich funktioniert, musst du anerkennen, dass *du* die einzige Person bist, die Dinge in deinem Leben verändern kann, sonst niemand.

Das bedeutet nicht, dass du ganz alleine auf der Welt bist, und niemand und nichts dir helfen oder beitragen kann. Was es bedeutet, ist, dass du bereit sein musst anzuerkennen, dass alles, was sich in deinem Leben gezeigt hat, da ist, *weil du bewirkt hast, weil du kreiert hast, dass es da ist.* Die meisten Menschen möchten das nicht hören, weil sie denken, das bedeutet, sie müssten bewerten, was sie gerade nicht an ihrem Leben mögen, und zwar noch mehr als bisher. Bitte tu das nicht! Bitte bewerte dich nicht! Du liegst nicht falsch. Du bist ein großartiger, phänomenaler Kreateur. Wenn du anerkennst, dass du der Kreateur deiner gesamten Realität bist, ermächtigt dich das – denn wenn du sie kreiert hast, und zwar alles, kannst du auch alles davon ändern. Und es muss nicht annähernd so schwierig oder unmöglich sein, wie du denkst. Du musst dir allerdings klarer darüber werden, was du gerne als deine finanzielle Welt kreieren möchtest – und dann die Werkzeuge nutzen, die funktionieren und dir helfen, dies zu kreieren. Und dies ist der Grund, aus dem ich dieses Buch geschrieben habe –, um dir die Werkzeuge und die Fragen zu geben und dich dazu einzuladen zu kreieren, was immer du dir auch wünschst.

Wenn du alles verändern könntest, wenn du alles in deiner finanziellen Welt kreieren könntest, was würdest du wählen?

Eine besondere Anmerkung: Alle Werkzeuge in diesem Buch sind von Access Consciousness®. Die Geschichten sind meine. Ein großes Dankeschön an Gary Douglas und Dr. Dain Heer dafür, dass sie immer ein Beitrag sind und eine nie versiegende Quelle der Veränderung.

Inhalt

Teil Eins

Neue finanzielle Realität – Grundlagen

Kapitel 1

Was bringt Geld?

Wenn du nach einer schnellen Lösung für deine Geldprobleme suchst, bist du hier falsch.

Wenn du nach etwas suchst, das dir die Perspektiven und Werkzeuge gibt, um deinen gesamten Lebensstil, deine Realität und deine Zukunft mit Geld zu verändern und du bereit bist, dir selbst mindestens zwölf Monate zu geben, um zu schauen, was in dieser Zeit kreiert werden kann, wird dieses Buch dir eine Menge beitragen können.

Was ich wirklich gerne möchte, dass du verstehst, ist, dass du die Quelle für die Kreation von Geld in deinem Leben bist. Wenn du bereit bist, alles zu sein, was du bist, wirst du zu einer unendlich kreativen Quelle für alles in deinem Leben – einschließlich Geld. Du hast eine unbegrenzte (und fast unerschlossene) Fähigkeit, eine finanzielle Realität zu kreieren, die für dich funktionieren würde. Das Problem ist, dass den meisten von uns so viele Dinge über Geld beigebracht wurden, die einfach nicht wahr sind. Wenn wir anfangen, diese Mythen und Irrglauben aufzudecken und damit beginnen, mit verschiedenen Perspektiven zu spielen und sie mit einfachen und pragmatischen Werkzeugen kombinieren, wird eine dynamische Veränderung in deiner finanziellen Welt viel einfacher und viel freudvoller zu kreieren sein.

Was wäre, wenn Geld nicht das ist, was du abgekauft hast, was man dir darüber erzählt hat, was man dir verkauft oder beigebracht hat? Was wäre, wenn deine Bereitschaft, neugierig, hinterfragend und spielerisch zu sein, und das Zufällige, das Unerwartete und das Unvorhersehbare zu empfangen, dir viel mehr Geld bringen könnte, als du dir je vorgestellt hast?

Bist du bereit, das Abenteuer davon zu haben, ein Leben und eine Lebensweise mit viel Geld darin zu kreieren? Wahrheit? Hast du mit „Ja" geantwortet? Dann lass uns loslegen!

ES ZEIGT SICH NIE SO, WIE DU DENKST (ALIAS DER MYTHOS VON URSACHE UND WIRKUNG)

Die meisten Menschen glauben, dass Finanzen und Geld eine lineare Sache sind. Uns wird immer und immer wieder gesagt: „Um Geld zu machen, musst du erst A tun und sein, dann B und dann C." Dies ist die Einstellung, nach der wir am Ende leben, und wir verbringen unsere Zeit ständig damit, nach der perfekten Formel dafür zu suchen, viel Geld zu machen. Wir betrachten Geld immer weiter als etwas, das sich nur als Ergebnis bestimmter Handlungen zeigt (wie hart arbeiten, viele Stunden arbeiten, Geld erben oder in der Lotterie gewinnen). Aber was wäre, wenn die Kreation von Geld nicht zwangsläufig ein Paradigma von Ursache und Wirkung wäre? Was wäre, wenn Geld sich auf alle möglichen Arten zeigen könnte und aus allen möglichen Quellen?

Als ich meine finanzielle Realität änderte, zeigte sich das Geld von den bizarrsten Orten. Mir wurde Geld geschenkt, und ich hatte wirklich überraschende und äußerst lukrative Jobs, die sich zeigten. Es war auch sehr viel leichter für mich zu erkennen und zu empfangen, dass sich diese verschiedenen Dinge zeigten, denn zu diesem Zeitpunkt fragte ich: „Was sind die unendlich vielen unterschiedlichen Arten, auf die das Geld sich jetzt für mich zeigen kann?" Und ich war bereit, alles zu tun und jeden Job anzunehmen, der ein Beitrag für mein Leben war und meine finanzielle Realität erweiterte. Ich verweigerte weder das Geld noch die Möglichkeiten. Im Gegenteil: Ich öffnete mich ihnen gegenüber ohne eine Ansicht darüber, wie sie aussahen. Dies erlaubte den Dingen, sich mir zu zeigen und meinem Leben auf Arten beizutragen, die ich noch nicht einmal hätte erkennen können, wenn ich beschlossen hätte, dass Geld nach der linearen Abfolge von „A, B, C" in mein Leben kommen müsse.

Was wäre, wenn du die seltsame Person sein könntest, die ihre Realität rund um Geld und Finanzen für immer ändert, indem du deine linearen Ansichten über Geld aufgibst? Was wäre, wenn du unbegrenzte Einkommensströme haben könntest? Was wäre, wenn du Geld auf Arten kreieren kannst wie sonst niemand? Bist du bereit aufzugeben, berechnen, definieren oder ausrechnen zu müssen, *wie* Geld sich zeigt und zu erlauben, dass es auf zufällige magische und wundersame Arten in dein Leben kommt? Egal, wie das aussieht? Selbst, wenn es *total* anders aussieht, als alles, was du je in Betracht gezogen hast?

> *„Gib auf, darum zu bitten, dass sich Dinge manifestieren und lass das Universum seinen Job machen!"*

Ich war einmal ein ziemlicher Hippie. Ich liebte all das spirituelle Zeug. Ich ärgerte mich, wenn ich vergaß, meine Kristalle bei Vollmond zu reinigen. Meine Freunde und ich unterhielten uns darüber, was wir gerne in unserem Leben „manifestieren" wollten. Du kannst dir vorstellen, wie überrascht ich war, als ich Gary Douglas traf und er erklärte: „Manifestieren ist das „wie" Dinge sich zeigen – und wie sich etwas zeigt, ist die Aufgabe des Universums. Es ist deine Aufgabe, es umzusetzen: Es ist deine Aufgabe, darum zu bitten und bereit zu sein, es zu empfangen, *egal*, wie es sich zeigt."

Bist du verwirrt? Ok, lass uns das ein wenig genauer betrachten. *Manifestieren bedeutet tatsächlich, „wie es sich zeigt". Wenn du zum Universum sagst: „Ich möchte dies manifestieren", sagst du: „Ich hätte gerne, wie dies sich zeigt", was keinen Sinn ergibt. Es ist verwirrend und undeutlich für das Universum, und deswegen kann es nicht liefern. Das Universum wünscht sich, dir beizutragen, du kannst es um alles bitten! Aber wenn du das tust, sei deutlich und bitte darum, dass sich etwas in deinem Leben zeigt und nicht, wie es sich zeigt. Frage: „Was würde es brauchen, damit sich dies zeigt? Was würde es brauchen, dies sofort in meinem Leben zu verwirklichen?" Im Grunde genommen bitte, wenn du möchtest, dass das Universum dich unterstützt, um das WAS, das du möchtest, nicht WIE du es möchtest, und das bedeutet, damit aufzuhören, darum zu bitten, dass sich Dinge „manifestieren". Schaffe mehr Klarheit zwischen dir und dem Universum – bitte darum, dass sich Dinge verwirklichen und in deinem Leben zeigen und lass das Universum sich um das „Wie" kümmern.*

Wie viel Zeit verbringst du damit zu versuchen, dich darum zu kümmern, „WIE" Dinge sich in deinem Leben zeigen?

Wie oft verschwendest du deine Energie und deine Bemühungen darauf zu versuchen, die Sachen in eine Richtung auszurichten und bestimmte Ergebnisse in die Existenz hinein zu kontrollieren? Wie viel Zeit verbringst du damit, verzweifelt zu versuchen herauszufinden, WIE und WANN alles geschehen wird, anstatt darum zu bitten und einfach bereit zu sein, es zu erkennen und zu empfangen, wenn es geschieht? Das Universum hat eine unendliche Kapazität zum Manifestieren, und es hat in der Regel eine viel großartigere und magischere Art, dies zu tun, als du voraussagen kannst. Wärst du bereit, all deine Überlegungen aufzugeben, wie sich etwas zeigen sollte, und das Universum seinen Job ungehindert machen zu lassen? Alles, was du dazu tun musst, ist empfangen und damit aufhören, dich selbst zu bewerten.

Du musst bereit sein, damit aufzuhören, zu versuchen, wie (und wann) Geld sich zeigen wird, zu kontrollieren, vorauszusagen oder durch Denken herauszubekommen und du musst bereit sein, es zu verwirklichen. Um mit größerer Leichtigkeit zu verwirklichen, musst du deine Scheuklappen abnehmen und dich den unendlichen Spielarten der Möglichkeiten öffnen, die das Universum dir schenken möchte, damit du sie nicht verpasst, wenn es das tut.

Manchmal muss das Universum Dinge umstellen, um zu kreieren, was du dir wünschst. Es geschieht vielleicht nicht sofort, aber das bedeutet nicht, dass nichts passiert! Komme nicht zu der Bewertung, dass es sich nicht zeigen kann oder wird, und bewerte dich nicht, dass du irgendetwas falsch machst, sonst wird dies das stoppen, was du angefangen hast, als du darum batest, was du dir wünschst. Sei geduldig und begrenze nicht die zukünftigen Möglichkeiten.

Denk daran: „Fordere von dir selbst und bitte das Universum."

„Geld ist nicht nur Bargeld"

Gary erzählt oft die Geschichte über eine Dame, die zu einem seiner Geldkurse kam. Ein paar Wochen später rief er sie an, um zu hören, wie es ihr geht, und sie sagte: „Nichts hat sich verändert, das hat nicht für mich funktioniert!" Er fragte sie, warum sie das denke, und sie sagte: „Weil mein Kontostand genauso ist wie vorher." Gary fragte sie, was sich sonst noch in der letzten Zeit ereignet hätte. Sie erzählte ihm: „Nun ja, eine Freundin hat ein neues Auto gekauft und mir ihr jetziges Auto einfach so geschenkt. Eine andere Freundin hat mir ihre gesamte Designer-Garderobe geschenkt, die sie nie getragen hat, weil sie sie nicht mehr möchte, und im Moment lebe ich direkt am Strand in diesem wirklich schönen Haus, ohne Miete zu zahlen, weil dieselbe Freundin jetzt für sechs Monate im Ausland ist."

Gary sagte zu der Frau: „Du hast ein neues Auto, eine neue Garderobe und einen tollen Ort, an dem du lebst – und du denkst, nichts hätte sich verändert? Du hast in den letzten Wochen Dinge im Wert von Tausenden von Dollars empfangen. Inwiefern ist das *nicht* mehr Geld in deinem Leben?" Die Frau war nur bereit gewesen, das Geld in ihrem Leben als Geld auf der Bank zu sehen. Aber wie viel hätte es sie gekostet, ein Auto, eine Designer-Garderobe zu kaufen oder Miete für das Haus zu zahlen, in dem sie lebte?

Es gibt so viele Arten, auf die Geld und Geldflüsse in dein Leben kommen können, aber wenn du nicht bereit bist, sie anzuerkennen, wenn du denkst, sie müssten auf eine bestimmte Art aussehen, wirst du denken, dass du nichts veränderst, während du es eigentlich tust. Was wäre, wenn du bereit wärst, all die Arten zu haben, auf die Geld sich in deinem Leben zeigen kann, und mehr?

Bist du bereit, damit aufzuhören, das vorauszusagen, zu kontrollieren und mit dem Verstand herauszuarbeiten und auf die Reise zu gehen, darum zu bitten, was du dir wirklich als deine finanzielle Realität wünschst, und das Abenteuer davon zu empfangen, dass es sich auf Arten zeigt, die du dir im Moment nicht vorstellen kannst?

Wenn dies so ist, ist es an der Zeit, sich ein anderes grundlegendes Werkzeug zum Geldkreieren anzuschauen: bitten und empfangen.

BITTE UND DU WIRST EMPFANGEN

Die Leute geben ständig Bewertungen und Aussagen über Geld von sich, aber sehr wenige stellen Fragen dazu.

Wenn du so bist wie fast jeder auf dem Planeten, wirst du dazu neigen, dich selbst wegen des Geldbetrages zu bewerten, den du hast und den du nicht hast. Das Lustige ist, es ist egal, ob du viel oder wenig Geld hast – die meisten Menschen haben Tonnen über Tonnen an Bewertungen über Geld. Egal, was auf ihrem Konto ist, sehr wenige Menschen haben tatsächlich ein Gespür von Leichtigkeit und Frieden und Überfluss mit Geld.

Vielleicht hast du schon das Sprichwort gehört: „Bitte und du wirst empfangen." Hast du jemals wirklich um Geld gebeten? Bist du jemals wirklich bereit gewesen, es zu empfangen? Empfangen ist einfach die Bereitschaft, unendliche Möglichkeiten zu haben, dass etwas in dein Leben kommt, ohne eine Ansicht darüber, „was, wo, wann, wie und warum" es sich zeigt. Deine Fähigkeit, Geld zu empfangen, eröffnet sich, wenn du deine Bewertungen über Geld und über dich in Bezug auf Geld verlierst.

Wenn du deine finanzielle Realität wirklich verändern möchtest, muss einer deiner Hauptschritte in diesem Prozess darin bestehen, Bewertung aufzugeben. Im Gegensatz zu dem, was uns die Welt sagt, kreieren Bewertungen nicht mehr in deinem Leben. Sie halten dich in einer polarisierten Welt von richtig und falsch, gut und schlecht, sich ausrichten und zustimmen oder in Widerstand gehen und reagieren gefangen. Bewertung gibt keinerlei Freiheit, Wahl oder Möglichkeit für etwas anderes jenseits der einen oder anderen Seite der Medaille. Bewertung hält dich davon ab zu bitten und hält dich davon ab zu empfangen. Das Gegenmittel? WAHL. Du musst wählen, dich in dem Moment der Bewertung zu stoppen und von dir selbst zu fordern, dass du nicht mehr bewerten wirst oder zu irgendeinem begrenzten Gedanken oder zu einer Schlussfolgerung kommst. Und dann stell eine Frage.

Lass mich noch einmal kurz zurückkommen auf dieses Konzept des Linearseins mit Geld. Wenn du, ausgehend von einem Haufen Gedanken, Gefühlen, Bewertungen und Schlussfolgerungen glaubst, dass Geld sich nur auf bestimmte Arten zeigen kann, dann kann sich Geld nicht auf eine andere Art zeigen, als du bereits beschlossen hast, dass es möglich oder wahrscheinlich ist. Mit jeder Bewertung darüber, was du beschlossen hast, das nicht möglich ist, machst du dich selbst gegenüber allem blind, was sich zeigen könnte, was sich jenseits deiner begrenzten Sichtweise zeigen könnte; genau wie die Dame, mit der Gary sprach, die kreiert hatte, dass all diese Sachen in ihr Leben kamen, die viel Geld wert waren, aber beschloss, dass sich nichts verändert hatte, weil ihr Bankkonto auf demselben Stand geblieben war. Wenn du bereit bist, deine Bewertungen rund um Geld loszulassen, kannst du anfangen, die Möglichkeiten zu sehen, die du bisher in deinem Leben für unmöglich gehalten hast und mehr und mehr dazu einladen, zu dir zu kommen.

Und eine der einfachsten Arten, um Geld in dein Leben einzuladen, ist zu bitten!

Ich habe generell bemerkt, dass die Leute nicht sehr gut darin sind, um Dinge zu bitten. Wenn du dir ein kleines Kind anschaust, dann ist es von Natur aus sehr neugierig, möchte Dinge wissen und stellt in der Regel viele Fragen. Und häufig versucht man, das zu unterbinden.

Als ich ein Kind war, versuchte man mich davon abzuhalten, über Business oder Geld am Abendbrottisch zu sprechen, da meine Mutter so erzogen worden war, dass sie glaubte, es gehöre sich nicht, das zu tun. Ich war immer neugierig in Bezug auf Business und Geld, und mein Vater und mein Bruder waren beide Buchhalter und sie liebten beide das Business. Ich wollte die ganze Zeit Fragen stellen, besonders am Abendbrottisch, wenn alle zusammen waren, aber ich durfte das nicht, weil es als nicht angemessen angesehen wurde.

Hat man dir beigebracht, dass es unangemessen oder gar rüde ist, über Geld zu sprechen? Hat man dir beigebracht, dass es falsch ist, Fragen über Geld zu stellen? Hat man dich entmutigt, überhaupt Fragen zu stellen?

Ich kenne so viele Menschen, die wegen ihrer Neugier von Kindheit an kritisiert wurden. Ich habe einen Freund, dessen Mutter ihm einmal den Mund mit Klebeband zuklebte, damit er aufhörte zu reden, weil er zu viele Fragen stellte! Bei einem anderen Freund sagte seine Familie jedes Mal, wenn er als Kind eine Frage stellte, zu ihm: „Neugier ist der Katze Tod, kann sie dich bitte auch töten?"

In Wirklichkeit ist den meisten Menschen auf dem Planeten beigebracht worden, dass um Geld oder irgendetwas zu bitten etwas ist, was man nicht wirklich tun sollte, es sei denn, man hat einen wirklich guten Grund oder eine Rechtfertigung, wie z. B., wenn man hart genug gearbeitet hat oder beweisen kann, dass man es verdient.

Vor Jahren bestand mein fabelhafter Grund dafür, Geld zu haben, darin: „Ich sollte viel Geld haben, weil ich Gutes damit tun werde. Ich werde es verwenden, um Menschen zu helfen." Nun ist an dieser Idee grundlegend nichts Falsches, aber es bedeutete, dass ich bei jedem bisschen Geld, das in mein Leben kam, ihm nicht erlauben konnte, auch meinem eigenen Leben beizutragen. Ich war nicht in der Berechnung der Leute enthalten, denen ich damit helfen konnte. Dies bedeutete im Prinzip, dass ich jedes Mal, wenn ich irgendwelches Geld empfing, es loswerden musste. Ich konnte es nicht in meinem Leben haben oder es mir direkt beitragen lassen, weil ich die ganze Zeit anderen Menschen helfen musste. Das Lustige ist, dass sich meine Fähigkeit, anderen beizutragen, sobald ich mir selbst erlaubte, Geld zu haben, es wirklich in meinem Leben zu haben und es meinem Leben beitragen zu lassen, es zu genießen und es zu genießen, ich zu sein, exponentiell steigerte und immer noch weiter steigert.

Die Sache ist nämlich Folgende: Geld hat keine Ansicht. Es hat keine moralische Richtschnur, die sagt: „Du bist gut gewesen, also kannst du mehr Geld haben", oder: „Du bist böse gewesen, also kriegst du kein Geld!" Geld bewertet nicht. Geld zeigt sich für die Leute, die darum bitten und bereit sind, es zu empfangen.

Schau dir einmal die Welt an – hast du bemerkt, dass es freundliche und unfreundliche Menschen mit Geld gibt und freundliche und unfreundliche Menschen ohne Geld?

Du musst nicht beweisen, dass du gut oder schlecht bist oder dass du Geld verdienst, du musst bereit sein, damit aufzuhören zu bewerten, ob du Geld verdienst und darum bitten, einfach nur, weil du es kannst. Einfach nur, weil es Spaß macht, Geld zu haben!

Was wäre, wenn du um Geld bitten könntest, einfach nur, weil du weißt, dass das Leben mehr Spaß machen könnte mit Geld als ohne? Was wäre, wenn der Sinn des Lebens darin bestünde, Spaß zu haben? Hast du Spaß?

GELD FOLGT DER FREUDE UND NICHT UMGEKEHRT

Viele Menschen fragen mich, wie sie mehr Geld in ihrem Leben kreieren können. Ich habe mit Leuten gesprochen, die jeden Monat oder jede Woche ein festes Gehalt bekommen, wie auch mit Leuten, die andere Arten kreieren, um ihr Geld zu verdienen, wo der Betrag sich von Woche zu Woche oder Monat zu Monat ändert. Unabhängig von ihrer Situation erzähle ich den Leuten, dass es, wenn man mehr Geld einnehmen möchte, um die *generierende* Energie geht, die man kreiert.

Eine einfachere Art, dies auszudrücken, hat Dr. Dain Heer elegant in diesem Zitat formuliert: *„Geld folgt der Freude; Freude folgt nicht dem Geld."*

Manchmal höre ich Leute sagen: „Wenn ich Betrag X habe, werde ich glücklich oder friedvoll oder beruhigt sein." Was wäre, wenn du einfach glücklich aufwachst? Was wäre, wenn du einfach Frieden hättest? Was wäre, wenn du einfach Leichtigkeit hättest? Was wäre, wenn du einfach anfangen würdest, jetzt in diesem Moment eine andere Energie zu sein? Die Art von Energie, die Geld in dein Leben einlädt?

„Wenn dein Leben eine Party wäre, würde das Geld kommen wollen?"

Wenn du dir dein gegenwärtiges Leben wie eine Party vorstellen würdest, welche Einladung wäre es für Geld?

„Nun ... ich gebe da diese Party, aber wir haben gar keinen Spaß. Es gibt nichts Nettes zu essen oder zu trinken, wir werden keine schöne Kleidung tragen, und wenn du kommst, werde ich mich wahrscheinlich beklagen, dass du nicht genug für mich bist, dass du nie lange bleibst und wie sehr ich mich aufrege, wenn ich an dich denke. Und wenn du gehst, werde ich dich auch dafür bewerten, anstatt dafür dankbar zu sein, dass du überhaupt gekommen bist. Oh, und ich werde auch noch die ganze Zeit ständig hinter deinem Rücken über dich lästern."

Wenn du eine solche Einladung zu einer Party bekämest, würdest du dahin gehen wollen?

Wenn du zu einer Party eingeladen würdest, wo der Gastgeber sagt: „Mensch, ich bin so dankbar, dass du hier bist, danke, dass du gekommen bist!" Es gäbe tolles Essen, tollen Champagner, Musik, Leute, die wirklich Spaß haben und *dich* genießen, die dich nicht dafür bewerten, dass du die Party verlässt, aber dich einladen würden, jederzeit wiederzukommen und so viele Freunde mitzubringen, wie du möchtest – wäre das eher die Art von Party, für die sich das Geld begeistern würde?

Was wäre, wenn du anfingest, dein Leben als die Feier zu leben, die es sein kann, und zwar heute? Was, wenn du nicht darauf warten würdest, dass sich das Geld zeigt? Was, wenn du anfangen würdest, das zu tun und zu sein, was dir Freude macht, und zwar jetzt?

„WAS BRINGT DIR FREUDE?"

Die Energie, die du kreierst, wenn du Spaß hast, wenn du vollkommen und glücklich mit etwas beschäftigt bist, was du liebst, ist generierend. Es ist egal, wie du diese Energie kreierst. Sie muss nicht direkt mit dem zu tun haben, was du machst, das dir momentan Geld bringt (denke daran, wir geben das Lineare und Ursache und Wirkung auf). Die generierende Energie (die Energie der Freude) trägt deinem Leben und deinem Business bei, egal wann, wie, wo und warum du es kreierst oder was du damit kreierst.

Es ist nicht wirklich so, dass man uns fragt, was uns Freude bringt und wir dann die unzählbaren Arten erkunden, wie wir Geld aus der Freude daran machen können – deswegen kann es eine Weile dauern, sich darüber klar zu werden, was dir Freude bringt. Wärst du bereit, damit anzufangen, dich trotzdem zu fragen und zu wählen, was immer das auch ist?

Mein Partner Brendon wurde in sehr jungen Jahren ein „Tradie" (das ist australischer Slang für einen Handwerker). Er war Fliesenleger. Lange Zeit glaubte Brendon, dass Fliesenlegen das Einzige war, was er wirklich im Leben tun könnte, obwohl er in Wirklichkeit die Fähigkeit für so viel mehr hatte. Als wir gerade anfingen, miteinander auszugehen, gewann er nicht wirklich viel Freude daraus, ein Fliesenleger zu sein. Also ermöglichte ich ihm den Raum, sich selbst zu fragen, was ihm Freude macht und etwas anderes zu wählen. Ich unterhielt Brendon und seinen Sohn komplett finanziell für 18 Monate. Ich konnte seine Fähigkeiten sehen, und ich konnte auch sehen, dass er den Raum brauchte, um einige Wahlen darüber zu treffen, was er mit seinem Leben tun wollte. In dieser Zeit wurde er immer mehr er selbst. Er entdeckte mehr darüber, was er richtig gut kann und was ihm Freude bringt, sei das nun das Kochen von köstlichen Gerichten, der Entwurf und die Durchführung von Hausrenovierungen, Spielen im Aktienmarkt oder Immobilieninvestitionen. Wäre er in der Vorstellung gefangen gewesen, dass er für den Rest seines Lebens ein Fliesenleger bleiben muss, hätte er sich selbst niemals diese Veränderung erlaubt.

Was wäre, wenn du jedem (sogar dir) den Raum erlauben könntest, etwas anderes zu wählen? Egal, wie alt du bist, egal, wie lang es braucht, und auch, wenn du keine Ahnung hast, wo du anfangen sollst?

Wenn du 55 bist und dir selbst diese Frage stellst und dann sagst: „Ich wollte immer schon wirklich im Zirkus sein." – geh zum Zirkus! Tu, was auch immer es ist, dass du liebend gerne tun würdest, weil es dir mehr Geld bringen wird. Kreiere nichts als eine Rechtfertigung dafür, warum du etwas nicht wählst.

„Dein Leben ist dein Business, und dein Business ist dein Leben!"

Was liebst du zu tun, nur zum Spaß? Was wäre, wenn du das eine Stunde am Tag und einen Tag in der Woche tätest?

Ich habe diesen Spruch: „Dein Leben ist dein Business, und dein Business ist dein Leben." Was wäre, wenn das Business des Lebens das Business wäre, das du wirklich betreibst, egal, was gerade dein Job ist? Mit welcher Energie betreibst du dein Leben? Hast du überhaupt Spaß?

Ich führe meinen Hund häufig morgens am Strand aus. Jedes Mal, wenn wir gehen, ist es wie das erste Mal für ihn. Er springt mit überbordender Energie herum, als ob er sagen wollte: „Das ist so toll! Das ist großartig!" Er rennt den Strand entlang und in den Ozean und hat unheimlich viel Spaß. Und ich bekomme häufig, wenn ich einfach den Strand genieße und genieße, mit meinem Hund zu sein, die besten kreativen und generierenden Ideen. Wenn wir diesen Raum für Freude kreieren, ist das ein Beitrag für uns, den wir nicht annähernd genug anerkennen.

Kein Geldbetrag auf der Welt kann Glück kreieren. Du kreierst es. Indem du das tust, was dir Freude macht. Indem du DU bist. Also bitte, fange damit an, das zu tun und zu sein, was auch immer es ist, das du dir wirklich wünschst zu tun und zu sein. Fange damit an, glücklich zu sein. Fang einfach an.

Wenn du dir wünschst, mehr Geld in deinem Leben zu haben, musst du bereit sein, wirklich viel Spaß zu haben. Egal, was es braucht, egal, wie es aussieht und egal, wie es sich zeigt, denn es zeigt sich nie so, wie du denkst.

Du musst bereit sein, die Freude zu haben, und es dem Geld erlauben zu folgen.

HÖR AUF, GELD BEDEUTSAM ZU MACHEN

Was bedeutet Geld für dich? Hat es eine Menge Bedeutung in deinem Leben? Welche Emotionen hast du rund um Geld? Freude, Glück, Leichtigkeit? Angst, Stress und Schwierigkeiten?

Alles, was wir signifikant und bedeutsam machen, wird zu einer Quelle, um uns selbst zu bewerten und die Sache, die wir bedeutsam gemacht haben.

Wenn du etwas Bedeutsamkeit verleihst, machst du es größer und mächtiger als dich. Alles, was Bedeutsamkeit in deinem Leben hat, machst du zu *der mächtigen Sache* und *du* wirst zum machtlosen Opfer. Es ist nicht wirklich wahr, dass es größer ist oder dass du machtlos bist, aber du machst es so wichtig und bedeutsam für dich und dein Leben, dass du beschließt, nicht ohne es leben zu können, und du machst dich selbst wahllos in Bezug darauf – außer darin alles zu tun, was es braucht, um daran festzuhalten. Das Problem ist, dass, wenn du an etwas so stark festhältst, das Leben daraus entweicht. Wenn du Bedeutsamkeit in Bezug auf irgendetwas kreierst, erstickst du es und erstickst dich, sodass es keinen Raum gibt, dass irgendetwas wachsen, atmen, sich verändern oder erweitern könnte.

Hast du auch bemerkt, dass, sobald du etwas bedeutsam, wichtig oder unerlässlich machst, es praktisch unmöglich wird, dich damit spielerisch, glücklich oder leicht zu fühlen? Es wird dir unmöglich, wirklich mehr davon in deinem Leben zu kreieren, weil du zu sehr damit beschäftigt bist, nicht zu verlieren, wie viel dies im Moment auch immer sein mag. Das ist genau das, was wir mit Geld zu tun tendieren.

Es gibt eine *Menge* Bedeutsamkeit rund um Geld. Es mag wie ein Ding der Unmöglichkeit erscheinen, dich zu bitten, dir dein Leben ohne Bedeutsamkeit rund um Geld vorzustellen, aber schau es dir mal eine Minute lang an. Wenn Geld nicht bedeutsam wäre, wie viel Freiheit würde dir das geben? Wie viel mehr Wahl? Wie viel leichter und glücklicher würdest du dich in allen Lebensbereichen fühlen?

Was wäre, wenn du heute damit anfängst, jeden Teil deines Lebens als eine freudige Feier zu kreieren?

Vor vielen Jahren wurde mir klar, dass ich in einer Einstellung festgefahren war, in der ich alles, was ich tun oder nicht tun konnte, aufgrund des Geldes wählte, das ich auf meinem Bankkonto hatte. Ich hatte mich selbst gefragt, was es brauchen würde, um das Geld zu kreieren, um nach Costa Rica zu einem Access-Consciousness-Event zu fliegen. Ich erinnere mich an diesen Moment gar nicht lange danach, als ich mit einem Stapel Bargeld dasaß, den ich kreiert hatte. Ich hatte das Geld direkt in meinen Händen, aber ich ging all diesen Gedanken nach, was ich damit tun sollte und tun könnte und machte mir Sorgen, ob noch mehr kommen würde oder nicht. Jemand hatte etwa zu dieser Zeit zu mir gesagt: „Wann wirst du damit aufhören, Geld bedeutsamer als dich zu machen?" Und als ich diesen Stapel Geld in meiner Hand betrachtete, begann ich, es als all diese schönen farbenprächtigen Stücke Papier zu sehen. Ich schaute mir alles an und dachte: „Wow, ich mache dieses Papier in meiner Hand bedeutsamer als die Wahlen, die ich in meinem Leben treffen könnte? Das ist verrückt!" Danach stellte ich die Forderung an mich selbst, dass ich Geld nicht mehr wert sein lassen würde als mich. Du musst daran denken, dass Geld nicht die Quelle der Kreation ist, du bist die Quelle der Kreation. DU kreierst dein Leben!

Simone Milasas

Um eine freudige finanzielle Realität mit Geld zu kreieren, musst du alles aufgeben, von dem du beschlossen hast, es sei bedeutsam in Bezug auf Geld, und du musst bereit sein, voller Freude und glücklich zu sein, mit oder ohne Geld. Was wäre, wenn du damit anfangen würdest, dein Leben als eine unwiderstehliche Einladung für das Geld zu kreieren, damit es zum Spielen zu dir kommt? Welche Ansichten über Geld müsstest du verlieren, um dies mit Leichtigkeit zu kreieren?

Kapitel 2
Was verändert Schulden?

Was ist deine Ansicht über Schulden? Erscheinen sie dir normal, unausweichlich oder unvermeidbar? Hat man dir beigebracht, zu glauben, dass Schulden schlecht, falsch oder ein nötiges Übel sind? Vermeidest du es, dir deine Schulden anzuschauen? Hältst du dich selbst unwissend, was Schulden angeht und hoffst, dass sich das von selbst regeln wird?

Was wäre, wenn ich dir sagen würde, dass Schulden nur eine Wahl sind? Sie sind nicht gut, sie sind nicht schlecht, sie sind nicht richtig noch sind sie falsch – sie sind eine Wahl.

Dies mag wie eine grobe Vereinfachung klingen, aber das grundlegendste und wirkungsvollste Werkzeug, um aus Schulden herauszukommen, ist, zu erkennen, dass Schulden eine Wahl sind, die du hast und dass du sie verändern kannst, wenn du das wünschst. Sobald du die Wahl triffst, aus den Schulden herauszukommen, kannst du alles verändern.

Häufig möchten die Leute, wenn ich ihnen sage: „Schulden sind nur eine Wahl. Geld ist nur eine Wahl", dies nicht wirklich wissen. Sie würden sich lieber selbst bewerten als sich anzuschauen, was sie derzeit als ihre Realität kreieren.

Vielleicht fragst du dich: „Wenn Schulden nur eine Wahl sind, warum habe ich dann welche? Was habe ich falsch gemacht? Warum habe ich es nicht richtig hinbekommen?" Bitte bewerte dich nicht, mach dir keine Vorwürfe und geh nicht in dein Falschsein hinein. Was wäre, wenn nichts, was du je gewesen bist oder getan hast, falsch war? Es hat dich zu diesem Moment gebracht, in dem du etwas anderes suchst, dieses Buch liest und nach anderen Möglichkeiten mit Geld suchst, richtig? Also, was wäre, wenn jetzt der perfekte Zeitpunkt wäre, etwas Neues zu wählen?

Und du kannst sofort etwas Neues wählen. In dem Moment, wo du etwas anderes wählst, veränderst du deine Realität mit Geld. In dem Moment, in dem du dir sagst „Weißt du was? Egal was, ich werde das verändern!", ermächtigst du dich selbst, die schuldengefärbte Brille abzunehmen und zu fragen: „Was ist noch möglich?"® und „Was kann ich tun, um dies zu verändern?"

Wie sehr hast du dein Leben aus einem Ort der Schulden kreiert? Was wäre, wenn du, anstatt aus der Ansicht von: „Ich kann das nicht verändern" zu wählen, in die Frage hineinspüren würdest: „Was wäre, wenn ich alles wählen könnte? Was wäre, wenn ich für mich wähle? Was würde ich gerne kreieren?"

Wenn du deine Ansicht änderst, verändert sich deine Realität. Welche Ansicht hast du, die deine jetzige finanzielle Situation kreiert? Was, wenn du dir erlaubtest, diese Ansicht zu ändern? Würde dir das die Freiheit geben, etwas anderes zu wählen?

DEINE ANSICHT KREIERT DEINE (FINANZIELLE) REALITÄT

Was ist der Unterschied zwischen dem, was für dich im Leben real ist und was nicht? Deine Wahl, wie du es betrachtest. Die Ansicht, die du bisher über Geld gehabt hast, hat deine jetzige Geldsituation kreiert. Wie funktioniert das für dich?

Ab dem Moment unserer Empfängnis absorbieren wir die Realität in Bezug auf Geld von unseren Eltern, unserer Gemeinschaft, unseren Freunden, unseren Verwandten, unseren Altersgenossen, unseren

Lehrern, unserer Kultur und unserer Gesellschaft. Es wird ständig auf uns projiziert und von uns erwartet, dass wir genau dieselben Ansichten abkaufen. Uns wird nicht beigebracht, infrage zu stellen, ob das wahr, real oder relevant für uns ist. Uns wird gesagt: „So ist es eben, dies ist die Realität der Situation." Was wäre aber, wenn das nicht so wäre?

Ich hätte die Ansicht meiner Familie abkaufen können, dass es unangemessen ist, am Abendbrottisch über Geld zu sprechen und mich selbst dafür falsch machen, dass ich während des Abendessens über Geld sprechen wollte. Ich hätte damit aufhören können. Was ich jedoch stattdessen tat, war, dass ich erkannte, dass ihre Ansicht nur ihre Ansicht ist und dass sie nicht real und wahr für mich sein musste. Mein Partner und ich lieben es, bei einem Glas Wein und Dinner über Geld zu sprechen. Wir machen das, was wir gerne als „finanzielles 1 x 1" bezeichnen, während wir die köstlichen Gerichte genießen, die er kocht. Wir sprechen darüber, wo wir gerade mit Geld stehen, was wir mit Geld in einem, in fünf, in zehn Jahren kreieren möchten, und wir spielen mit der Idee von dem, was noch möglich ist, was wir noch nicht in Betracht gezogen haben. Wir haben Spaß dabei, wir generieren viel Enthusiasmus und Freude in unserem Leben, uns kommen großartige Ideen, und wir setzen uns neue bewegliche Ziele. Wenn ich die Ansichten anderer Leute als wahr für mich abgekauft hätte, wäre ich nicht in der Lage gewesen, diesen wunderbaren Teil meiner Realität zu kreieren, den ich mit meinem Partner genieße und der unserem Leben und der Kreation unserer Finanzen ungemein beiträgt.

Wenn du deine festen Ansichten über Geld „unfest" machen könntest, wenn du keine Bewertungen über Geld hättest, wie würdest du deine finanzielle Realität kreieren? Wäre sie ernsthaft und problematisch, wie uns so oft gesagt wird, dass sie es sei? Oder würdest du etwas ganz, ganz anderes kreieren?

„Hast du beschlossen, dass das feste, schwere Zeug im Leben real ist?"

Ich sprach mit einer Frau, die ihr Business expandieren wollte, aber sie hatte beschlossen, dass sie nicht genug Geld zum Überleben haben würde, wenn sie ihren Plan umsetzen würde. Sie fühlte sich wie gelähmt. Sie sagte, sie wisse, dass sie aus einer Energie funktionierte, die weder real noch wahr war, und doch hielte sie sie irgendwie in einer Box gefangen. Ich fragte sie: „Machst du deine Schlussfolgerungen real? Sie haben etwas Schweres an sich, das wir mit dieser Realität assoziieren. Was wäre aber, wenn sie gegenstandslos wären? Was wäre, wenn sie einfach nur eine interessante Ansicht wären?"

Die Frau fragte: „Aber ist es nicht real, dass ich Geld brauche, um meine Rechnungen zu bezahlen? Ist es nicht real, dass ich Geld brauche, um mein Essen zu bezahlen? Ist all das nicht real?"

Ich sagte: „Alle sagen dir: ‚Du musst deine Rechnungen bezahlen und du musst dein Essen kaufen.', aber dies sind Schlussfolgerungen. Du musst diese Dinge nicht tun. Du könntest Bankrott anmelden. Du könntest deine Rechnungen nicht bezahlen. Du könntest einfach gehen. Du könntest zum Haus von Freunden gehen und ihre Nahrungsmittel aufessen. Es gibt eine Million verschiedener Dinge, die du tun könntest. Du könntest auch wählen, etwas vollkommen anderes zu kreieren." Es fällt wirklich auf die Wahl zurück. Du hast Wahl. Was wählst du?

Vor vielen Jahren hatte ich auch eine schwierige Zeit, und ich rief einen Freund an. Als ich ihm erzählte, was vor sich ging, sagte er: „Ja, Simone, aber das ist nicht real." Ich stand in meiner Küche und dachte: „Das *ist* real. Dies *ist* real." Ich fing an zu lachen, denn ich wollte so sehr, dass dieser Freund mir abkaufte, von wo aus ich funktionierte. Ich wollte, dass er mit meinen Schlussfolgerungen und Begrenzungen übereinstimmte und ihnen zustimmte, und sagte: „Weißt du was? Du hast recht, das hier ist real."

Was hast du beschlossen, das für dich real und nicht real ist? Warum hast du beschlossen, dass es real ist? Weil das deine Erfahrung in der Vergangenheit war? Weil es sich real „anfühlt": schwer, solide, gewichtig oder unbeweglich? Würde sich etwas, was für dich wahr ist, wirklich wie eine Tonne Ziegelsteine anfühlen, oder würde es dich glücklicher machen und dazu bringen, dass du dich leichter und glücklicher fühlst?

Du schaust dir etwas an, das fest ist – wie ein Ziegelstein oder ein Gebäude. Die Wissenschaft hat uns gezeigt, dass sogar die festesten Dinge tatsächlich 99,99 % Raum sind. Was wäre, wenn das, von dem du beschlossen hast, es sei real, fest und unbeweglich, dies eigentlich nicht ist und dir nur beigebracht wurde, das so zu sehen? Was könnte sich verändern, wenn du wählst zu erkennen, dass vielleicht alles, von dem du auf eine bestimmte Art denkst, nicht unbedingt so ist?

„Ein großartiges Werkzeug, um Leichtigkeit mit jeglicher Ansicht zu schaffen, besteht darin, sie interessant zu machen anstatt real."

Eines meiner Lieblingswerkzeuge von Access Consciousness ist das folgende: Was wäre, wenn du in den nächsten drei Tagen bei jedem Gedanken, jedem Gefühl und jeder Emotion, die aufkommt (nicht nur über Geld, sondern über alles), zu dir selbst sagen würdest: „Interessante Ansicht, ich habe diese Ansicht"? Sag es ein paar Mal und schau, ob sich etwas verändert. Lass es uns ausprobieren: Was ist momentan dein größtes Problem mit Geld? Nimm diesen Gedanken und jegliche Gefühle und Emotionen, die gleichzeitig aufkommen, wahr. Nun schau es dir an und sage: „Interessante Ansicht, ich habe diese Ansicht." Hat sich etwas verändert? Wenn nicht, sage es noch ein Mal. Sage es noch drei Mal oder noch zehn Mal. Merkst du einen Unterschied? Wird es schwieriger, daran festzuhalten? Wird es weniger gewichtig und fest? Wenn du aufhörst, irgendeine Ansicht als real oder absolut abzukaufen, und sie nur als interessant betrachtest – fängt sie an, leichter zu werden und weniger Auswirkung in deinem Universum zu haben. Wenn du sagst: „Interessante Ansicht, ich habe diese Ansicht" in Bezug auf einen Gedanken, ein Gefühl oder eine Emotion und sich das auflöst oder verändert, bedeutet dies, dass es für dich nicht wirklich wahr ist.

Nun denke an jemanden, für den du in deinem Leben wirklich dankbar bist. Nimm die Energie davon wahr, denjenigen in deinem Leben zu haben, schau sie dir an und sage: „Interessante Ansicht, ich habe diese Ansicht." Verschwindet sie jetzt und löst sich auf? Oder geschieht etwas anderes?

Wenn etwas für uns wahr ist und wir es anerkennen, kreiert dies ein Gespür von *Leichtigkeit* und *Ausgedehntheit* in unserer Welt. Wenn etwas nicht wahr ist, wie eine Bewertung oder eine Schlussfolgerung, die wir zu etwas getroffen haben, ist es schwer und fühlt sich zusammengezogen oder eng an. Wenn du sagst: „Interessante Ansicht, ich habe diese Ansicht", dehnt sich das, was für dich wahr ist, aus und wächst, und das, was nicht wahr ist, wird weniger gehaltvoll und löst sich auf.

Hier ist noch ein weiterer Vorschlag, wie du die „interessante Ansicht" verwenden kannst, während du dieses Buch liest. Bei jedem Gedanken, Gefühl oder jeder Emotion, die für dich in Bezug auf Geld hochkommt, während du liest, nimm dir einen kurzen Moment Zeit, um diese Ansicht anzuerkennen, und verwende dann die „interessante Ansicht". Du wirst vielleicht feststellen, dass so gut wie alles, von dem gedacht hast, es sei fest und absolut in Bezug auf deine derzeitige finanzielle Situation, nur interessant ist und überhaupt nicht real. Mit der „interessanten Ansicht" wird alles formbar. Du kannst dann wählen, ob du es behalten, verändern oder eine ganz neue Ansicht kreieren möchtest.

Was würdest du gerne heute kreieren und wählen?

DIE BEQUEMLICHKEIT MIT SCHULDEN AUFGEBEN

Ich habe schon oft mit Leuten gesprochen, die Schulden hatten, schuldfrei wurden und dann wieder Schulden machten. Ich habe das selbst gemacht. Vor Kurzem sprach ich mit einer Frau, die sagte: „Ich war schuldenfrei und hatte zum ersten Mal in meinem Leben Geld auf meinem Bankkonto, aber jetzt habe ich wieder 25.000 $ Schulden. Dies ist das vierte Mal! Was ist hinter diesem Muster? Ich mag es nicht, Schulden zu haben oder zu kämpfen, um das Geld zu finden, um die Schulden zurückzuzahlen, aber mir gefällt auch nicht die Beschränkung, etwas nicht zu wählen, nur weil ich das Geld nicht habe."

Ich fragte sie: „Bist du wirklich bereit, schuldenfrei zu sein?", und sie erkannte, dass sie nicht wirklich antworten konnte: „Ja!" Für sie war irgendetwas daran bequemer, *Schulden* zu haben, als *keine Schulden* zu haben. Ich weiß, dass das auch für mich so war, als ich das erste Mal schuldenfrei war und vielleicht trifft das auch auf dich zu. Ich war sogar enttäuscht, als ich das erste Mal aus meinen Schulden herauskam. Ich dachte: „Wo sind die Trompeten und das Feuerwerk und die große Straßenparade, die sagt: ,Ja, Simone, du bist großartig!'?" Das war schon ein bisschen enttäuschend. Es fühlte sich seltsam und ungewohnt an, diese Schulden nicht in meinem Leben zu haben. Für wie viele von euch ist dies auch ein gewohntes Gefühl?

Es gibt viele Gründe, warum es bequemer ist, Schulden zu haben als keine. Vielleicht bist du daran gewöhnt, so zu sein wie alle anderen. Vielleicht möchtest du nicht die große Mohnblume sein (dies ist ein Begriff, den wir in Australien benutzen, um Menschen von wahrem Verdienst zu beschreiben, denen man dies verübelt, die man angreift, niedermacht oder kritisiert, weil ihre Talente und Leistungen sie von der Menge abheben), oder dir gefällt die Vorstellung nicht, dafür bewertet zu werden, dass du die einzige Person bist, die du kennst, die keine Schulden oder Geldprobleme hat.

Wenn du feststellst, dass du immer wieder eine bestimmte Menge an Schulden hast, und dies wirklich ändern möchtest, musst du den Mut haben und dich selbst mit dem konfrontieren, was du derzeit wählst, und eine andere Wahl treffen. Bist du bereit, dich unwohl zu fühlen, um Freiheit in diesem Bereich zu kreieren? Wenn ja, lass uns etwas machen, was ein bisschen seltsam anmutet: Lass uns schauen, was du tatsächlich daran *liebst*, Schulden zu haben.

„Was liebst du daran, Schulden zu haben und kein Geld zu haben?"

Dies mag wie eine seltsame Frage erscheinen, aber wenn etwas in unserem Leben vor sich geht, von dem wir behaupten, dass wir es hassen, gibt es da häufig etwas, das wir insgeheim daran lieben, es zu kreieren, das wir uns nicht anschauen. Wenn du bereit bist, einige Fragen zu stellen, kannst du anerkennen, was dich da festhängen lässt. Wenn du es nicht anerkennst, kannst du es nicht verändern.

- Was liebst du daran, Schulden in dieser Höhe zu haben? Ist dies der Schuldenbetrag, der für dich bequem ist? Lässt er dich in einer begrenzten finanziellen Realität festhängen? Lässt er dich genauso wie alle anderen sein?

- Was liebst du daran, kein Geld zu haben? Stellt dies sicher, dass du dich nicht von deinen Familienmitgliedern abhebst? Wenn du Geld hättest, glaubst du, dass deine Familie fordern würde, dass du es ihnen gibst?

- Was liebst du daran, es zu hassen, kein Geld zu haben? Gibt dir das etwas, worüber du klagen kannst, eine Geschichte oder Rechtfertigung, auf die du zurückgreifen kannst, anstatt dies einfach zu ändern?

- Was hasst du daran, es zu lieben, kein Geld zu haben? Hat man dir gesagt, es sei falsch, Geld zu lieben? Ist Geld die ‚Wurzel allen

Übels'? Bewertest du deine Wahl, kein Geld zu haben? Würdest du in Betracht ziehen, dich nicht zu bewerten, und anerkennen, dass du jetzt eine andere Wahl hast?

* Welche Wahl kannst du heute treffen, die jetzt und in der Zukunft mehr kreieren kann?

Es mag für dich nicht unbedingt angenehm sein, dir diese Fragen zu stellen. Du wirst vielleicht versuchst sein, dich selbst noch mehr zu bewerten. Bitte tu das nicht. Was wäre, wenn das Anerkennen all der verrückten Dinge, die wir beschlossen haben daran zu lieben, Schulden zu haben, tatsächlich der Schlüssel wären, dies zu ändern – indem wir es uns ohne Bewertung anschauen und erkennen, dass wir manchmal einfach nur süß und nicht so schlau sind – und dann anzuerkennen, dass du eine andere Wahl treffen kannst? Was wäre, wenn es nicht falsch wäre? Was wäre, wenn du für deinen Mut, dir dies anzuschauen, dankbar sein könntest?

Ich werde dir eine Geschichte über eine meiner verrückten Ansichten über Geld und Schulden erzählen, die ich benutzte, um mich davon abzuhalten, Geld zu haben. Ich liebe meinen Papa. Er war ein wirklich freundlicher Mann. Er sagte oft, er würde nicht sterben, solange er nicht sicherstellen könnte, dass alle in seiner Familie eine Ausbildung haben und finanziell abgesichert sind. Alles, was er in seinem Leben tat, drehte sich darum, ein sicheres Leben für seine Frau und seine Kinder zu schaffen. Ich wollte nicht, dass mein Papa stirbt, weil ich ihn so sehr liebte. Nun, meine Mutter und Geschwister waren alle finanziell stabil, und wir hatten alle eine gute Ausbildung genossen. Die Einzige, die noch nicht alles geregelt hatte, war ich. Mir wurde klar, dass ich, obwohl ich absolut fähig war, eine großartige finanzielle Zukunft zu kreieren, mich selbst als finanzielles Chaos kreiert hatte, weil ich dachte: „Solange ich Schulden und Geldprobleme habe, wird mein Papa nicht sterben." Nun, wenn man das logisch betrachtet, ist das eine ziemlich verrückte Ansicht, oder? Aber genau das hatte ich getan. Glücklicherweise war mein Vater damals noch am Leben, und ich sprach mit ihm darüber. Er sagte mit seinem litauischen Akzent: „Ah Simone, das ist verrückt, was du tust." Und ich sagte: „Ich weiß!" Ab dem Zeitpunkt begann ich, meine Schulden zu verändern. Und ich konnte auch sehen, wie die Freude und das Glück in seiner Welt zunahmen, als ich anfing, eine großartigere finanzielle Realität für mich zu kreieren. Um es einfach auszudrücken: *Ich fing an zu empfangen.*

Bist du bereit, dir dessen gewahr zu sein, wie du dein Leben wirklich gerne hättest? Bist du bereit, mit Schulden und Geld über deine Komfortzonen hinauszugehen und anzufangen, aufzublühen anstatt nur zu überleben?

SEI BEREIT, GELD ZU HABEN

Ein Freund erzählte mir einst: „Ich bin wirklich gut darin, kein Geld zu kreieren. Und wenn ich Geld kreiere und generiere, habe ich das trügerische Gefühl eines reichen Lebens. Ich gebe viel aus. Ich habe viele Schulden abzuzahlen, aber ich mache das nicht zu einer Priorität. Stattdessen gebe ich Geld aus, je schneller, desto besser, und dann stecke ich wieder in der Falle. Was ist das und wie kann ich es verändern?"

Viele Menschen sind wie er. Es gefällt ihnen besser, Geld *auszugeben*, als es ihnen gefällt, Geld *zu haben*. Genießt du es, Geld zu haben? Oder ist Ausgeben das Wichtigste in deinem Leben? Findest du immer etwas, wofür du dein Geld ausgeben kannst? Zahlst du deine Kreditkartenschulden ab und denkst: „Großartig! Ich kann jetzt wieder 20.000 $ (oder was auch immer dein Kreditlimit ist) ausgeben?"

Uns wurde beigebracht, dass der Wert darin, Geld zu haben, im Ausgeben liegt oder darin, es zu sparen, um es später auszugeben. Aber wir sprechen selten darüber, Geld zu *haben*, und welchen Unterschied das in unserer finanziellen Welt bewirken kann.

„Es gibt einen Unterschied zwischen Geld haben, ausgeben und sparen."

Gary Douglas sagt, dass er immer Leute einstellt, die bereit sind, Geld zu haben, ob sie es nun gerade haben oder nicht. Er weiß, dass diejenigen, die bereit sind, Geld zu haben (ungeachtet dessen, ob sie derzeit viel Geld haben oder nicht), Geld für sich und das Business verdienen werden, aber wenn sie nicht bereit sind, Geld zu haben, werden sie das nicht tun.

Ich brauchte eine Weile, bis ich bereit war, wirklich Geld zu haben. Ich war großartig darin, es zu kreieren. Ich hatte Geschäfte, die Geld verloren, und Geschäfte, die Geld machten. Ich habe immer Geld kreiert, egal, was war, selbst als ich Schulden hatte. Ich konnte es verdienen, sparen und auch ausgeben. Das Einzige, wozu ich nicht bereit war, war allerdings, mich selbst zu Geld fortzubilden. Ich dachte, Unwissenheit sei ein Segen. Kommt dir das bekannt vor?

Ich kreierte einmal mit einer Freundin über Nacht ein Business, als wir Gläser mit Glittergel verkauften, damit wir zu all den Partys während des Mardis Gras in Sydney gehen konnten. Als ich beschloss, dass ich ins Ausland gehen möchte, arbeitete ich hart, hatte drei Jobs und sparte all mein Geld, damit ich reisen konnte; und wo immer ich hinreiste, nahm ich alle möglichen Jobs an, um weiterhin reisen zu können. Und doch erlaubte ich mir selbst nicht, wirklich Geld zu *haben*.

Ich war nicht sparsam, ich habe Geld für die Dinge ausgegeben, die mir gefielen, ich habe nicht Nein zu einem Wochenende in Melbourne mit Freunden gesagt, ich war großzügig und genoss es auch, Dinge für andere zu kaufen. Ich war auch niemand, der über seine Geldsituation klagte, und dennoch war ich nicht bereit, mir selbst zu gestatten, Geld zu haben.

Simone Milasas

WAS ALSO BEDEUTET GELD ZU HABEN?

Beim Geldhaben geht es um die Bereitschaft, dem Geld zu erlauben, in deinem Leben auf eine Art zu sein, dass du es immer hast, und es der Erweiterung deines Lebens beiträgt. Das heißt nicht, es bedeutsam zu machen. Es heißt, mit Geld zu spielen und den Beitrag zuzulassen und die Bereitschaft zu empfangen.

Ein prima Beispiel hierfür ist der farbenprächtige Modeschmuck, den ich früher trug. Er sah toll aus, ich hatte einige Stücke, die mir Spaß machten, aber sie waren schon in dem Moment, in dem ich zur Tür rausging, weniger als 50 % dessen wert, was ich für sie gezahlt hatte. Eines Tages kaufte ich eine Kette aus Mabe-Perlen. Diese Perlen sind jetzt extrem selten, da der Ozean sie nicht mehr produziert. Diese Kette nimmt aufgrund ihres inhärenten Wertes und ihrer Seltenheit in der Welt immer weiter an Wert zu. Dass ich diese Kette in meinem Leben habe, hat nicht nur einen Geldwert, der höher ist als das, was ich für sie gezahlt habe, sondern sie ist auch ein wunderbares und sehr schönes Schmuckstück in meinem Leben. Sie ist ästhetisch schön, und ich fühle mich großartig, wenn ich sie trage. Dies ist die Energie, die Geld in deinem Leben zu haben kreiert.

Geld in deinem Leben zu haben, bedeutet nicht nur, es zu kreieren und nie auszugeben. Wenn du wirklich bereit bist, Geld in deinem Leben zu haben, bist du auch bereit, es zu benutzen, um mehr zu kreieren.

Ein Freund von mir versucht immer, Geld für die Firmen, mit denen er arbeitet, zu *sparen*. Er verstand sich hervorragend auf Technologie und arbeitete mit einer großen Firma, reiste mit ihr umher und kümmerte sich um ihre audiovisuellen Belange, wo auch immer sie hingingen. Nach jeder Veranstaltung packte er die Ausrüstung ein, schleppte sie in das nächste Land und in die nächste Stadt, und das bedeutete viel Arbeit für ihn. Irgendwann sagte der Besitzer der Firma zu ihm: „Ich möchte, dass du mehr Ausrüstung kaufst, damit wir sie in Europa, Amerika, Australien und Asien haben. So müssen wir sie nicht überall, wo wir hinreisen, mitnehmen und uns keine Gedanken darüber machen." Zwei Jahre vergingen, und er hatte nichts gekauft. Niemand merkte dies, bis eines Tages der Besitzer sagte: „Ich habe dir vor zwei Jahren gesagt, du sollst mehr Ausrüstung kaufen. Was ist passiert?

Er sagte: „Ich habe versucht, Geld für Sie zu sparen, weil all die Ausrüstung so teuer ist."

Schau dir die Energie davon an zu versuchen, Geld zu sparen, indem man die Ausrüstung durch all diese Länder schleppt. Dann schau dir die Energie davon an, die Ausrüstung in jedem Land zur Verfügung zu haben. Welche Energie ist förderlich, dass das Business mit Leichtigkeit wächst und expandiert?

Bist du jemand, der fragt: „Wie kann ich Geld sparen?" Was ist die Energie dieser Frage? Ist darin eine generierende Energie? Scheint sie deine Wahlen zu erweitern oder zu begrenzen? Nun betrachte die Energie dieser Fragen: „Was würde es brauchen, um mehr Geld zu generieren?" und „Welche Energie muss ich sein, um das mit Leichtigkeit zu kreieren?"

Versuchst du, irgendwo Geld zu sparen? Probiere zu fragen: „Wenn ich dieses Geld ausgebe, das ich versuche zu sparen, würde das mehr für heute und die Zukunft kreieren?" Ich sage nicht, du sollst losziehen und dir ein neues BMW-Cabrio kaufen, wenn du eins möchtest. Ich schlage vor, dir anzuschauen, was mehr für dich generieren wird. Wenn etwas dies tun wird, dann gib das Geld aus.

Wie wäre es, Geld in deinem Leben zu haben, das da ist, um dir beizutragen? Wie wäre es, Dinge in deinem Leben zu haben, die einen inhärenten Wert haben und mit der Zeit an Wert gewinnen?

Stell dir zwei Häuser vor: Eines ist komplett mit Möbeln aus einem billigen modernen Möbelgeschäft ausgestattet. Es ist sauber und modern und sieht genau wie im Katalog aus, und alles ist weniger als 50 % dessen wert, was du dafür bezahlt hast. Das andere Haus ist mit allen möglichen schönen Dingen eingerichtet – Silber, Kristall, Antiquitäten, Gemälde, Mobiliar – die nicht nur einen einzigartigen und ästhetischen Wert haben, sondern auch den zusätzlichen Vorteil haben, mindestens das wert zu sein, was du für sie gezahlt hast und mehr. Welches Haus würde eher eine Atmosphäre von Wohlstand und Schönheit in deinem Leben kreieren? Was wäre, wenn du die Kreation der Ästhetik und davon, alle möglichen Dinge in deinem Leben zu haben, auf eine Art nutzen könntest, die dazu beiträgt, dass du mehr Geld hast, jetzt und in der Zukunft? Es geht nicht um Bewertung, es geht um Gewahrsein und darum, eine Zukunft zu kreieren, die du dir wünschst.

Würdest du dem Geld erlauben, ständig in deinem Leben zu sein und beständig zu wachsen? In Teil 2 des Buches werde ich dir verschiedene praktische Werkzeuge geben, um Geld in deinem Leben zu haben. Geld zu haben ist eigentlich ganz einfach. Bist du bereit, Geld zu haben und es dir auf eine vollkommen andere Art beitragen zu lassen?

HÖR AUF, GELD ZU VERMEIDEN UND ABZULEHNEN

Verweigerst oder vermeidest du irgendwo in deinem Leben, deine Geldsituation anzuschauen? Hast du wirklich gute Gründe, um einfache und leichte Schritte zu vermeiden, um mehr Geld zu kreieren? Überall, wo wir vermeiden, vollkommen ehrlich zu sein, ist, wo wir das abschneiden und verweigern, was uns mehr Möglichkeiten und eine leichte Veränderung schenken würde.

Ich sprach mit einem Klienten, der sagte: „Ich denke fast jeden Tag an meine Schulden, und dann schiebe ich es weg und hoffe, es verschwindet." Viele von uns funktionieren so.

Als ich Schulden hatte, weigerte ich mich beständig und konsequent mir anzuschauen, was mit meiner finanziellen Situation vor sich ging, bis ich schließlich wählte, auf Gary und Dain zu hören und die Werkzeuge von Access Consciousness anzuwenden. Wenn du Gewahrsein mit Geld vermeidest, kreiert das nie einen Ort, wo du dir die Wahlen betrachten kannst, die du wirklich hast, es kreiert diesen vagen und unklaren Bereich, wo du dich selbst nicht ermächtigst zu sehen, was vor sich geht oder was du tun kannst, um es zu verändern.

Eine Freundin von mir ist wirklich großartig darin, wie sie ihren Kindern beibringt, mit Geld umzugehen. Sie gab ihrem 10-jährigen Sohn einmal 20 $ für ihn und seine Freunde, damit sie zusammen mittagessen konnten. Später fand sie heraus, dass die Mutter von einem anderen Kind gezahlt hatte. Meine Freundin fragte ihr Kind, warum er nicht gezahlt hatte, und er gab zu, dass er das Geld verloren hatte, bevor er dort ankam. Darauf bat sie ihn, bitte zu der anderen Mutter zu gehen und ihr zu sagen, dass er eigentlich das Mittagessen bezahlen wollte, aber das Geld verloren hatte. Sie wusste, dass es der Mutter nichts ausgemacht hatte zu zahlen, und es ging nicht darum, irgendjemanden falsch zu machen. Es ging darum anzuerkennen, was geschehen war – nicht aus einer Ansicht oder Bewertung über die Situation, sondern aus der Motivation, ihr Kind dazu zu bringen anzuerkennen, was er kreiert hatte, anstatt vorzugeben, es sei nicht geschehen. Du musst Sachen anerkennen und nicht verstecken oder vermeiden. Es geht nicht um Bewertung. Wenn du bereit bist, das nicht zu ignorieren, wirst du bereit sein, in Zukunft gewahrer zu sein. Und mit diesem Gewahrsein ermächtigst du dich selbst, die Wahlen zu treffen, die du wirklich gerne treffen möchtest, die mehr in deinem Leben kreieren und nicht weniger.

Lebst du in einem „Keine-Wahl-Universum?"

Ich vermied jahrelang eine Beziehung. Ich sagte: „Ich lass mich nicht auf eine Beziehung ein, ich lass mich nicht auf eine Beziehung ein, ich werde niemals heiraten und ich werde niemals Kinder haben." Ich schaute mich um und konnte keine Beziehung sehen, die zu funktionieren schien.

Ich konnte niemanden sehen, der Spaß in seiner Beziehung zu haben schien, also war meine Ansicht (Schlussfolgerung): „Ich lasse mich nicht auf eine Beziehung ein!"

Mit dieser Entscheidung schloss ich alles andere aus, das möglich war. Ich kreierte ein Keine-Wahl-Universum und eine Keine-Wahl-Realität. Eines Tages merkte ich, was ich da wählte, und ich begann, mir selbst Fragen zu stellen: „Was wäre, wenn ich bereit wäre, in einer Beziehung zu sein? Was wäre, wenn ich bereit wäre, diese Möglichkeit zu empfangen?" Ich ließ alles los, was ich über Beziehungen beschlossen und geschlussfolgert hatte, denn ich erkannte, dass all diese Annahmen große Begrenzungen für mich kreierten. Überall, wo wir zur Schlussfolgerung kommen, kreieren wir Begrenzungen, die uns von den unendlichen Möglichkeiten abtrennen, die zur Verfügung stehen. Das Lustige ist, dass ich nun eine Beziehung mit einem fabelhaften Partner habe, und er brachte auch noch ein Kind und einen Hund mit – eine Instant-Familie. Und sie alle haben meinem Leben auf Arten und Weisen beigetragen, die ich mir nie hätte vorstellen können. Hätte ich weiter die Möglichkeit einer Beziehung in meinem Leben abgelehnt, hätte ich nicht den ungemeinen Beitrag, die Großzügigkeit und die Energie, die sie für mich sind, empfangen können, einschließlich des Beitrags zur Kreation von mehr Geld und Wohlstand.

Worüber ich hier spreche ist, sich die Energie anzuschauen, die es in deinem Leben kreiert, wenn du dir selbst die Wahl gibst. Wenn du etwas vermeidest, ablehnst oder nicht bereit bist, etwas zu haben, erlaubt das dir nicht, mehr Wahlen zu haben oder mehr zu kreieren. Du musst bereit sein, dir anzuschauen, wo du ein Keine-Wahl-Universum kreierst, und bereit sein, das zu ändern.

„Was wäre das Schlimmste, das passieren könnte, wenn du Geld nicht vermeiden würdest?"

Vermeidest du es, neue Dinge zu tun, die dir Geld bringen könnten? Wie viele Situationen haben sich gezeigt, wo du Geld hättest machen können und sagtest: „Nein, ich habe keine Zeit dafür. Ich könnte das nicht machen. Das könnte ich auf keinen Fall tun."? Bist du jemals gebeten worden, etwas zu tun und hast gedacht: „Ich habe nicht die Kapazitäten, das zu machen", also hast du es abgelehnt und vermieden, anstatt es auszuprobieren? Was wäre geschehen, wenn du dich selbst gefragt hättest: „Was ist das Schlimmste, das passieren könnte, wenn ich das nicht vermeiden und einfach wählen würde?" Wahl kreiert Gewahrsein.

Wenn du zum Beispiel vermeiden würdest, öffentlich zu sprechen und fragtest: „Was ist das Schlimmste, das passieren könnte, wenn ich tatsächlich öffentlich sprechen würde?" Du fragst vielleicht: „Nun, ich könnte wie versteinert dastehen und vergessen, was ich sagen wollte. Wäre das wirklich so schlimm?" Und dann sagst du vielleicht: „Wenn das passieren würde, könnte ich einfach dastehen, ins Publikum schauen und lächeln." Die Menschen lieben die Verletzlichkeit davon, wenn du du bist, und wenn du nichts vermeidest, ist es in jeder Situation leichter, du zu sein. Du bist dann mehr von dir, egal, was vor sich geht, weil du dich nicht verdrehen, verrenken oder verstecken musst, um irgendetwas zu vermeiden. Was auf jeden Fall mehr Geld in deinem Leben kreieren wird, ist, wenn du mehr du selbst wirst.

Vermeidest du deine Schulden? Wo vermeidest du dein Geld? Welchen wunderbaren, großartigen und kreativen Teile von dir verweigerst du durch dieses Vermeiden, sich in der Welt zu zeigen? Was hast du beschlossen, ist das Schlimmste, was passieren könnte, wenn du es nicht vermeiden würdest? Was könnte sich verändern, wenn du bereit wärst, das absolute Gewahrsein deiner finanziellen Realität zu haben?

DANKBARKEIT

Eines der magischsten Werkzeuge, um Dinge in deinem Leben zu ändern, ist die Dankbarkeit.

Dankbarkeit wird häufig übersehen, aber sie hat die Macht, deine Ansicht dynamisch zu verändern. Dankbarkeit hat diese natürliche Wirkung, dich aus der Bewertung herauszuholen. Dankbarkeit und Bewertung können nicht gleichzeitig existieren. Du kannst nicht bewerten und Dankbarkeit haben. Ist dir je aufgefallen, dass es unmöglich ist, dankbar zu sein, wenn du etwas oder jemanden bewertest? Wenn du Dankbarkeit hast, kommst du aus der Bewertung heraus. Und wie wir bereits vorher besprochen haben, ist die Bewertung das, womit wir unsere größten Begrenzungen kreieren.

Wenn du Geld empfängst, was ist deine Ansicht, die sofort hochkommt? Bist du dankbar für jeden Dollar, jeden Cent, der in dein Leben kommt, oder tendierst du dazu zu denken: „Das ist nicht viel." „Das wird diese Rechnung bezahlen." „Ich wünschte, ich hätte mehr?" Was wäre, wenn jedes Mal, wenn Geld hereinkommt, und jedes Mal, wenn Geld weggeht, du dankbar wärst – für dich, dass du es kreiert hast, für das Geld, dass es sich gezeigt hat, und für das, wofür du es ausgegeben hast? Wie wäre es, wenn du wirklich mehr Dankbarkeit mit Geld hättest?

Was wäre, wenn du bei allen Geldbeträgen, die hereinkommen, üben würdest zu sagen: „Danke, ich bin so froh, dass dies sich gezeigt hat! Kann ich bitte mehr haben?" Und was wäre, wenn du bei allem Geld, das du ausgibst, und bei jeder Rechnung, die du bezahlst, sowohl dankbar *als auch* bereit wärst, um mehr zu bitten: „Großartig, ich bin so glücklich, dass ich wieder einen Monat Strom habe! Und was würde es brauchen, damit dieses Geld 10-fach zu mir zurückkommt?"

Ich liebe es, diese Frage zu stellen! Ich bezahlte einmal eine Dame, die mir eine unglaubliche Fußmassage gegeben hatte. Ich war so dankbar für sie, und ich dankte ihr. Als ich ihr das Geld gab, sagte ich spielerisch:

„Was würde es brauchen, damit dies 10-fach zu mir zurückkommt?"
Die Dame schaute mich recht verwundert an. Später kam sie zu mir
und sagte: „Ich dachte, ich könnte nicht darum bitten, dass Geld zu
mir zurückkommt, wenn ich es zahle. Ich hielt das für respektlos oder
so. Aber so, wie Sie das gesagt haben, war das mit solcher Dankbarkeit
und Freude, es war so eine Einladung. Ich werde das ab jetzt bei allem
nutzen!" Wenn du bereit bist, mit Geld zu spielen, dankbar für Geld
zu sein und dankbar für das zu sein, was du kreiert hast, und es nicht
bewertest, kann sich mehr zeigen.

„Was wäre, wenn du bereit wärst, auch für dich dankbar zu sein?"

Wenn du das Geld, das in dein Leben kommt und wieder geht, nicht
anerkennst und nicht dankbar dafür bist, weigerst du dich eigentlich,
dich selbst anzuerkennen und dankbar für dich zu sein. Was wäre,
wenn du beginnen könntest, dich selbst für das anzuerkennen, was du
kreiert hast, was du hast, anstatt dich auf das zu konzentrieren, was
du nicht hast? Wenn du deine Aufmerksamkeit auf das richtest, was
in deinem Leben funktioniert, kannst du mehr davon kreieren, und es
wird beginnen, sich an mehreren Stellen zu zeigen. Wenn du dich auf
das konzentrierst, von dem du meinst, es sei nicht genug, wirst du nur
Mangel sehen, und der Mangel wird zunehmen.

Du musst Dankbarkeit für alles haben, was du kreierst, das Gute,
das Schlechte und das Hässliche. Das bedeutet, dass du nie zu einer
Schlussfolgerung gelangst, egal, was sich zeigt. Wie viele Wahlen hast
du bewertet, weil du beschlossen hast, Geld verloren oder die falsche
Wahl getroffen zu haben? Woher willst du wissen, dass diese Wahl
nicht genau das war, was dir erlauben wird, etwas noch Großartigeres
in deiner Zukunft zu kreieren? Wenn du es bewertest, bist du nicht in
der Lage, das Geschenk deiner Wahl zu erkennen, und du erlaubst

dir selbst nicht, die Möglichkeiten zu empfangen, die jetzt aufgrund dessen zur Verfügung stehen. Wenn du Dankbarkeit hast, kannst du eine vollkommen andere Realität haben.

Ich bin dankbar für all die Menschen, die mit „Joy of Business" (einem der Businesse, das ich besitze, das mir Geld bringt und die Welt verändert) arbeiten. Wir generieren Business aus der Freude und Neugier, was kreiert werden kann, und nicht daraus, die richtige Wahl zu treffen oder die falsche Wahl zu vermeiden. Wenn jemand eine Wahl trifft, die nicht so gut funktioniert, wie er es gerne hätte, geben wir nicht die Freude der Kreation im Business und die Dankbarkeit füreinander auf, nur weil es sich nicht so entwickelt hat, wie wir gehofft hatten.

Wir fragen: „Was ist richtig hieran?", und wir schauen uns an, was sonst noch möglich ist, das wir noch nicht in Betracht gezogen haben. Sobald du bewertest, verringern sich die Möglichkeiten. Dankbarkeit hingegen steigert sie.

Wenn du Dankbarkeit für das hast, was die Leute kreiert haben, kann sich mehr in deinem *und* in ihrem Leben zeigen. Wenn du voller Freude über das bist, was du kreierst und tust, wird sich mehr Geld zeigen.

„Bist du dankbar, wenn es zu leicht ist?"

Vor einigen Jahren ging ich zu einer Antiquitätenveranstaltung, die ein Freund von mir ausrichtete. Ich bot meine Hilfe an, das Geld für die erworbenen Objekte entgegenzunehmen, Quittungen auszustellen und generelle Verwaltungsaufgaben zu übernehmen. Ich tat dies, weil ich gerne meinem Freund und dem Wachstum seines Geschäfts beitragen wollte.

Nach der Veranstaltung bekam ich eine E-Mail, in der es hieß, er möchte mir einen Anteil der Verkäufe zahlen. Ich antwortete: „Danke, aber ich möchte das Geld nicht. Ehrlich, es hat mir Spaß gemacht beizutragen."

Mein Freund antwortete per E-Mail: „Sei dankbar für das Geld."

Ich dachte: „Nun, ich bin dankbar für das Geld", aber ich konnte auch erkennen, dass ich eine mangelnde Bereitschaft hatte, es zu empfangen, und merkte, dass ich die Ansicht hatte, ich hätte nicht hart genug gearbeitet, um das Geld zu empfangen. Dort zu sein, war, wie bei einer Party zu sein. Ich trank Champagner aus einem Silberpokal, wickelte Zahlungen über die Kreditkartenmaschine ab und stellte Quittungen aus. Ich hatte viel Spaß. Und dafür sollte ich bezahlt werden?

Ich erzählte Gary Douglas über meinen Perspektivwechsel und wie dieser offensichtlich so viel mehr in meiner Welt eröffnete, und er erwiderte: „Wenn Geld leicht kommt und du dankbar bist, bist du auf dem Weg zu einer Zukunft mit mehr Möglichkeiten."

Welche großartigen zukünftigen Möglichkeiten könntest du für dein Leben kreieren, indem du dem Geld erlaubst, leicht und mit Freude in dein Leben zu kommen, und du Dankbarkeit hast für jeden einzelnen Cent, der sich zeigt?

Kapitel 3
Wie kreierst du sofort eine neue finanzielle Realität?

Was wäre, wenn du keine Ansicht über Geld hättest? Was wäre, wenn du keine Bewertungen hättest? Keine finanziellen Desaster? Keine begrenzte finanzielle Realität? Was wäre, wenn du jeden Tag aufwachen und von vorne anfangen würdest? Was würdest du kreieren? Was würdest du wählen?

Wenn du wirklich wünschst, eine finanzielle Realität zu kreieren, die anders und großartiger ist, als jene, die du im Moment hast, wirst du dir die Wahlen anschauen müssen, die du derzeit triffst, und wenn sie dich nicht in die Richtung führen, in die du wirklich gehen möchtest – ändere sie! Jede Wahl, die du triffst, kreiert etwas. Was möchtest du mit deinen Wahlen kreieren?

Es ist wichtig, sich daran zu erinnern, dass es nicht darum geht, eine richtige oder falsche Wahl zu treffen. Es geht darum, *andere* Wahlen zu treffen.

Ich spreche viel über Business mit Menschen auf der ganzen Welt. Wenn es um Business-Wahlen geht, funktioniere ich wirklich nach dem Motto: „Es gibt keine richtige oder falsche Wahl, es gibt nur Wahl." Einige meiner schlimmsten „Fehler" beim Business waren die größten Geschenke für mich, weil sie mir erlaubten zu sehen, was ich anderes sein und tun konnte, damit es in der Zukunft funktioniert, was vielleicht viel länger gebraucht hätte, mir darüber klar zu werden, hätte ich diese

Wahl nicht getroffen. Ich kann den Beitrag sehen, den alle Wahlen für mich dabei geleistet haben, eine großartigere Zukunft zu kreieren, weil ich nicht im Denkmuster steckenbleibe: „Oh, diese Wahl war falsch und eine andere Wahl wäre richtig gewesen." Was wäre, wenn du es nie wieder richtig hinbekommen müsstest, oder vermeiden müsstest, es falsch zu machen?

Wie mein weiser Freund Gary häufig fragt: „Möchtest du lieber recht haben oder frei sein? Du kannst nicht beides haben!"

Wenn du bereit bist, falsch zu liegen und die Notwendigkeit aufgibst, recht zu haben, kannst du alles wählen und alles kreieren.

„Kämpfen oder nicht kämpfen?"

Vor Jahren ging ich mit einigen Freunden zum Mittagessen und war übellaunig und verstimmt. Während wir zum Restaurant liefen, fragte mich ein Freund: „Warum wählst du das?" Ich sagte: „Ich wähle das nicht!" Ich lief weiter und dachte die ganze Zeit: „Ich wähle das nicht! Nein! Moment, wähle ich das wirklich? Kann ich es ändern?" Meine Welt fühlte sich sofort leichter an. Als wir beim Restaurant ankamen, sagte ich zu meinem Freund: „Wow. Ich kapiere es. Ich wähle es *tatsächlich*. Ich wähle, übelgelaunt zu sein!"

Viele Menschen glauben nicht, dass sie die Wahl haben, traurig, glücklich, verstimmt oder entspannt zu sein. Uns wird beigebracht zu glauben, dass die äußeren Umstände bestimmen, wie wir uns wegen bestimmter Dinge fühlen, aber in Wirklichkeit ist dies nur eine Wahl. Du musst dir selbst beibringen zu erkennen, dass du Wahl hast, sogar in Situationen, wo du normalerweise annimmst, du habest keine. Was wäre, wenn du anfangen würdest, dir all diese Orte anzuschauen, wo du dachtest, du hättest keine Wahl und fragen würdest: „Gut, wenn ich meine Wahlmuskeln in dieser Situation spielen lassen würde anstatt vorzugeben, dass ich keine habe, was könnte ich jetzt wählen?"

Mit Geld ist es dasselbe. Wenn du im Moment wegen Geld gestresst bist oder kämpfst, sei dir gewahr, dass es deine Wahl ist; du kreierst es so. *Und du kannst etwas anderes wählen!*

Es spielt auch keine Rolle, ob du ein laufendes Business hast oder eine Anstellung, ob du eine nicht berufstätige Mutter oder ein nicht berufstätiger Vater bist, ob du einen Job suchst oder ob du eine Rente bekommst. Du musst nicht eine Menge (oder überhaupt) Geld haben, um anzufangen, deine finanzielle Realität zu verändern. Und du musst nicht alles bereits gut organisiert und vorbereitet haben, du musst einfach nur anfangen. Du musst einfach nur wählen.

In diesem Kapitel des Buches schauen wir uns die Elemente näher an, die dir helfen, dir nicht mehr selbst im Weg zu stehen, und dir mehr Klarheit und Leichtigkeit bei verschiedenen Wahlen mit Geld verschaffen: Dir selbst den Rücken stärken, deine Geschichten und Gründe aufgeben, warum du kein Geld hast, ehrlich mit dir sein und deinem Wissen vertrauen.

BEREIT SEIN, ZU TUN, WAS AUCH IMMER ES BRAUCHT

Die Geldwerkzeuge in diesem Buch sind fantastisch, aber um sie effektiv zu nutzen, um das zu verändern, was derzeit nicht funktioniert, musst du dir selbst auf drei Arten den Rücken stärken:

1. Du musst dich deinem Leben verschreiben.
2. Du musst von dir selbst fordern, dass du alles sein und tun wirst, was auch immer es braucht.
3. Du musst bereit sein, alles zu wählen, zu verlieren, zu kreieren und zu verändern.

Simone Milasas

„Was wäre, wenn das Freundlichste, was du tun könntest, wäre, dich zu verpflichten, dich niemals aufzugeben?"

Dich deinem Leben zu verpflichten, bedeutet nicht, dich in eine Zwangsjacke zu stecken oder in alle Ewigkeit auf einen bestimmten Weg festgelegt zu sein. Es bedeutet, niemals aufzugeben, niemals klein beizugeben und niemals aufzuhören. Bist du bereit, dich dir selbst zu verpflichten? Bist du bereit, dich selbst nie aufzugeben?

Mein Partner Brendon und ich haben uns beide unserem Leben verschrieben und dazu, eine Beziehung zu kreieren, die für uns funktioniert. Wir tun dies, indem wir unsere Beziehung jeden Tag wählen, anstatt sie zu einer Verpflichtung zu machen, die in alle Ewigkeit aufrechterhalten werden muss. Wir treffen Wahlen, um großartigere Zukünfte für uns beide zu kreieren, aber wir erwarten nie, dass, was auch immer wir wählen, festgelegt und unveränderbar ist. Als wir überlegten, zusammen ein Haus zu kaufen, war ich zunächst im Widerstand, weil ich schlussfolgerte, dass wir den Rest unseres Lebens aus Notwendigkeit gemeinsam verbringen müssen. Brendon sagte: „Wir können das Haus immer verkaufen", und ich sagte: „Oh, da hast du recht!" Ein Haus zu besitzen, bedeutet nicht, dass wir immer zusammenbleiben müssen; es ist immer noch eine Wahl, es ist eine Geschäftsvereinbarung. Sich selbst gegenüber verpflichtet zu sein, bedeutet nicht, dass wir unsere Wahlen niemals ändern. Es geht darum, die Verpflichtung einzugehen, dass wir uns selbst und einander genug ehren, damit wir uns selbst gestatten können, unsere Wahlen zu ändern, wenn etwas nicht mehr funktioniert.

Dich dir selbst zu verschreiben bedeutet, bereit zu sein, ein Abenteuer des Lebens zu haben, immer weiter das zu wählen, was für dich funktioniert, auch wenn es unbequem ist, und sogar, wenn das bedeutet, Veränderungen vorzunehmen und Wahlen zu treffen, die niemand sonst (noch nicht einmal dein Partner, deine Familie oder Freunde) versteht. Wenn du dich dir selbst verpflichtest, kann dich das über deine Komfortzone hinaus bringen, ganz besonders, weil die meisten von uns gut darauf trainiert sind aufzugeben, was wir wirklich gerne wählen würden, um bei allen anderen reinzupassen. Du musst bereit sein, so anders zu sein, wie du wirklich bist, egal, was irgendjemand sonst denkt, sagt oder tut.

„Du kannst von niemandem und nichts etwas fordern, außer dir selbst."

Eine Forderung an dich zu stellen, heißt zu erkennen, dass egal, was passiert, du immer das in deinem Leben haben wirst, was du dir wünschst.

Du fängst an, dein Leben zu kreieren, wenn du endlich forderst: „Egal, was es braucht, und egal, wie es aussieht, ich werde mein Leben kreieren. Ich werde nicht nach irgendjemandes Ansicht oder Realität leben. Ich werde meine eigene kreieren!"

Vor vielen Jahren, als ich anfing, wegen Access-Kursen zu reisen, konnte ich mir nicht immer ein Hotel leisten, also übernachtete ich bei anderen Leuten. Einmal übernachtete ich bei jemandem, und das Haus war nicht sehr sauber. Sobald ich aus der Dusche kam, hatte ich das Gefühl, ich müsste gleich wieder duschen. Ich forderte: „Dies wird nicht funktionieren. Ich muss in der Lage sein, mehr Geld zu kreieren, damit ich eine Wahl haben kann, wo ich übernachten möchte."

Ich begann, mir Hotelräume und die Kosten dafür mit anderen zu teilen. Dann erkannte ich an, dass dies auch nicht das war, was ich mir wünschte. Ich liebte es, für mich zu sein. Ich liebte es, meinen eigenen Raum zu haben. Da ist eine Energie, die du kreierst, wenn du eine

Forderung stellst, und du gehst nicht in eine Armutsrealität von Mangel und Zweifel.

Ich habe häufig gefordert, dass Dinge sich zeigen, aber ich wusste nicht wirklich, wie das aussehen würde. Und dennoch stellte ich jedes Mal die Forderung: „Egal, was es braucht", und „egal, wie es aussieht." Ich wusste nicht genau, wie ich das Geld machen würde, um alleine im Hotel zu übernachten, wenn ich reiste, ich wusste jedoch, dass ich bereit war zu tun, was immer es brauchte, um das zu kreieren.

> *„Sei bereit, alles zu wählen, zu verlieren,*
> *zu kreieren und zu verändern."*

Wenn du bereit bist, anders zu wählen, bist du bereit, gewahr zu werden, und Informationen von den Leuten und Dingen um dich herum zu empfangen, und du hast die Fähigkeit, etwas in einer Nanosekunde zu ändern, wenn dies mehr für dich kreiert. Einfach: „Oh! Mehr Informationen! Okay, lass mich das tun." Wenn du Wahlen triffst, stellst du vielleicht fest, dass die Dinge anders sind, als du zunächst gedacht hast. Bist du bereit, dir neuer Informationen und der Notwendigkeit, etwas zu ändern, bewusst zu sein, oder hängst du dich an der ersten Wahl auf, selbst, wenn sie nicht mehr funktioniert? Oder änderst du Kleinigkeiten und wunderst dich dann, warum es sich nicht verändert?

Wenn du kleine Veränderungen vornimmst, im Prinzip aber dasselbe machst (ein bisschen so, als wenn du jeden Tag dasselbe Hemd trägst und nur versuchst, es ein wenig anders aussehen zu lassen, anstatt dich umzuziehen), wird dies dir kein anderes Ergebnis bringen.

Einsteins Definition von Verrücktheit war, dieselbe Sache zu tun und ein anderes Ergebnis zu erwarten. Du musst ändern, wie du derzeit funktionierst, um ein anderes Ergebnis zu kreieren.

Wir halten uns davon ab, bereit zu sein, alles zu tun, was es braucht, um eine andere Realität und finanzielle Realität zu haben, wenn wir so vorgehen, als ob es etwas Festgelegtes und Unveränderliches in Bezug auf bestimmte Dinge in unserem Leben gäbe. Wir machen etwas unveränderlich, wenn wir denken: „So ist es."

Was hast du unveränderlich gemacht? Was ist für dich in Stein gemeißelt? Was betrachtest du als wertvoll, permanent und dauerhaft? Ein Haus zu besitzen? Eine lange Ehe zu haben? Dein eigenes Business zu besitzen? In einem Job zu bleiben? Schulden zu haben?

Hältst du an irgendeinem Teil deines Lebens fest, als sei er eine permanente Struktur? Ich tat das mit Business. Ich hielt an einem Business, das ich kreiert hatte, viel länger fest, als ich eigentlich damit zu tun haben wollte. Ich versuchte, Dinge in meinem Business anders zu machen, als es begann zu scheitern, aber ich war nicht bereit, etwas vollkommen anderes zu tun und mein Business zu verkaufen, weil ich dachte, ich müsse tun, was alle sagen, und das Business solange wie möglich weiter betreiben.

Was hast du beschlossen, nicht ändern zu können? Fühlst du dich wahllos in deiner finanziellen Situation, deinem Geldmangel, deinen Schulden oder deinen finanziellen Aussichten? Hast du dich verpflichtet, die finanziellen Strukturen, die du in deinem eigenen Universum kreiert hast, aufrechtzuerhalten, anstatt etwas vollkommen anderes zu machen? Versuchst du, etwas zu verändern, aber nichts scheint zu funktionieren? Was tust du nicht, das, wenn du es wirklich anders machen würdest, all dies verändern würde?

Ich stellte diese Frage einmal in einem Kurs und jemand sagte: „Meistens werde ich nur aktiv, wenn es wirklich wehtut, und sobald es aufhört wehzutun, höre ich auf, vorwärts zu gehen. Gestern merkte ich, dass die Geldsumme, die ich habe, nicht genug ist, um die Rechnungen zu zahlen, die reinkommen. Ich spürte plötzlich die Dringlichkeit und beschloss, etwas zu unternehmen. Ich habe schon immer so funktioniert.

Ich werde nicht aktiv, bis ich es *muss*. Es scheint, als würde ich nur durch Schmerz motiviert." Wenn diese Person bereit wäre, etwas anderes mit ihrer Wahl zu tun und zu sein, könnte sie sich anschauen, wie sie insgesamt mit dieser Ansicht „Motivation aus dem Mangel" funktioniert und fragen: „Moment, das ist es, was ich immer getan habe. Was wäre, wenn ich anfangen würde, auf eine vollkommen andere Weise zu funktionieren? Was würde mehr für mich kreieren?" Wenn sie jedoch nur bereit ist, zu fragen: „Was muss ich tun, um dieses Mal die Rechnungen zu begleichen?", ohne sich die Struktur anzuschauen, aus der sie funktioniert, wird sie die Dinge nur ein bisschen anders machen, und nicht in der Lage sein, ihre Realität mit Geld langfristig zu verändern.

Jemand anderes sagte: „Ich finde es schwierig, meine Kreditkartennutzung zu kontrollieren. Es scheint so, als ob ich nur Geld haben kann, wenn ich die Karte benutze. Es fühlt sich an, als hätte ich keine andere Wahl." Wenn diese Person sagen würde: „Ich kann heute meine Kreditkarte nicht nutzen, ich muss einen Kredit aufnehmen", wäre das dieselbe Sache, nur anders. Wenn sie fordern würde: „Ich werde wirklich jetzt und in der Zukunft mehr Geld kreieren. So lebe ich nicht weiter. Was muss ich sofort umsetzen, um dies zu verändern?", würde sie eine andere Wahl treffen, die ihr erlauben würde, über die begrenzte Ansicht in Bezug auf Geld hinaus zu kreieren, in der sie feststeckte.

Du musst bereit sein, all diese Orte, all diese Strukturen und all diese Dinge zu verlieren, die du im Moment für permanent und unveränderlich hältst. In Wirklichkeit ist nichts unveränderlich.

Ich weiß, dass ich überall, wo ich irgendetwas in meinem Leben zu einer dauerhaften Kreation mache, etwas anderes wählen kann. Ich kann sagen: „Das funktioniert nicht für mich. Ich werde das nicht mehr wählen."

Bist du bereit, die Dinge aufzugeben, von denen du beschlossen hast, du müsstest sie haben oder tun, und du kannst oder darfst sie nicht verlieren? Was wäre, wenn deine Bereitschaft, sie zu verlieren, der

Anfang totaler Wahl wäre? Was wäre, wenn du bereit wärst, jeden Cent zu verlieren, den du hast? Was wäre, wenn du viel mehr Geld kreieren könntest, als du jemals zuvor gehabt hast, mit absoluter Leichtigkeit?

Wenn du versucht hast, etwas in deinem Leben zu verändern, und es sich nicht verändert, schau einmal, wo du dieselbe Sache möglicherweise anders machst, anstatt wirklich zu wählen, etwas vollkommen anderes zu tun. Was müsstest du anderes sein und tun, um deine finanzielle Realität wirklich zu verändern?

DEINE LOGISCHEN UND VERRÜCKTEN GRÜNDE DAFÜR, KEIN GELD ZU HABEN, AUFGEBEN

Dir ist vielleicht aufgefallen, dass ich häufiger Wörter wie „Schlussfolgerung", „Beschluss" und „Bewertung" verwendet habe. Wusstest du, dass *schlussfolgern* von einem Wort kommt, das bedeutet, „einsperren" oder „einschließen"? (Anm. d. Ü.: Hier ist das englische Wort „conclude" gemeint.) Das ist genau, was eine Schlussfolgerung in unserem Leben bewirkt. Sie sperrt dich in einer Bewertung oder einem Beschluss ein, den du getroffen hast, und schließt dich davon aus, eine andere Möglichkeit zu empfangen oder eine andere Wahl zu sehen. Das ist etwa so, als ob du deinen Fuß in einen Eimer mit nassem Zement steckst und dann versuchst, woanders hinzugehen. Du kannst es nicht. Du hast beschlossen, dass dies ist, wo du bist, und du kannst es nicht verändern, solange du diese Ansicht nicht loslässt.

Wir haben eine Million Geschichten über Geld abgekauft und anderen verkauft. Viele dieser Geschichten halten wir wirklich für richtig und real, und dies sind jene Geschichten, auf die wir gerne zurückkommen und die wir uns selbst immer und immer wieder erzählen, anstatt einfach zu fragen: „Mensch, das ist eine interessante Geschichte, die ich hier abkaufe. Was wäre, wenn sie nicht wahr wäre? Ich frage mich, was hier noch möglich ist?"

Als mein Freund klein war, projizierten seine Eltern auf ihn, dass reiche Menschen nicht glücklich sind. Sie gingen mit ihm zu den wirklich schönen Häusern in der Nachbarschaft, und er fragte: „Können wir bitte hier einziehen?" Und seine Eltern erzählten ihm: „Nein, wir können uns das nicht leisten. Und sowieso sind reiche Leute nicht glücklich." Seine Antwort lautete: „Nun, warum können wir es nicht einfach ausprobieren?" Sie sagten ihm auch, er solle nicht in dem Haus der mexikanischen Familie in der Straße essen, weil sie weniger Geld hatten als seine Familie. Später, als diese Familie das leere Grundstück nebenan kaufte und Wohnungen darauf baute, wurde meinem Freund natürlich klar, dass seine Mutter sie bewertet hatte als Leute, die weniger haben, wegen ihrer Herkunft und weil sie Hühner hinter dem Haus herumlaufen hatten und ihr eigenes Obst und Gemüse anbauten.

Fast jeder hat solche Geschichten, die er erzählen kann und andere verrückte Ansichten, die in seinem Kopf ablaufen, die ihn davon abhalten, eine andere finanzielle Realität zu haben.

Erinnerst du dich an die Geschichte, die ich über meinen Vater erzählt habe? Er sagte uns immer wieder, dass er glücklich sterben würde, wenn er wüsste, dass wir (mein Bruder, meine Stiefschwestern, meine Mutter und ich) finanziell abgesichert sind. Ich wollte nicht, dass mein Papa stirbt und irgendwo in meiner Welt dachte ich, dass er nicht gehen würde, wenn ich Schulden kreierte. Das war eine ziemlich verrückte Ansicht, und als mir klar wurde, was ich getan hatte, gab ich sie auf und änderte, was ich in Bezug auf Geld tat, und die Veränderung begann, sich auf die bizarrsten und unerwartetsten Arten in meinem Leben zu zeigen.

Welche finanzielle Realität wurde auf dich als Kind projiziert? Welche verrückten Ansichten hast du darüber angenommen und abgekauft, Geld zu haben, kein Geld zu haben, Geld zu kreieren, Geld zu verlieren und noch mehr? Was wäre, wenn du wählen könntest, alles, was du erfahren oder in der Vergangenheit über Geld geglaubt hast, loszulassen, und dies nicht mehr weiter in deine Zukunft projizieren müsstest?

„Ist es an der Zeit, den finanziellen Missbrauch deiner Selbst aufzugeben?"

Die Eltern eines Freundes erzählten ihm, bereits seit er drei oder vier war, immer wieder, es sei *seine* Schuld, dass sie kein Geld hätten. Er wuchs im Glauben auf, Geld für seine Eltern und Geschwister kreieren zu müssen. Kinder sind gewahr und sie möchten beitragen. Wenn es Streit, Sorgen oder energetische Untertöne über Geld gibt, ganz zu schweigen von Bemerkungen, die ganz offensichtlich Missbrauch darstellen, übernehmen Kinder das.

Finanzieller Missbrauch kann verschiedene Formen annehmen, aber er führt häufig dazu, dass du das Gefühl hast, als verdientest du die grundlegendsten Dinge im Leben nicht. Das kann sich zeigen, indem du aus einem Mangelgefühl heraus lebst oder dich wie eine finanzielle Belastung oder Last fühlst.

Finanzieller Missbrauch kann auch so aussehen, dass ein Elternteil ein Kind abhängig und unter seiner Kontrolle hält. Wir sprachen einmal darüber im Kurs, und jemand sagte: „Mir ist gerade klar geworden, dass meine Mutter möchte, dass ich finanziell von ihr abhängig bin, damit sie sich als Mutter wertvoll fühlt. Ich sehe, wie viel von meiner Realität rund um Geld sich auf dem Wunsch und meinem Versuch begründet, ihren Wunsch zu erfüllen, sich nützlich und wichtig in dieser Rolle zu fühlen. Und damit sie sich so fühlen kann, muss ich nutzlos und abhängig sein."

Wenn jemand das braucht, dass du wegen Geld von ihm abhängig bist, ist das eine Form des Missbrauchs? Ja, das ist es. Musst du jetzt weiter nach dieser Geschichte leben? Nein, das musst du nicht. Du hast eine andere Wahl. Du kannst erkennen, dass du in der Vergangenheit finanziellen Missbrauch erfahren hast, und wählen, dass dies nicht dein Leben bestimmt. Du musst ihn nicht real machen, du hast etwa eine Million anderer Wahlen für deine Realität mit Geld – mindestens! Und so ziemlich alle von ihnen machen mehr Spaß. Wie wäre es, einige von diesen Wahlen zu treffen?

„Benutzt du Zweifel, Angst und Schuld, um dich davon abzulenken, Geld zu kreieren?"

Bezweifelst du, dass du Geld machen kannst? Hast du Angst, es zu verlieren? Fühlst du dich schuldig oder machst du dir Vorwürfe wegen deiner Schulden? Wirst du wütend über deinen jetzigen finanziellen Status? Konzentrierst und fixierst du dich auf Probleme, anstatt dir Möglichkeiten anzuschauen, wenn es um Geld geht? Dies alles sind Beispiele für die *Ablenkungen*, die wir benutzen, um uns selbst aus dem Präsentsein mit verschiedenen Wahlen und Möglichkeiten herauszunehmen. Alle „Ablenker", die wir kreieren, sind die zähen negativen Emotionen, in denen wir hängenbleiben, aus denen wir uns sehnen herauszukommen, und der festen Überzeugung sind, ihnen nicht entfliehen zu können. Wir zementieren sie mit einer wirklich guten Geschichte ein, die erklärt, warum du dies am Laufen hast, damit du es niemals verändern musst. Du sagst dann Dinge wie: „Ich habe Angst, weil ...", oder „Ich bezweifle, dass ich das tun kann, weil ..." Jedes „Weil" ist deine clevere Art, deine Ablenkung mit einer großartigen Geschichte abzukaufen, damit du dich aufgeben kannst, damit du nicht verändern musst, was in diesem Teil deines Lebens vor sich geht.

Wenn du festhängst oder durch diese Ablenkungen aus der Bahn geworfen wirst, ist es tatsächlich eine Wahl, die du triffst, dich zu bewerten, anstatt eine andere Möglichkeit zu wählen. Was wäre, wenn du anfangen würdest zu erkennen, dass die Ablenkungen im Leben genau das sind: Ablenkungen davon, dein Leben zu leben und etwas anderes zu kreieren? Du kannst anfangen, dies zu verändern, indem du die ablenkenden Gedanken und Emotionen anerkennst, wenn sie hochkommen, und wenn sie das tun, wähle einfach erneut, wähle,

Fragen zu stellen, wähle, Dankbarkeit anstatt Bewertung zu haben, wähle anzuerkennen, dass es nicht real oder wahr ist, es ist eine interessante Ansicht. Du musst sie nicht immer und immer wieder in deinem Kopf oder deinem Leben abspielen, es sei denn natürlich, es macht dir viel mehr Spaß, abgelenkt zu sein, als das Leben und das Geld zu kreieren, das du dir wünschst.

BRUTAL EHRLICH MIT DIR SEIN (FREUNDLICHER ALS ES KLINGT)

Du kannst darum bitten, dass sich etwas anderes zeigt, du kannst darum bitten, deine eigene finanzielle Realität zu kreieren, du kannst darum bitten, dass sich mehr Geld, mehr Zahlungsmittel, mehr Geldflüsse und mehr von allem zeigt, wenn du jedoch so viel Energie darauf verwendest, dich selbst zu negieren, dich selbst zu bewerten und dich weigerst, den Beitrag zu erkennen, der du in der Welt bist, bist du nicht ehrlich mit dir selbst – du belegst dich selbst mit einigen großen Lügen, um zu beweisen, dass du nicht so großartig bist, wie du wirklich bist.

Im Grunde ist überall, wo du meinst, falsch zu sein, da, wo du dich weigerst, stark zu sein. Es ist nicht wahr, dass wir falsch liegen oder nicht genug sind oder unfähig sind, aber es ist wahr, dass wir uns weigern, die Macht und Wirkkraft zur Veränderung zu sein, die wir tatsächlich in der Lage sind zu sein.

Ich fuhr einmal Gary und Dain zu einem Kurs, und ich war wirklich wütend, gab aber vor, es nicht zu sein. Ich fuhr ziemlich unfreundlich, ich fuhr ein bisschen zu schnell über große Buckel in der Straße, und Gary und Dain stießen sich den Kopf am Autodach, jedes Mal, wenn ich über einen der Buckel fuhr. Ich weigerte mich, darüber zu sprechen, aber dann rief Gary mich früh am nächsten Morgen um 6 an und sagte: „Komm in unser Hotelzimmer und lass uns das klären." Ich sprach ewig mit ihnen darüber, warum ich wütend war. Ich sagte immer wieder: „Ich bewerte mich selbst, ich bin wütend auf mich." Aber nichts veränderte sich oder wurde leichter. Egal, wie oft ich es sagte, es klang nicht wahr. Als wir weitersprachen und sie mir mehr Fragen stellten, merkte ich, dass ich eigentlich sie bewertete. Ich hatte beschlossen, sie seien dumm, weil sie mich eingestellt hatten. Als ich bereit war, verletzlich zu sein (und ja, es war unbequem damals, aber ich bin so froh, dass ich es getan habe), konnte ich sehen, was ich tat, und ich war in der Lage, aus der Wut herauszukommen, und das machte es einfacher für uns alle. Indem ich sie als dumm bewertete, war ich nicht nur nicht bereit, den Beitrag zu empfangen, der sie gerne für mich sein wollten, ich war auch nicht bereit, den Beitrag zu sehen, der ich für sie war, ich erlaubte es dem Business nicht zu wachsen. Als ich aufhörte, sie zu bewerten, wurde sehr viel mehr möglich.

„Bist du bereit, keine Barrieren zu haben?"

Eine Sache, die nach dieser Unterhaltung besonders stark auftrat, war, dass ich mich unbehaglich fühlte. Ich sagte zu Gary: „Ich fühle mich jetzt vollkommen abgeschnitten von dir und Dain." Gary fragte mich: „Hast du deine Verbindung mit uns über Bewertung aufgebaut?" Ich merkte, dass dies zutraf. Dann sagte er: „Nun, jetzt hast du die Gelegenheit, deine Verbindung mit uns aufgrund von Verbundenheit zu kreieren."

Die meisten Menschen kreieren ihre Verbindung mit jemandem ausgehend von Bewertung. Bewertungen kreieren die Barrieren und die Mauern, die uns erlauben, uns vor uns selbst und anderen zu verstecken.

Bei Verbundenheit gibt es den Raum der absoluten Nichtbewertung. Und das ist vollkommen anders. Für mich war dies zunächst äußerst unangenehm. Ich fühlte mich so verletzlich. Alle meine Barrieren waren unten, und es war, als könnten sie mich komplett durchschauen.

Uns wird beigebracht, dass die Bewertungen, Barrieren und Mauern, die wir errichten, uns schützen werden, aber in Wirklichkeit verstecken sie uns vor uns selbst. Wenn du bereit bist, keine Bewertung, keine Barrieren und absolute Verletzlichkeit zu haben, beginnst du zu erkennen, was für dich möglich ist, das du dich geweigert hast anzuerkennen.

Du musst bereit sein, brutal ehrlich zu sein mit allem, was du in deinem Leben kreierst. Dies ist die einzige Art, auf die du etwas verändern kannst: Diesen Mut zu haben zu erkennen: „Ok, das funktioniert nicht." Du musst bereit sein, ein Gewahrsein davon zu haben, was wirklich für dich vor sich geht. Bei der Kreation deiner eigenen finanziellen Realität geht es darum, ein Gewahrsein davon zu haben, was tatsächlich ist, und dann das zu wählen, was mehr für dich kreieren wird.

Was wäre, wenn brutal ehrlich mit dir selbst zu sein bedeutete, die Verletzlichkeit mit dir zu haben, dich nie wieder selbst zu belügen?

Angst haben ist eine der größten Lügen, die wir gegen uns selbst verüben. Hast du wirklich Angst wegen Geld oder Geld zu verlieren oder bankrottzugehen? Hast du überhaupt Angst? Oder regelst du alles, wenn eine Notsituation auftritt, und brichst dann später zusammen, um zu beweisen, wie schrecklich es für dich war?

Wenn du bereit bist, dir ehrlich anzuschauen, was vor sich geht, und zu sehen, was für dich wahr ist, egal, wie intensiv oder herausfordernd sich das anfühlt, oder was du dir selbst eingeredet hast, das wirklich vor sich geht, kreiert dies unheimlich viel Freiheit.

Wirklich verletzlich zu sein heißt nicht, dich selbst schwach zu machen oder einem Angriff ausgesetzt zu sein. Verletzlich zu sein, bedeutet, wie eine offene Wunde zu sein und keine Barrieren gegenüber irgendjemand oder irgendetwas zu haben, einschließlich dir. Wenn du keine Barrieren oder Verteidigungen hast, kann nichts Gutes oder Schlechtes dich festhängen lassen. Meistens errichten wir Barrieren, weil wir meinen, uns zu schützen, was aber in der Regel passiert ist, dass wir uns selbst hinter diesen Mauern einsperren. Wenn wir diese Mauern haben, trennen wir uns nicht nur von anderen Menschen ab, wir trennen uns davon ab, was eigentlich wahr für uns ist. Wenn du wirklich all deine Barrieren herunterlassen würdest, welche Glaubenssätze, die du im Moment darüber hast, wie begrenzt du bist, müsstest du als überhaupt nicht wahr anerkennen?

Wer wärst du wirklich, wenn du dich nie wieder gegenüber irgendjemandem verteidigen oder irgendjemandem etwas beweisen müsstest? Wenn du dich bewertest und glaubst, du seist weniger als phänomenal, wer bist du in solchen Momenten? Bist du dann du selbst? Oder bist du, was andere Leute gerne hätten, dass du bist? Was wäre, wenn du nicht annähernd so im Arsch wärst, wie du meinst zu sein? Was wäre, wenn nichts mit dir falsch ist, das du verstecken, überwinden, vermeiden oder wogegen du dich verteidigen musst? Was wäre, wenn du tatsächlich genial wärst? Bist du bereit, das zu sehen? Bist du bereit, das anzuerkennen und in der Welt zu sein?

Wenn du du bist, ist dies eines der attraktivsten Dinge auf der Welt. Und du erkennst es bereits, denn die Menschen, die dich im Leben anziehen, sind jene Menschen, die sie selbst sind, die eine Verletzlichkeit haben und eine Bereitschaft, präsent mit dir zu sein. Sie haben keine Vorwände, Barrieren oder Abwehr. Sie müssen nichts beweisen. So ist es, wenn du du bist. Du musst nichts anderes als du selbst sein. Wenn du du bist, möchten alle in deiner Nähe sein. Und sie werden auch bereiter sein, dir Geld zu geben, nur um in der Nähe deiner Energie zu sein, nur um etwas von dem zu haben, was du hast. Bist du bereit, so unwiderstehlich für andere zu sein?

Was wäre, wenn du von dir selbst fordern würdest, brutal ehrlich mit dir zu sein und zu fragen: „Wer bin ich gerade? Wenn ich ich selbst wäre, was würde ich wählen? Was würde ich kreieren?"

„Was hättest du wirklich gerne?

Zum Verletzlichsein gehört auch, vollkommen ehrlich darüber zu sein, was du gerne in deinem Leben hättest. Wenn du das versteckt und geheim hältst vor dir oder vorgibst, dass du dir nicht wünschst, was du wirklich möchtest, hast du keine Chance, etwas Großartigeres zu kreieren und zu wählen, und ein Leben zu haben, das du wirklich genießt. Du musst bereit sein, keine Geheimnisse vor dir zu haben.

Hast du dir je einmal die Zeit genommen, um zu betrachten, was du gerne in deinem Leben kreieren möchtest? Was wäre, wenn nichts unmöglich wäre? Was wäre, wenn du alles haben und sein und tun und kreieren könntest? Bist du bereit gewesen, so ehrlich mit dir zu sein, dass du zugegeben hast, was du wirklich gerne im Leben hättest, selbst wenn es für niemanden sonst einen Sinn ergibt?

Was wäre, wenn du eine Liste von allem aufschreibst, was du gerne in deinem Leben hättest? Hättest du gerne eine Putzkraft? Ein neues Haus? Eine modernere Küche? Gibt es eine Reise, die du gerne unternehmen würdest? Ein Business, das du gerne ins Leben rufen möchtest? Wie viel Geld hättest du gerne in deinem Leben?

Was hättest du gerne für dich und was braucht es, um das mit Leichtigkeit zu generieren und kreieren?

Wärst du bereit, um alles zu bitten, egal, ob du glaubst, dass das lächerlich, unmöglich oder vollkommen unvorstellbar ist? Wärst du bereit, von dir selbst zu verlangen, dass du es kreierst, selbst wenn du keine Ahnung hast, wie oder wann es sich verwirklichen wird? Denke daran: Wenn du nicht bittest, kannst du nicht empfangen. Warum also solltest du nicht um alles bitten, was du dir wünschst, und mehr, und schauen, was sich zeigen kann, einfach nur zum Spaß?

Was ist es, das du gerne vom Universum erbitten und von dir selbst fordern möchtest? Fange damit an aufzuschreiben, wie du gerne hättest, dass dein Leben und deine Geldflüsse aussehen. Was würdest du gerne kreieren und generieren?

DARAUF VERTRAUEN, DASS DU WEISST

Gab es jemanden in deinem Leben, der dich in Bezug auf Geld und Finanzen ermächtigt hat? Hat man dich gefragt, was du weißt? Bist du ermutigt worden, dir selbst zu vertrauen und mit Geld zu spielen? Wahrscheinlich nicht. Die meisten von uns werden nicht wirklich ermutigt herauszufinden, wer wir sind und wozu wir fähig sind, das einzigartig an uns ist. Uns wird nicht gesagt, wir sollten uns vertrauen und dass wir wissen werden, was zu tun ist. Uns wird beigebracht, dass wir uns anschauen müssen, was alle anderen tun und dort mitmachen müssen.

Als ich das erste Mal reiste, wollte ich nur sechs Monate nach Übersee reisen. Nach etwa drei Jahren kehrte ich schließlich nach Australien zurück. Als ich das tat, sagten alle zu mir: „Okay Simone, jetzt hast du dein Abenteuer gehabt, du kannst dich niederlassen, einen festen Job finden, heiraten und eine Familie gründen."

Für mich war das das Schlimmste, was ich tun könnte. Meine Ansicht war: „Ich fange gerade erst an!"

Ich war nicht bereit, dem zu folgen, was alle anderen mir sagten, dass ich sein solle. Ich wusste, dass etwas anderes möglich war, also wählte ich nicht, was man mir sagte. Ich vertraute darauf, dass ich, auch wenn ich keine genaue Vision dessen hatte, wie mein Leben sein würde, etwas anderes kreieren konnte. Ich wusste, dass ich es liebte, zu reisen, ich wünschte mir, ein eigenes Business zu besitzen, und ich wusste, dass ich mir wünschte, Geld zu haben, also war es nunmehr eine Frage der Wahl.

„Du hast es immer gewusst, auch
wenn es nicht geklappt hat."

Als ich Gary Douglas traf und ihn über die Werkzeuge von Access sprechen hörte, wusste ich, dass es dem entspricht, von dem ich wusste, dass es möglich war in der Welt. Ich vertraute mir selbst genug, dem zu folgen, egal, was passierte, und ich bin so glücklich, dass ich es tat, weil es mein Leben verändert hat und immer noch weiter dynamisch verändert.

Was weißt du über Geld, das anzuerkennen du dir selbst nie die Chance gegeben hast oder wofür man dich falsch gemacht hat?

Eines unserer größten Talente und die Sache, die wir am meisten geringschätzen, ist unser eigenes Gewahrsein von dem, was in unserem Leben funktionieren wird und was nicht.

Hast du jemals gewusst, dass etwas sich nicht wirklich so entwickeln würde, wie du gerne hättest, und hast es trotzdem gemacht? Bist du jemals mit jemandem ins Bett gegangen, wo du wusstest, du hättest das nicht tun sollen, und bist am nächsten Morgen aufgewacht und hast dich gefragt, warum du diese nicht so tolle Wahl getroffen hast? Aber als es nicht geklappt hat, hast du, anstatt zu sagen: „Oh wow, ich *wusste*, dies würde nicht funktionieren, wie genial bin ich?", dich selbst verurteilt und dich dafür falsch gemacht, dass es nicht funktioniert hat, du dachtest, du hättest die Misere kreiert, anstatt zu erkennen, dass du die ganze Zeit wusstest, dass es nicht funktionieren würde, du hast es einfach nur trotzdem getan und gedacht, du könntest vielleicht damit davonkommen! Du hast es definitiv gewusst, du bist einfach nur nicht deinem Gewahrsein gefolgt. Was wäre, wenn du anfängst, dieses Wissen anzuerkennen und ihm zu vertrauen, und anfangen würdest, deinem Gewahrsein zu folgen, von dem, was für dich funktionieren würde, anstatt das zu wählen, von dem du weißt, dass es nicht wirklich gut gehen wird? Versuchst du, dein Leben als Erfolg oder als glorreiches Scheitern zu kreieren?

Einige von uns haben ihr ganzes Leben damit verbracht, sich nicht selbst zu vertrauen. Wenn du dich dem so verschrieben hast, das abzuliefern, von dem du denkst, andere Leute brauchen und wollen es, kannst du den Kontakt mit dem verlieren, was du dir wirklich wünschst. Du fühlst dich vielleicht leer im Kopf oder als ob du es nicht wüsstest. Sehr wahrscheinlich wirst du eine Weile diese Leere im Kopf haben, wenn du anfängst, dir das anzuschauen, denn niemand hat dich wirklich jemals gefragt, was du dir wirklich wünschst.

Doch bitte vertraue darauf, dass du *weißt*. Irgendwo tief drinnen weißt du. Vielleicht hast du dies lange vor dir verborgen, aber du weißt.

„Wenn Geld nicht das Thema wäre, was würdest du wählen?"

Wenn Geld nicht das Thema wäre, welche Art von Leben hättest du gerne? Was würdest du jeden Tag tun, was würdest du gerne in der Welt kreieren? Was davon kannst du schon jetzt anfangen umzusetzen? Mit wem müsstest du sprechen? Was müsstest du tun? Wo müsstest du hingehen? Welche Wahlen könntest du heute treffen, um damit zu beginnen, deine eigene finanzielle Realität zu kreieren?

Dies sind die Fragen, die ich mir selbst jeden Tag stelle. Jeder Tag ist neu für mich. Ich schaue mir an, was ich mir zu kreieren wünsche, und ich schaue mir an, was ich kreiere und was ich noch sein und tun kann, um mehr von der Zukunft zu kreieren, die ich gerne hätte.

Du kannst dies auch. Du kannst damit beginnen, die Realität, das Geld, das Business, das Gewahrsein, das Bewusstsein, die Freude und das Leben und die Lebensweise zu kreieren, die du dir wirklich wünschst. Vertraue dir. Sei bereit zu erkennen, dass du, auch wenn es 10.000 Jahre her ist, seit du wirklich um das Gewahrsein von dem gebeten hast, was du dir wünschst, weißt, und du kannst es mit mehr Leichtigkeit kreieren, als du denkst!

Teil Zwei

Geld komm, Geld komm, Geld komm, Geld komm!

Kapitel 4

Zehn Dinge, die das Geld dazu bringen, zu kommen (und zu kommen und zu kommen)

Inzwischen hast du hoffentlich angefangen, den Nebel an den Orten zu lichten, von denen aus du mit Geld funktioniert hast, und beginnst damit, dir deine finanzielle Realität von einem Ort von mehr Raum und Möglichkeiten anzuschauen als am Anfang.

Eine finanzielle Realität zu haben, die für dich funktioniert, bedeutet, wirklich ganz vertraut damit zu werden, was du wirklich zu kreieren wünschst, nicht nur den Geldbetrag, den du gerne auf deinem Bankkonto hättest, sondern mit deinem ganzen Leben. Wenn du mehr Klarheit über die Zukunft gewinnst, die du zu kreieren wünschst, ist es leichter für das Geld, zu dir zu kommen. Auch ist ein Verändern deiner Ansicht und wie du energetisch mit Geld funktionierst, genauso wichtig wie die Elemente des „Tuns"; du musst all das ändern, um eine andere Realität mit Geld zu haben.

Diese nächsten 10 Elemente sind eine eingehendere Betrachtung der pragmatischen und praktischen Komponenten für eine Veränderung deiner finanziellen Welt. Wenn du diese Dinge machst, werden sie funktionieren. Du musst sie ausführen – du musst wählen.

Denke daran – wenn du nicht diese Verpflichtung dir gegenüber eingehst und forderst, dass du tust, was auch immer es braucht, egal, wie das aussieht, wird es sehr viel schwieriger sein, etwas zu verändern. Was hast du am Ende wirklich zu verlieren? Deine Begrenzungen rund um Geld? Deine Angst in Bezug auf Geld? Deinen Geldmangel?

Lass uns anfangen. Hier sind 10 Dinge, die du in deinem Leben tun kannst, die das Geld dazu bringen werden, zu kommen und zu kommen und zu kommen:

1. Stelle Fragen, die Geld einladen.
2. Sei dir ganz genau bewusst, wie viel Geld du zum Leben brauchst – mit Freude.
3. Habe Geld.
4. Erkenne dich an.
5. Tue, was du liebst und was dir Freude bringt.
6. Sei dir gewahr, was du denkst, sagst und tust.
7. Höre auf, ein bestimmtes Ergebnis zu erwarten.
8. Höre auf, an Erfolg, Scheitern, Bedürfnisse und Mangel zu glauben.
9. Sei im Erlauben.
10. Sei bereit, außer Kontrolle zu sein.

Ich habe bereits viele dieser Konzepte in Teil Eins des Buches vorgestellt, damit du damit vertraut werden kannst, wie das funktioniert, wenn es darum geht, deine Schulden und die Art, wie du mit Geld funktionierst, zu verändern. In den folgenden Kapiteln gehen wir auf die pragmatische Seite ein und wenden diese zehn Konzepte mit Werkzeugen und Techniken an, um wirklich Veränderung in diesen Bereichen zu kreieren, damit es dir freisteht, Geld zu wählen, zu kreieren und zu genießen, anstatt Angst und den Kampf mit Geld zu haben.

Kapitel 5
Stelle Fragen, die Geld einladen

Vielleicht ist dir aufgefallen, dass ich dich im ganzen Buch eingeladen habe, dir selbst viele Fragen über Geld zu stellen. Das ist so, weil Fragen die Einladung sind zu empfangen, was dem Geld erlaubt, sich zu zeigen. Wenn du nicht fragst, kannst du nicht empfangen.

Es gibt eine „goldene Regel" beim Fragen stellen, die du im Hinterkopf haben solltest: Bei einer wahren Frage geht es nicht darum, eine Antwort zu bekommen, oder um richtig oder falsch. Es geht darum, die Energie einer *anderen Möglichkeit* zu eröffnen.

Uns ist beigebracht worden, Fragen aus der Ansicht heraus zu stellen, dass wir nach der richtigen Antwort suchen, und uns ist beigebracht worden, viele Aussagen auszusprechen, sie mit einem Fragezeichen am Ende zu versehen und vorzugeben, dass wir etwas fragen, während wir das eigentlich nicht tun. Nichts davon ist eine echte Frage stellen. Im Prinzip ist eine Frage, wenn du sie stellst und sie dich direkt zu einer Antwort, einer Bewertung oder einer Schlussfolgerung führt, oder wenn du sie benutzt, um zu versuchen, ein bestimmtes Ergebnis zu fabrizieren, anstatt aus der Neugier und dem Wunsch, größere Möglichkeiten für dich zu kreieren, *keine* Frage.

Hier sind zum Beispiel Aussagen, die wie Fragen aussehen, aber keine sind: „Wie kann ich das so machen, dass es so passiert, wie ich das möchte?" „Warum passiert mir das?" „Was habe ich falsch gemacht?" „Warum sind sie so gemein?" „Warum haben sie mir noch keine Gehaltserhöhung angeboten?" „Was zum Teufel?" All dies sind Aussagen, und sie haben bereits eine ihnen zugrunde liegende Annahme, Schlussfolgerung oder Bewertung, in den meisten Fällen, dass du oder irgendetwas falsch ist. Irgendwo gibt es da eine implizite Antwort und keine Möglichkeit. Du könntest stattdessen fragen: „Welche Möglichkeiten stehen zur Verfügung, um die ich noch nicht gebeten habe?" „Was habe ich gewählt, um dies zu kreieren, und welche anderen Wahlen habe ich?" „Was ist richtig an mir, das ich nicht kapiere?" „Was, wenn jemand anderes Wahl gemein zu sein, nichts mit mir zu tun hätte, was würde ich wählen?" „Was würde es brauchen, damit ich bereit bin, um eine Gehaltserhöhung zu bitten, und was könnte ich kreieren, damit ich trotz allem mehr Geld generiere?" und „Wessen bin ich mir gewahr, dass ich nicht bereit gewesen bin anzuerkennen?"

Ein anderer Schlüssel zum Fragenstellen liegt darin, es einfach zu halten. Die Tür zu einer anderen Möglichkeit zu öffnen, ist so einfach, wie sich die Frage zu stellen, welche anderen Möglichkeiten es geben könnte. Wenn du heute einfach durch deinen Tag gehst und zwei einfache Fragen stellst: „Was ist noch möglich?"® und „Wie wird es noch besser als jetzt?"™, bei allem, was sich zeigt, würdest du anfangen, eine völlig neue, unendliche Menge an Möglichkeiten und Wahlen einzuladen, die du vorher nicht hattest, als du keine Fragen gestellt hast.

„Fragen gehen Hand in Hand mit Wahl, Möglichkeit und Beitrag."

Wenn du eine Frage stellst, beginnst du, dir der Möglichkeiten und anderen Wahlen, die dir zur Verfügung stehen, gewahr zu werden. Wenn du eine andere Wahl triffst, wirst du dir noch weiterer Möglichkeiten und Wahlen gewahr. Wenn du eine echte Frage stellst, öffnest du die Tür, sodass das Universum dir beitragen kann.

Stell dir das Universum als deinen besten Freund vor, der sagt: „Hey, lass uns spielen!" Es wünscht sich, dass du genau das hast, worum du bittest, und wird allem, was du in deinem Leben kreierst, beitragen.

Das Universum hat keine Ansicht über das, was du wählst. Wenn deine Wahlen eine Präferenz für Kämpfen, Begrenzungen und kein Geld demonstrieren, wird das Universum dir das geben. Wenn du anfängst, es aus einer spielerischen Neugier um seinen Beitrag zu bitten, ist das die Energie und sind das die Möglichkeiten und die Wahlen, die es dir zeigen wird.

Deine Wahlen und die Möglichkeiten, die du wählst, zeigen dem Universum die Richtung, in die du gehen möchtest. Was zeigen deine Wahlen? Welche anderen Wahlen könntest du sofort anfangen zu treffen? Bist du bereit, jeden Tag rund um die Uhr mit dem Universum zu spielen?

Wenn du dir wünschst, mehr Gewahrsein zu kreieren von dem, was möglich ist, frage: „Was kann ich jeden Tag anderes sein oder tun, um mir der Wahlen, Möglichkeiten und Beiträge, die zur Verfügung stehen, in jedem Moment gewahrer zu werden?"

„Fange an, um das Geld zu bitten, jetzt!"

Den meisten von uns ist nicht beigebracht worden, um Geld zu bitten; besonders nicht laut, und erst recht nicht, ohne dass es uns extrem unangenehm oder peinlich ist. Also wirst du vielleicht üben müssen. Stell dich vor den Spiegel und frage: „Kann ich das Geld jetzt bitte haben?" Sage es immer wieder. Übe es, während du Auto fährst. Frage immer weiter. Wenn du einen Klienten hast, der dich bezahlen muss, oder dir jemand Geld für eine Rechnung schuldet, frage: „Wie möchten Sie gerne dafür zahlen?" Das mag zu Beginn unangenehm sein, aber du musst anfangen zu bitten, sonst kannst du nicht empfangen!

Stell dir vor, du hättest absolute Leichtigkeit dabei, um Geld zu bitten, von allen und jederzeit. Wie viel mehr Freiheit würde das dir geben, um das zu wählen, was für dich funktioniert? Wie viel mehr Frieden? Wie viel *Spaß* könntest du dabei haben, darum zu bitten, dass sich Geld auf alle möglichen Arten zeigt?

„Benutze täglich Fragen, um Geld einzuladen."

Hier ist eine Liste wirklich großartiger Fragen, die du jeden Tag stellen kannst, um mehr Geld in dein Leben einzuladen:

- *Was ist noch möglich, worum ich noch nicht gebeten habe?*
- *Welche Möglichkeiten stehen zur Verfügung, die ich noch nicht umgesetzt habe?*
- *Wenn ich meine finanzielle Realität wählen würde, was würde ich wählen?*
- *Wie hätte ich gerne meine finanzielle Realität? Was müsste ich anderes sein oder tun, um das zu kreieren?*
- *Was kann ich heute anderes sein oder tun, um sofort mehr Geld zu kreieren?*
- *Worauf kann ich heute meine Aufmerksamkeit richten, das meine Geldströme steigern wird?*
- *Was kann ich heute meinem Leben hinzufügen, um sofort mehr Einkommen und Kreationsflüsse zu kreieren?*
- *Wer oder was könnte noch dazu beitragen, dass ich mehr Geld in meinem Leben habe?*
- *Wo kann ich mein Geld benutzen, sodass es mir mehr Geld macht?*
- *Wenn Geld nicht das Thema wäre, was würde ich wählen?*
- *Welchen Schritt kann ich heute unternehmen, um meine finanzielle Realität zu ändern?*

- *Wenn ich nur für mich, nur zum Spaß, wählen würde, was würde ich wählen?*
- *Wer noch? Was noch? Wo noch?*
- *Und denke daran … Kann ich das Geld jetzt bitte haben?*

Denke daran: Wenn du Geld in deinem Leben haben möchtest, geht es darum, ein Leben und eine gesamte finanzielle Realität zu kreieren, die für dich funktioniert. Fange an, diese Fragen jeden Tag zu stellen, und bemerke, welche Veränderungen sich zu zeigen beginnen. Vielleicht ergeben sich einige unerwartete Möglichkeiten, vielleicht bemerkst du, dass du in bestimmten Situationen weniger in die Reaktion gehst als vorher oder, dass die Menschen um dich herum sich zu verändern beginnen. Was immer es auch ist – nimm es wahr und erkenne es an, sei dankbar dafür und komme nicht zu einer Schlussfolgerung darüber. Stelle immer weiter Fragen. Egal, was sich zeigt, bitte um mehr, bitte um Großartigeres. Was wäre, wenn das Fragenstellen so natürlich für dich werden würde, dass du eine unaufhaltsame, wandelnde und sprechende Einladung für Möglichkeiten mit Geld würdest?

Kapitel 6

Sei dir ganz genau bewusst, wie viel Geld du zum Leben brauchst – mit Freude!

Wenn mich Leute fragen, wie sie aus den Schulden herauskommen und all das Geld haben können, das sie sich wünschen, ist meine erste Frage: Weißt du genau, wie viel Geld du jeden Monat generieren musst, damit das eintritt? Die meisten Menschen tendieren dazu, Schulden zu kreieren, weil sie sich nicht wirklich darüber bewusst sind, wie viel sie wirklich brauchen, um das Leben zu führen, das sie möchten. Ich ermutige sie zu fragen: „Was ist erforderlich, um mein monatliches Einkommen zu steigern? Was würde es brauchen, damit mein Einkommen größer ist als meine Ausgaben?"

Hier ist etwas, das ich dir sehr ans Herz legen möchte: Schau dir ganz genau an, wie viel es kostet, dein Leben zu unterhalten. Wenn du ein Business hast, tu dies auch für dein Business.

Wenn du eine Einnahmen- und Ausgabenübersicht oder irgendeine Übersicht von deinem Buchhalter hast, benutze sie, um genau herauszufinden, was es dich jeden Monat kostet, dein Business oder dein Leben zu unterhalten. Wenn du keine solche Übersicht hast, schreibe alle deine Ausgaben auf. Schreibe auf, was du für deinen Strom und alle Betriebskosten zahlst, wie viel es kostet, dein Auto zu unterhalten und was es kostet, um dein Haus, deine Miete, deine Hypothek, die Schulgebühren, einfach alles abzudecken.

Dann zähle alle deine jetzigen Schulden zusammen. Wenn du etwa 20.000 $ oder weniger schuldest, teile das durch 12 und füge es hinzu. Wenn der Betrag der Schulden über 20.000 $ liegt, teile ihn durch 24 Monate oder mehr, wenn du möchtest. Führe dies auch in der Liste auf (dies ist der Betrag, um den du bittest, um jeden Monat deine Schulden abzuzahlen).

Als Nächstes schreibe auf, was die Sachen kosten, die du zum Spaß machst. Wenn du dir gerne jeden Monat oder alle zwei Wochen eine Massage geben lässt, füge das hinzu. Wenn du zu Gesichtsbehandlungen und Haarschnitten gehst, schreibe dies auf. Was zahlst du für die Kleidung, Schuhe und Bücher, die du kaufst? Was gibst du aus, wenn du zum Abendessen weggehst? Schreibe das alles auf. Wenn du gerne mehr reisen möchtest, deine Familie besuchen oder zweimal im Jahr in Urlaub fahren möchtest, füge dies auch hinzu. Mich macht es glücklich, immer ein paar Flaschen guten Wein oder Champagner in meinem Kühlschrank zu haben, also füge ich das auf jeden Fall hinzu, wenn ich meine Monatsausgaben aufliste.

Wenn du all die Dinge aufgelistet hast, die dir Spaß machen, zähle alles zusammen. Wenn du die Gesamtsumme errechnet hast, addiere 10 Prozent von allem, was du verdienst, hinzu, nur für dich. Dies ist dann für dein 10-Prozent-Konto. Im nächsten Kapitel werde ich dir erzählen, warum ein 10-Prozent-Konto ein solch großartiges und grundlegendes Werkzeug ist, aber jetzt stelle einfach sicher, dass du 10 Prozent von jedem Dollar zur Seite legst, der hereinkommt. Und dann addiere noch einmal 20 Prozent hinzu, nur zum Spaß, denn du weißt nie, was vielleicht geschieht, und es geht darum, dass du auf alles vorbereitet bist und nicht deine Wahlen begrenzt.

Wie hoch ist die Gesamtsumme? Dies ist der tatsächliche Betrag, den du brauchst, um jeden Monat dein Leben zu bestreiten. Wenn du so bist wie die meisten Leute, wird das wahrscheinlich eine ganze Ecke mehr sein, als du derzeit verdienst.

Als ich dies das erste Mal machte, war der Geldbetrag, den ich brauchte, um mein Leben zu kreieren, das Doppelte von dem, was ich tatsächlich verdiente, und ich ging sofort dazu über, überwältigt zu sein und dachte: „Oh! Ich könnte niemals so viel Geld verdienen!" Aber ich bin da nicht stehen geblieben. Ich forderte von mir selbst, dass ich, egal, was es brauchte, diesen Geldbetrag und mehr kreieren würde und fragte stattdessen, was es brauchen würde, um dies *und mehr* mit absoluter Leichtigkeit zu kreieren? Nun verdiene ich viel mehr Geld als dieser ursprünglich schockierende Betrag, den ich errechnet hatte. Ich mache diese Aufstellung jetzt etwa alle sechs Monate. Mein Leben verändert sich die ganze Zeit, also haben sich meine Ausgaben verändert, und ich habe den Wunsch, mir vollkommen dessen gewahr zu sein, was ich kreiere, damit ich fordern kann, dass sich mehr zeigt.

Bei dieser Übung geht es nicht darum zu versuchen, deine Ausgaben zu kürzen oder dich in irgendeiner Form zu begrenzen. Die meisten Rechnungsprüfer oder Buchhalter werden sich deine Informationen ansehen und sagen: „Ihre Ausgaben sind zu hoch. Sie übersteigen Ihr Einkommen. Was können wir streichen?" So gehe ich nicht daran. Meine Ansicht ist: Was kannst du deinem Leben noch hinzufügen? Was kannst du noch kreieren? Deswegen empfehle ich dir auch, diese Übung alle sechs bis zwölf Monate zu machen, denn wenn sich dein Leben ändert, ändern sich auch deine Ausgaben und deine Wünsche und deine finanziellen Ansprüche.

Was wäre, wenn dies der Anfang deines sich immer mehr erweiternden finanziellen Universums wäre? Du musst dir selbst das Geschenk des Gewahrseins machen, wo genau du stehst und wo genau du stehen möchtest, sonst kannst du nicht den nächsten Schritt vorwärts machen, da du dir nie bewusst bist, wie deine Finanzen stehen.

Was wäre, wenn du dies tun würdest, um dein Gewahrsein zu steigern? Was, wenn du es einfach nur zum Spaß machen würdest? Was wäre, wenn du es einfach machen würdest, um dir gewahr zu werden, wovon du dir mehr im Leben wünschst und um zu sehen, was dies noch kreieren

85

könnte? Was wäre, wenn du aus dem Trauma und Drama von „kein Geld" herauskommen und damit beginnen könntest, eine vollkommen andere Realität zu kreieren? Dies ist dein Leben. Du bist derjenige, der es kreiert. Bist du glücklich mit dem, was du derzeit kreierst oder würdest du es gerne verändern?

Kapitel 7
Habe Geld

In Kapitel Zwei dieses Buches habe ich über die Bereitschaft gesprochen, Geld zu *haben*, wenn du deine finanzielle Realität kreieren möchtest, und was dies in deinem Leben zu kreieren beginnt, wenn du es tust.

Wenn du dir selbst wirklich erlaubst, Geld zu haben, kreiert dies ein ständiges Bewusstsein von Überfluss und Wohlstand in deinem Leben, das dazu beitragen wird, dass du eine großartigere finanzielle Zukunft kreierst.

Ich habe diese seltsame Obsession mit Wasser; ich habe gerne jederzeit eine Flasche Wasser bei mir. Ich sage häufig, dass ich wohl in einem vergangenen Leben verdurstet sein muss, weil ich gemerkt habe, dass ich keinen Durst habe, wann immer ich Wasser bei mir habe, selbst wenn ich nichts trinke! Wenn ich kein Wasser dabeihabe, beginne ich, Durst zu haben. Was wäre, wenn es genauso mit Geld ist? Was wäre, wenn Geld zu haben ein Gefühl des Friedens mit Geld kreiert, das dir erlaubt, über jegliches Mangelempfinden hinauszugehen?

Wie beginnst du, mehr Geld in deinem Leben zu haben und dieses Empfinden von Wohlstand und Überfluss zu kreieren?

Hier sind drei Möglichkeiten, wie du umsetzen kannst, mehr Geld in deinem Leben zu haben. Es sind einfache und doch effektive Werkzeuge von Access Consciousness, und einige der ersten Werkzeuge, die ich anfing zu nutzen, um meine eigene finanzielle Realität zu verändern (und ja, ich war anfangs auch im Widerstand und dachte mir dann, was denn wohl das Schlimmste wäre, das passieren könnte, wenn ich es ausprobiere?). Benutze sie und beobachte, wie dein Geld sich in deinem Leben erweitert und in deiner Zukunft wächst. Ich empfehle, all diese Werkzeuge anzuwenden und dich mindestens sechs Monate dazu zu verpflichten und zu schauen, was das für dich ändert.

WERKZEUG #1, UM GELD ZU HABEN: DAS 10 %-KONTO

Eines der ersten wichtigen Geldwerkzeuge, das ich dir geben möchte, ist 10 % von allem, was du verdienst, zur Seite zu legen, 10 % von jedem einzelnen Dollar, Euro, Pfund oder welche Währung du auch immer kreierst. Du legst das Geld nicht zur Seite, um Rechnungen zu bezahlen. Du sparst es nicht für einen Notfall. Es ist nicht dafür gedacht, wenn dein Geld ausgeht. Es ist nicht da, um eine große anstehende Rechnung zu bezahlen. Es ist nicht da, um einem Freund zu helfen. Es ist nicht da, um Weihnachtsgeschenke zu kaufen. Es ist für keines dieser Dinge!

Du legst dieses Geld zur Seite, um dich selbst zu ehren.

Die Leute sagen: „Ich habe Rechnungen zu bezahlen! Wie kann ich denn 10 % meines Einkommens beiseitelegen? Ich muss erst die Rechnungen bezahlen." Aber es ist so: Wenn du erst deine Rechnungen zahlst, wirst du immer mehr Rechnungen haben. Wenn du erst die Rechnungen zahlst, sagt das Universum: „Oh, okay. Diese Person möchte ihre Rechnungen ehren. Lasst mich ihr mehr Rechnungen geben." Wenn du dich selbst ehrst, indem du zuerst 10 % zur Seite legst, sagt das Universum: „Oh, diese Person ist bereit, sich selbst zu ehren. Sie ist bereit, mehr zu haben", und es reagiert darauf. Es gibt dir mehr.

Wenn du die 10 % zur Seite legst, beschenkst du *dich*. Es geht darum, dankbar für dich zu sein.

Als ich mit meinem 10-%-Konto anfing, habe ich das widerwillig getan, weil Gary mir das vorgeschlagen hatte. Das 10-%-Konto wird nicht funktionieren, wenn du es aus der Ansicht machst: „Dieses Buch oder diese Person hat gesagt, ich soll das machen." Du musst es für dich tun. Du musst es machen, um die Energie zu verändern, die du in Bezug auf Finanzen hast, und die Energie, die du in Bezug auf Geld hast. Nicht nur, weil ich es gesagt habe und du es hier in diesem Buch gelesen hast. Fange an, die Forderung zu stellen, eine andere Realität zu kreieren.

Frage: „Was würde es brauchen, damit dies eine Wahl für mich ist und keine Notwendigkeit?" Was ist das Schlimmste, das passieren kann? Du gibst es aus? Aber du kannst es nicht aus der Ansicht heraus machen, dass du es ausgeben wirst. Etwa drei oder vier Monate, nachdem ich mein 10-%-Konto gestartet hatte, veränderte sich die Energie des Geldes für mich. Ich hatte nicht mehr diese Panik wegen Geld. Wie viele von euch haben Panik wegen Geld oder Stress wegen Geld, und dies ist für euch normaler geworden, als dies nicht zu haben? Wenn du dir die Energie davon anschaust, ist sie zusammenziehend; das ist, als ob man diese deprimierende Party gibt, zu der das Geld nicht kommen möchte. Geld folgt der *Freude*. Freude folgt nicht dem Geld.

Ich rate dir, heute anzufangen. Selbst wenn du einen ganzen Stapel Rechnungen hast. Selbst wenn du nur 100 $ in deinem Portemonnaie hast, und denkst, dass du Lebensmittel kaufen musst usw. Fang heute an. Die Sache ist, dies ist nicht logisch oder linear. Du kannst das Ganze berechnen, aber es ist nicht berechenbar. Das Universum fängt an, dir auch energetisch beizutragen, und es wird sich mehr Geld für dich an den zufälligsten Orten beginnen zu zeigen.

Jemand sagte mir, dass sie Geld auf ihr 10-%-Konto tut und wenn dann die Rechnungen kommen, benutzt sie dieses Geld, um ihre Rechnungen zu bezahlen. Sie sagte: „Ich zahle alle meine Rechnungen jeden Monat komplett, was toll ist, aber ich möchte die Priorität ändern, weg vom Zahlen meiner Rechnungen hin zum Weglegen des Geldes in mein 10-%-Konto, und es dort behalten als eine Art, mich zu ehren."

Sie fragte: „Wie höre ich damit auf, dass mir das Geld zwischen den Zahltagen ausgeht?"

Ich sagte: „Meine Frage wäre: Wie viele Schlussfolgerungen hast du getroffen, dass du das Geld nicht haben wirst, um die Rechnungen zu bezahlen, wenn du das 10-%-Konto nicht benutzt?"

Die logische Ansicht wäre vielleicht: „Nun, ich muss die Rechnungen zahlen, und das einzige Geld, das ich habe, ist das Geld auf meinem 10-%-Konto, also muss ich das benutzen." Ich bitte dich, *nicht* aus der logischen Ansicht heraus zu funktionieren. Da kommt dann die Wahl ins Spiel. Ich lade dich ein, den Mut zu haben, zu fordern: „Weißt du was? Ich gebe mein 10-%-Konto nicht aus." Und entdecke, was du sonst noch kreieren kannst.

Zu einem gewissen Zeitpunkt war der fällige Betrag auf meinen Kreditkarten extrem hoch. Ich hatte das Dreifache auf meinem 10-%-Konto, also wusste ich, dass ich den geschuldeten Betrag abzahlen konnte, wenn ich das wählte. Ich tat es nicht. Stattdessen schaute ich mir an, welche Energie es für mich kreieren würde, wenn ich das Geld auf meinem 10-%-Konto verwende. Ich nahm diese Energie wahr, und dann schaute ich mir an, was es kreieren würde, wenn ich dies nicht täte und stattdessen forderte, das Geld zum Abzahlen der Kreditkarten zu kreieren und generieren. Für mich fühlt sich die zweite Energie – mehr zu kreieren, um die Kreditkarten zu begleichen – sehr viel freudvoller an.

Also wählte ich das.

WERKZEUG #2, UM GELD ZU HABEN: TRAGE DEN BARGELDBETRAG BEI DIR, DEN DU MEINST, DASS EINE REICHE PERSON IHN MIT SICH FÜHREN WÜRDE

Wie anders würdest du dich mit deinem Leben fühlen, wenn du jedes Mal, wenn du dein Portemonnaie öffnest, einen dicken Stapel Bargeld siehst, anstatt eines großen leeren Bereichs und einiger zusammengeknüllter Kassenbons? Was wäre, wenn du es genießen würdest, Geld in deinem Portemonnaie zu haben? Trage den Betrag an Bargeld mit dir herum, den du meinst, dass eine reiche Person ihn mit sich führen würde.

Ich reise viel, also macht es mir wirklich Spaß, mein Bargeld in verschiedenen Währungen zu haben. Ich habe auch eine Goldmünze in meinem Portemonnaie. Es macht mich glücklich, sie da zu haben. So fühle ich Überfluss mit Geld. Für mich funktioniert das. Was würde für dich funktionieren? Was würde dir Spaß machen? Was vermittelt dir ein Gefühl von Wohlstand?

Ich habe gerne jederzeit mindestens 1.000 $ bei mir. Ich habe gerne jederzeit eine Flasche Wasser bei mir. Ich habe gerne eine kalte Flasche Wein im Kühlschrank zu Hause. Diese Dinge machen mich glücklich; sie sind für mich freudvoll. Sie geben mir das Gefühl, dass ich mein Leben kreiere. Was gibt dir das Gefühl, dass du dein Leben kreierst, das, wenn du es wirklich wählen würdest, auch für dich eine andere finanzielle Realität kreieren würde?

Manche Leute schrecken vor dieser Idee zurück: „Was ist, wenn ich überfallen werde oder mein Portemonnaie oder meine Brieftasche verliere?" Ich hatte eine junge Freundin, die immer 1.800 $ bei sich führte und ihr Portemonnaie verlor. Das war nicht sehr schön für sie zu dem Zeitpunkt, aber danach war sie bereiter, sich ihres Geldes bewusst zu sein! Wenn du die Befürchtung hast, etwas Ähnliches könne für dich eintreten, wäre meine Frage an dich: „Wie viel Geld müsstest du mit dir führen, um bereit zu sein, dir dieses Geldes jederzeit bewusst zu sein?" Wenn der Geldbetrag, den du bei dir hast, groß genug ist, wirst du plötzlich bereit sein, dir deines Geldes sehr viel gewahrer zu sein; dir wird bewusst werden, wo es ist und wessen du dir gewahr sein musst, damit es nicht gestohlen wird oder verloren geht. Wenn du vermeidest, Geld bei dir oder in deinem Leben zu haben, weil du meinst, du wirst es verlieren oder es wird dir gestohlen, wirst du dir selbst nie erlauben, überhaupt Geld zu haben. Du musst bereit sein, Geld zu haben und du musst bereit sein, es ohne eine Ansicht zu genießen.

WERKZEUG #3, UM GELD ZU HABEN: KAUFE DINGE VON INHÄRENTEM WERT

Ich habe viel Gold und Silber mit meinem 10-%-Konto erworben, und das macht mir Spaß. Ich habe einen Safe in meinem Haus, wo ich viel von meinem Gold und Silber aufbewahre. Wann immer ich das Gefühl bekomme, kein Geld zu haben, gehe ich und schaue in den Safe und merke: „Oh, ich habe doch Geld." Das ist es unter anderem, was das 10-%-Konto für dich tun kann.

Objekte von inhärentem Wert zu kaufen (was bedeutet, dass sie aufgrund ihres Materials einen Geldwert haben), ist eine Möglichkeit, es zu genießen, Geld zu haben, und auch liquide Objekte (liquide bedeutet, leicht für Bargeld zu verkaufen) in deinem Leben zu haben, deren Wert gleichbleibt oder mit der Zeit zunimmt. Dinge wie Gold, Silber oder Platin können in Unzen, Kilos oder Münzen gekauft werden.

Antiquitäten oder antiken Schmuck zu kaufen, kann auch eine gute Investition sein. Sie behalten ihren Wert im Verlauf der Zeit, nicht wie moderne Möbel oder Modeschmuck, die vielleicht gut aussehen, aber sofort einen großen Prozentsatz ihres Verkaufspreises verlieren, sobald man sie kauft. Dinge wie Besteck aus Sterlingsilber sind großartige liquide Mittel, weil sie ästhetisch schöne Objekte sind, die du wirklich benutzen kannst, was dazu beiträgt, ein Gefühl von Wohlstand und Luxus in deinem Leben zu kreieren. Ist es nicht viel schöner, Champagner aus schönen Bechern aus Kristall oder Sterlingsilber zu trinken, anstatt aus einfachem Glas oder Plastik? Ich weiß, dass es das für mich ist!

Du musst auch nicht erst Tausende von Dollar auf deinem 10-%-Konto haben, um damit zu beginnen, Dinge von inhärentem Wert zu kaufen. Du könntest damit anfangen, einen Silberteelöffel zu kaufen, um deinen Kaffee damit umzurühren, und von da aus weitermachen. Stelle nur sicher, dass du, egal, was du tust oder kaufst, dem folgst, was für *dich* freudvoll ist. Bilde dich weiter über Wertobjekte, die dir in deinem Leben Spaß machen würden.

Ich habe auch Diamanten und Perlen mit meinem 10-%-Konto gekauft. Ich habe immer sichergestellt, dass ich genug Bargeld in meinem 10-%-Konto hatte, damit ich ständig dieses Gefühl von Frieden habe und das Gefühl, dass ich Geld habe.

Wie viel Bargeld müsstest du in deinem Leben haben, um ein größeres Gefühl von Frieden und Fülle mit Geld zu haben? Und was könntest du sonst noch deinem Leben hinzufügen, um ein Gefühl von Ästhetik, Überfluss, Luxus und Wohlstand zu kreieren, das jede Facette deines Lebens und deiner Lebensweise erweitert?

Kapitel 8
Erkenne dich an

Du wirst bereit sein müssen, dich anzuerkennen, wenn du möchtest, dass dein Leben und deine Geldflüsse leichter und freudvoller werden. Wenn du nicht anerkennst, was wirklich wahr für dich ist, machst du dich kleiner. Wenn du nicht erkennst, dass du bereits etwas in deinem Leben kreiert hast, wirst du es zerstören, um zu glauben, dass du nichts erreicht hast, und du wirst zurückgehen und wieder von vorne anfangen. Eine sehr viel einfachere Art, im Leben voranzugehen ist, anzuerkennen, was tatsächlich ist, anzuerkennen, was du erreicht hast, deine Augen gegenüber deiner Großartigkeit zu öffnen und nicht die Dinge, die du kreiert und verändert hast, abzutun. Dies ist wirklich wichtig, besonders, wenn du diese Werkzeuge immer weiter verwendest und alles sich bei dir zu verändern beginnt. Du musst dich anerkennen, du musst anerkennen, was sich zeigt, auch wenn es ganz anders aussieht, als du gedacht hattest.

Es gibt drei Möglichkeiten, wie du anfangen kannst, dich effektiver anzuerkennen:

1. Erkenne den *Wert* von dir.
2. Erkenne, was dir *leicht*fällt zu tun und zu sein.
3. Erkenne an, was du *kreierst*.

„Warte nicht darauf, dass andere deinen Wert sehen."

Wartest du darauf, dass andere dich anerkennen, damit du endlich weißt, dass das, was du anzubieten hast, wertvoll ist? Was wäre, wenn du derjenige wärst, der erkennt, dass du wertvoll bist, egal, was sonst jemand denkt? Die meisten Menschen können dich noch nicht einmal sehen, um dich anzuerkennen, weil sie sich selbst nicht sehen oder anerkennen können! Wenn du bereit bist, die Großartigkeit von dir zu sehen, wenn du bereit bist, dich anzuerkennen, wirst du in der Lage sein, die Großartigkeit bei anderen zu sehen, und du wirst sie dazu einladen können, dies für sich selbst zu entdecken, einfach, indem du du bist.

Vielleicht denkst du, wenn du die richtige Beziehung findest, mehr Anerkennung in deinem Job bekommst oder deinen schwierigen Vater oder deine schwierige Mutter endlich dazu bringst, dich anzuerkennen, wirst du dich endlich wertvoll fühlen. Es hat noch nicht funktioniert, denn in Wirklichkeit kann dir das niemand anders wirklich geben. Wenn du in deinem eigenen Leben nicht schon das Gefühl hast, einen Wert zu haben, wird, egal, wie viele Menschen dir sagen, wie wunderbar du bist, dies nicht in deine Welt eindringen können. Erst musst du selbst deinen Wert sehen, dann wird es einfacher, Anerkennung von anderen Menschen wahrzunehmen und zu empfangen. Wie wäre es, wenn du jeden Tag damit beginnst, dass du fragst: „Was ist großartig an mir, das ich noch niemals anerkannt habe?" „Was habe ich mich geweigert, an mir anzuerkennen, das, wenn ich es anerkennen würde, mein Leben sehr viel leichter und freudvoller machen würde?"

Du musst wissen, dass du das wertvolle Produkt in deinem Leben bist – nicht, weil andere Leute dir das sagen, sondern weil du es einfach weißt. Dies wird wahrscheinlich am Anfang sehr schwierig sein, denn du musst damit aufhören, dich zu bewerten, um dich wirklich wertzuschätzen. Du musst dankbar sein, und du musst ehrlich mit dir sein, du musst deine eigene Großartigkeit ohne Barrieren empfangen.

Vielleicht musst du dich am Anfang dazu zwingen, deinen Wert zu sehen. Besorge dir ein Notizheft und schreibe auf, wofür an dir du dankbar bist – mindestens drei verschiedene Dinge pro Tag. Stelle die Forderung, die Großartigkeit von dir mit mehr Leichtigkeit wahrzunehmen, zu wissen, zu sein und zu empfangen. Gehe diese Verpflichtung dir selbst gegenüber ein und stehe dir bei diesem Prozess selbst bei.

„Was fällt dir leicht, das du niemals anerkannt hast?"

Jeder hat einen Bereich im Leben, wo man alles mit Leichtigkeit macht, ohne darüber nachzudenken und ohne es als schwierig zu empfinden. Man macht es einfach, es ist superleicht. Hast du eine Bewertung über die Sachen, die dir leichtfallen im Leben, zum Beispiel ein Auto zu fahren? Oder erkennst du einfach an, dass du ein guter Fahrer bist und mit allem umgehen kannst und es einfach sein und wählen kannst?

Jeder hat etwas (und in der Regel mehrere Dinge), die ihm wirklich leichtfallen zu sein oder zu tun. Wenn du so etwas in deinem Leben findest, wirst du wahrscheinlich auch feststellen, dass du keine Bewertung darüber hast und keine Bewertung über dich und wie du es tust. Und wahrscheinlich ziehst du auch niemand anderen zurate, wie man das macht. Du machst es einfach; du bist es einfach! Was wäre nun, wenn du diese Energie nimmst und fragst: „Was würde es brauchen, damit ich diese Energie auch mit Geld bin?"

Business ist eine dieser Sachen, die mir leichtfallen. Ich genieße es wirklich. Für mich ist Business eine der kreativsten Sachen, die man tun kann. Ich bewerte nicht, was sich im Business zeigt, ich wähle einfach wieder. Selbst, wenn ein Business nicht zustande gekommen ist, hat mich das niemals so sehr gestört, dass ich mich deswegen selbst bewertet hätte. Mir war nicht klar, dass dies eine so andere Ansicht war, bis ich mit einem Freund über einen Kollegen sprach, der eine – wie ich fand – vollkommen unvernünftige Wahl mit seinem Business traf, denn es lag für ihn keine Freude darin. Mein Freund sagte: „Simone, niemand macht Business aus der Freude daran!", was mich total schockierte. Ich musste anerkennen, dass ich wirklich anders war. Bis zu diesem Moment hatte ich gedacht, dass alle Business aus der Freude daran betrieben.

Indem ich erkannte, dass Business für mich leicht war und Spaß machte, dies aber nicht unbedingt für andere so war, konnte ich anfangen zu sehen, wo ich anderen Menschen beitragen könnte, indem ich sie einlud, Freude in ihrem Business zu haben. Ich öffnete die Tür dazu, mehr in meinem Leben zu kreieren – mehr Freude, mehr Leichtigkeit und mehr Geld! Mein Business, „Joy of Business" (Freude im Business), konnte kreiert werden und Tausenden von Menschen auf der ganzen Welt beitragen, eine andere Möglichkeit mit Business zu haben. Jeden Tag melden sich Menschen bei mir, die sagen, dass sie so dankbar für die Joy-of-Business-Facilitatoren, -Kurse und -Bücher sind. So wirkungsvoll können wir alle in der Welt sein, einfach, indem wir wir selbst sind und bereit sind, unsere Bereiche der Leichtigkeit anzuerkennen und mit ihnen zu kreieren.

Was fällt dir leicht? Was fällt dir leicht, das du für wertlos hältst? Wir schätzen häufig das nicht, was uns leichtfällt, weil wir glauben, alles, was wirklich etwas wert ist, sei schwierig zu erreichen. Oder wir denken, es sei leicht für uns, weil wir glauben, dass alle es können. Keine dieser Ansichten ist wahr. Wenn es dir leichtfällt, ist das nicht so, weil alle es tun können oder weil es wertlos ist, es ist so, weil du du bist und in diesem Bereich eine Fähigkeit hast.

Fange an, die Dinge aufzuschreiben, die dir leichtfallen und betrachte sie dir genau. Nimm die Energie davon wahr, wie es ist, diese Dinge zu tun, die leicht sind. Erkenne an, wie genial du bist!

Nun, was wäre, wenn du darum bitten könntest, dass diese Energie sich in all jenen Bereichen zeigt, von denen du beschlossen hast, dass sie nicht so leicht sind? Wenn du diese Energie anerkennst und darum bittest, dass sie in deinem Leben zunimmt, kann und wird sie das. Wenn du sie nicht anerkennst, kannst du nicht mehr davon wählen.

Was wäre, wenn es so einfach wäre? Die einzige Art, es herauszufinden, ist indem du es probierst und schaust, was passiert. Worauf wartest du? Was kannst du noch an dir anerkennen, das du bisher nicht für wertvoll gehalten hast?

„Erkennst du deine Kreationen an oder tust du sie ab?"

Ich hatte eine Freundin, deren Eltern ihr die ganze Zeit sagten: „Geld wächst nicht auf Bäumen, weißt du!" Sie besaßen einen Orchideenhain. Für sie wuchs also das Geld auf Bäumen. Aber sie sahen es nicht. Sie konnten nicht die Freude davon empfangen, jemand in der Welt zu sein, dessen Geld tatsächlich auf Bäumen wuchs.

Und bei der Kreation von Geld, wie oft bewertest oder missachtest du den Geldbetrag, der sich in deinem Leben zeigt und nicht zeigt, anstatt jeden Dollar in die Hand zu nehmen, ihn anzuerkennen und zu fragen: „Oh, wow, das ist so cool, wie viel Spaß können wir haben?"

Ein Freund von mir gewann vor Kurzem 20.000 $, indem er 200 $ auf ein berühmtes Rennpferd in Australien setzte. Ich freute mich so für ihn. Als ich mit ihm darüber sprach, begann er als Erstes zu schauen, wem er es schenken und wofür er es ausgeben konnte. Ich fragte ihn: „Was wäre, wenn du diese großartige Kreation einfach nur empfangen würdest? Was wäre, wenn du das Geld einfach haben könntest?" Es war weder richtig noch falsch, dass er es verschenken und ausgeben wollte. Aber er hatte nicht wirklich innegehalten, um sich selbst anzuerkennen. Nimm die Energie und die Möglichkeiten wahr, die im Leben kreiert werden mit einer Anerkennung wie zum Beispiel: „Ich habe heute etwas wirklich Tolles kreiert. Was wäre, wenn ich dieses Geld wirklich in meinem Leben empfangen würde und absolute Dankbarkeit dafür und für mich hätte?

Was wäre, wenn ich meine Kreation wirklich genießen würde? Wie viel Spaß kann ich haben und was kann ich jetzt noch kreieren?"

Wir gestatten uns selbst nicht, unsere Kreationsfähigkeit wirklich zu bewundern. Was wäre, wenn du das mit jedem bisschen Geld, das reinkommt, tun könntest – absolute Dankbarkeit und absolute Anerkennung deiner selbst zu haben? Wenn du deine Fähigkeit zu kreieren genießt, wird mehr für dich eintreten.

Wie viel kreierst du tatsächlich in deinem Leben, das du missachtest? Was wäre, wenn du vollkommen präsent sein könntest mit allem, das eintritt, und allem, das in deinem Leben kreiert wird, und das alles mit Dankbarkeit empfangen könntest?

Kapitel 9

Tu, was du liebst

Im Laufe meines Lebens habe ich bemerkt, dass es Menschen gibt, die Sachen für Geld tun, und Menschen, die Dinge tun, um etwas anderes in der Welt zu kreieren.

Ich kenne zum Beispiel jemanden mit viel Kreativität und Fähigkeit in ihrem Universum, aber sie sagt immer wieder: „Nun, wenn ich das mache, möchte ich Betrag X. Das ist es, was ich fordere." Und es ist kein geringer Betrag. Sie fordert eine Menge und hat noch nichts getan. Sie wird nichts kreieren, solange niemand zustimmt, ihr einen großen Geldbetrag zu zahlen, und derjenige hat noch nicht gesehen, was sie tun kann. Ich wollte sie fragen: „Warum kreierst du nicht einfach und schaust, was sich zeigt?" Es geht nicht darum zu glauben, du könntest nicht viel Geld machen oder anzunehmen, du müsstest nur wenig gezahlt bekommen, wenn du mit etwas Neuem beginnst. Was wäre, wenn du dich durch nichts davon abhalten lassen würdest zu tun, was du liebst? Was wäre, wenn du es einfach trotzdem machst, ohne an das Geld zu denken?

Kreiere nicht für Geld; beginne zu kreieren, und erlaube dem Geld, sich zu zeigen. Und wenn es kommt, dann feiere. Sei dankbar.

Und höre dann nicht auf, füge immer weiter Dinge deinem Leben hinzu. Schließe mehr von dem ein, was du liebend gerne tust. Und lade immer weiter das Geld ein, zu kommen und zu spielen!

„Was tust du liebend gerne?"

Eine Freundin von mir, die Schönheitsbehandlungen gibt, fragte mich, wie sie mehr Einkommensquellen kreieren könne. Ich fragte sie: „Was machst du wirklich gerne?" Sie sagte: „Ich liebe Autofahren."

Sie lebt in Kalifornien, und die Highways haben acht Spuren und sind sehr verkehrsreich und hektisch, aber sie liebt Autofahren. Ich begann, sie dafür zu engagieren, mich am Flughafen in LA abzuholen und mich nach Santa Barbara zu fahren, als ich dorthin reiste. Es ist wirklich schön, nach 14 Stunden Flug vom Flughafen abgeholt zu werden. Inzwischen fährt sie noch drei andere Kunden. Sie tut etwas, was sie liebt, und sie hat eine weitere Einkommensquelle erschaffen. Viele Leute würden sagen: „Ich fahre gerne, aber wie soll das mir Geld bringen? Ich möchte kein Taxifahrer sein!", anstatt sich einfach anzuschauen, was sie liebend gerne tun und bereit zu sein, etwas Freudvolles für sich zu kreieren, so wie meine Freundin, die Kosmetikerin. Es geht um Wahl und Möglichkeit und die Bereitschaft zu empfangen.

Du musst anfangen, dir die Dinge anzuschauen, die du wirklich gerne tust. Hole dir einen Notizblock und schreibe alles auf, was gerne tust. Es ist egal, was das ist. Kochen, Gartenarbeit, Lesen, den Hund ausführen, mit Menschen sprechen. Überlege nicht, ob es irgendetwas da draußen in der Welt wert ist (denn wir wissen ja bereits, dass du, wenn es dir leichtfällt und Spaß macht, automatisch dazu tendierst anzunehmen, es habe keinen Wert), schreibe es einfach auf. Wenn es dir Spaß macht, wenn du es liebst, dann schreibe es auf die Liste. Führe die Liste in den nächsten Tagen und Wochen immer weiter. Dann schau sie dir an – machst du genug von dem, was du liebst? Denke daran: Geld folgt der Freude! Fange auch an zu fragen: „Mit welchem dieser Dinge könnte ich sofort Einkommensquellen erschließen?", und schau, ob eine oder einige Sachen dir ins Auge springen. Was wäre, wenn diese Sachen, die dir leichtfallen und Spaß machen, tatsächlich das wären, was dir mehr Geld bringen kann, als du dir vorstellen kannst? Was müsstest du tun und mit wem müsstest du sprechen und wo müsstest du hingehen, um anzufangen, das als eine Realität zu kreieren, und zwar sofort? Und wie viel Spaß könntest du beim Kreieren haben?

„Was kannst du noch hinzufügen?"

Eines meiner Lieblingsbücher über die Kreation von Wohlstand ist *The Penny Capitalist* von James Hester. Hester sagt nicht: „Kürze deine Ausgaben." Er sagt nicht: „Höre auf, Geld auszugeben." Er fragt: „Wie kannst du mehr Geld aus dem Geld gewinnen, das du verdienst?" Der größte Teil des Buches beschäftigt sich damit, wie du Geld machst mit dem Geld, das du hast, ob das nun fünf Dollar, fünfzig Dollar, fünftausend Dollar oder fünfzigtausend Dollar sind.

Gary Douglas ist genial darin. Access Consciousness ist ein großes, internationales Business, und bei seinen Reisen um die ganze Welt hat er große Freude daran, Antiquitäten und schönen Schmuck zu kaufen und sie in seinem Antiquitätengeschäft in Brisbane zu verkaufen. Das ist eine weitere Einkommensquelle für ihn. Er macht Profit damit, weil es etwas ist, das ihm Spaß macht, und er ist hervorragend darin.

Wie viele Einkommensquellen könntest du heute kreieren? Du musst nicht nur eingleisig fahren. Du kannst vielfache Einkommensströme haben bzw. mehrgleisig fahren. Was wäre, wenn du so viele Einkommensquellen kreieren könntest, wie du möchtest? Was wäre, wenn du Geld machen könntest mit dem Geld, das du bereits hast?

Ich habe derzeit verschiedene Einkommensquellen. Ich bin die weltweite Koordinatorin von Access Consciousness, ich habe das Business, *The Joy of Business*, das ein Buch in 12 Sprachen, Kurse, Telecalls und Privatsitzungen umfasst. Ich habe auch ein Aktienportfolio, das zügig wächst, und derzeit haben mein Partner und ich eine Investitionsimmobilie am Noosa River in Australien. Einfach nur, weil wir Freude daran haben, haben wir auch in zwei Rennpferde bei Gai Waterhouse (einem der besten Rennpferdtrainer in Australien) investiert. Im Grunde gibt es keine Obergrenze für die Anzahl an Einkommensquellen, um die du bitten kannst. Was würde es brauchen, damit du sie empfängst und Spaß hast?

Wie oft verweigerst du die Kreation von Geld, weil du beschlossen hast: „Es ist zu klein." oder „Es ist zu schwierig." oder „Das liegt nicht auf dem Weg, den ich gehe?" Was wäre, wenn das irrelevant wäre? Wenn es dir Freude macht, ist es relevant. Freude wird dich weiter im Leben bringen, als du dir je vorgestellt hast.

Wenn du mehr Klienten in deinem Business suchst oder dir deine Arbeit langweilig wird, frage: Was kann ich hier noch hinzufügen? Ich füge immer etwas Neues hinzu, das mich interessiert, weil es uns in der Regel nicht gefällt, dieselbe Sache immer und immer wieder zu tun. Uns gefällt die Wiederholung nicht. Den meisten von uns wird langweilig oder wir fühlen uns überfordert, wenn wir nicht genug zu tun haben. Wie kann es sein, dass du gelangweilt *und* überfordert sein kannst? Es mag seltsam erscheinen, aber viele Menschen, mit denen ich spreche, stecken genau in dieser Zwickmühle. Sie fühlen sich überfordert durch alles, was in ihrem Leben vor sich geht, und langweilen sich gleichzeitig fürchterlich. Die automatische Reaktion der meisten Leute, wenn dies geschieht, ist, dass sie versuchen, Dinge zu streichen oder zu vereinfachen. Aber hat dies wirklich jemals geholfen? Was, wenn du mal etwas anderes ausprobierst? Wenn du meinst, zu viel zu tun zu haben, liegst du falsch. Du kannst es verdoppeln. Du kannst es verdreifachen. Was kannst du noch kreieren?

Wenn du anfängst, deinem Leben mehr hinzuzufügen, ganz besonders, wenn du mit jenen Dingen kreierst, die du liebst, werden sich sowohl die Langeweile als auch die Überforderung verflüchtigen, und das Leben wird mehr ein freudvolles Abenteuer des Lebens.

Als ich als weltweite Koordinatorin von Access Consciousness anfing, gab es uns in fünf Ländern. Acht bis zehn Jahre später waren wir in 40 Ländern und nun sind wir in 173 Ländern. Es gab viele Gelegenheiten, wo ich hätte beschließen können, es sei zu viel oder dass es mich überforderte, aber mir wurde klar, dass ich, wenn ich bereit war, mir die Gesamtheit des Business aus der Vogelperspektive anzuschauen und Fragen zu stellen, was ich dem Business noch hinzufügen und wer oder was beitragen könnte, wusste, was als Nächstes zu wählen war.

Übe jetzt einmal, diese Vogelperspektive bei einem Projekt oder einem Teil deines Lebens einzunehmen, bei dem du dazu tendierst, dich überfordert zu fühlen. Schau ihn dir an und frage: „Könnte jemand anders hier ein Beitrag sein?" „Könnte jemand anders hier etwas hinzufügen?" „Könnte jemand anders dies besser machen als ich?" Dies sind alles Fragen, die du anwenden kannst, um nicht in die Überforderung zu gehen, und um mehr Klarheit zu schaffen.

Wenn du meinst, zu viel zu tun zu haben, frage: „Was kann ich meinem Leben hinzufügen, damit ich Klarheit und Leichtigkeit mit all dem hier habe und mehr?" Wenn du Dinge zu deinem Leben hinzufügst, wird das mehr von dem kreieren, was du dir wünschst, nicht, wenn du Dinge von deinem Leben eliminierst.

„Kreierst du anders als andere Leute?"

Als ich einmal im Kurs darüber sprach, neue Einkommensquellen zu kreieren, sagte einer der Kursteilnehmer: „Ich verstehe, was du sagst, und ich arbeite an verschiedenen Einkommensströmen, während ich ein

Buch schreibe. Und doch denke ich immer wieder: ‚Diese neue Richtung lenkt mich von meinem Buch ab.' oder ‚Mein Buch hält mich von dem Workshop ab, den ich kreieren möchte.'"

Dies ist eine weit verbreitete Befürchtung, denn in dieser Realität projizieren andere Leute auf dich, dass du erst eine Sache beenden solltest, bevor du eine neue beginnst. Ist das wahr für dich? Was funktioniert für dich? Macht es mehr Spaß, mehrere Dinge gleichzeitig zu tun? Probiere es aus und schau, was geschieht.

Ich hatte früher einen Business-Partner, der immer zu mir sagte: „Simone, du musst eine Sache abschließen und dann mit einer neuen beginnen, du arbeitest an zu vielen Dingen auf einmal." Und natürlich sagte ich mich von meinem Wissen und meinem Gewahrsein los und dachte, er hätte recht; also versuchte ich, eine Sache zu tun und sie abzuschließen und begann dann eine neue Sache, und es *trieb mich in den Wahnsinn*. Es war wirklich schwierig, so zu arbeiten, denn so bin ich nicht und so kreiere ich nicht.

Als ich mir das anschaute, merkte ich, dass es mir gefällt, an mindestens 10 oder 20 Dingen gleichzeitig zu arbeiten. Dies macht mir Freude. Ich liebe es, an all dem zu verschiedenen Zeiten zu arbeiten, und wenn sie ganz zart in meinem Gewahrsein anklopfen und fragen: „Hey, wie wäre es jetzt mit mir?", wenn sie meine Aufmerksamkeit brauchen.

Wenn du die Art, wie du kreierst, nicht als falsch bewerten würdest, wie viel mehr Spaß könntest du damit haben, sogar noch mehr zu kreieren? Was, wenn du bei all deinen Projekten engagiert sein kannst? Was wäre, wenn du vielfache Einkommensquellen haben kannst, mit denen du es liebst, zu kreieren?

Vielfache Einkommensströme zu schaffen, ist ein wichtiges Konzept. Wenn es dir schwerfällt, es dir vorzustellen oder du meinst, es könne auf keinen Fall bei dir funktionieren, überdenke es bitte noch einmal. Dies ist die Art, wie ich kreiere. Und es ist die Art, wie ich so viele andere großartige Leute kreieren sehe. Du musst bereit sein, außerhalb deiner Komfortzone zu leben.

Welche anderen Einkommensquellen könntest du kreieren? Wen oder was könntest du zu deinem Leben hinzufügen, die dein Einkommen steigern würden? Und noch einmal: Was wäre, wenn das Schaffen neuer Einkommensströme nichts damit zu tun hätte, linear zu sein? Stelle Fragen und folge immer dem, was sich für dich leichter und erweiternder ist. Folge dem, was du weißt – denn du weißt immer!

Kapitel 10

Sei dir bewusst, was du sagst, denkst und tust

Eine finanzielle Realität zu kreieren, die erweiternd ist, fällt so viel leichter, wenn du dein Leben als eine ständige, offene Einladung für Geld gestaltest. Um diese Einladung in deinem eigenen Leben zu sein, musst du aufhören, die Dinge zu tun, zu sagen und zu denken, die das Geld ausladen. Beginne damit, auf alles zu hören, worüber du sprichst, oder auf die Gedanken, die dir in den Kopf kommen, wenn es um Geld geht, besonders jene Dinge, die du eher automatisch für wahr hältst und normalerweise nicht infrage stellst – was wäre, wenn sie in Wirklichkeit überhaupt nicht wahr sind?

Du siehst zum Beispiel ein schönes Auto, aber sobald du es dir wünschst, beschließt du, es dir nie leisten zu können. Dann hast du gerade das Geld ausgeladen. Du könntest es in dein Leben einladen, indem du fragst: „Was würde es brauchen, damit dieses Auto oder diese Art von Luxus sich mit Leichtigkeit in meinem Leben zeigt?" Das ist eine Frage; das ist eine Forderung! Wenn du sagst: „Ich kann mir das nicht leisten", ist das eine Schlussfolgerung und eine Begrenzung und eine Sackgasse, wo sich kein Geld und keine andere Möglichkeit zeigen kann. Dies sind die nicht kognitiven und häufig automatischen Arten, mit denen wir das Geld davon abhalten, sich mit größerer Leichtigkeit in unserem Leben zu zeigen.

Eine gute Freundin von mir ist eine alleinerziehende Mutter mit zwei Kindern, und sie lässt sich nicht darauf ein zu sagen: „Ich kann mir das nicht leisten." Sie erstellt tatsächlich eine Forderungsliste an sich selbst. Sie fordert, was sie in ihrem Leben kreieren möchte, und dann schaut sie sich die Liste an und stellt Fragen dazu, wie sie anfangen kann, das zu kreieren.

Sie wollte mit ihren Kindern in Urlaub fahren und ging in ein Reisebüro. Die Dame im Reisebüro machte ihr ein Preisangebot für eine Tour, und meine Freundin sagte: „Oh, ich möchte keine Tour machen", und die Frau sagte, es wäre viel teurer, diese Reise ohne eine Tour zu machen. Anstatt nun zu beschließen: „Das ist viel teurer, ich sollte die Tour machen", fragte meine Freundin die Mitarbeiterin: „Und wie viel würde es kosten, wenn ich mit den Kindern reisen würde, die Tour nicht zahlen würde *und* in einer besseren Klasse reisen würde?" Sie stoppte sich selbst nicht, und sie stoppte nicht die Möglichkeiten von dem, was sie kreieren konnte. Sie stellt die Forderung, dass es das ist, was sie kreieren wird.

Du musst bereit sein, wirklich genau darauf zu achten, was du in Bezug auf Geld denkst, glaubst, sagst und tust – denn das ist genau das, was du kreieren wirst. Eine andere Art, dies zu betrachten, ist, dass du dein Leben mit deinen Gedanken, Worten und Handlungen ins Leben rufst (so wie mit einem Zauberspruch). So ist zum Beispiel: „Ich habe nie Geld, ich habe nie Geld, ich habe nie Geld." eine Beschwörung. Du beschwörst kein Geld in dein Leben. Wie oft denkst du: „Ich wünschte, ich könnte dies tun, aber ich habe keine Wahl"? „Ich habe keine Wahl" ist genau die Realität, die du jedes Mal, wenn du das sagst oder denkst, kreierst. Du wirst deine Welt in Übereinstimmung mit dieser Ansicht erschaffen, indem du nichts wählst. Ist das genial oder was?

Was du denkst, sagst und tust, ist sehr machtvoll und kreiert dein Leben so, wie es gerade ist. Wenn du ändern möchtest, was für dich nicht funktioniert, musst du bereit sein, aus dem Autopiloten auszusteigen und präsent zu sein mit dem, was du kreierst.

„Wünschen versus Kreieren."

Wie oft hast du schon Sachen auf eine Wunschliste gesetzt und gehofft, dass sie sich zeigen, aber niemals die Schritte unternommen, um es zu kreieren?

Ich sehe so viele Menschen, die sich nicht verpflichten wollen, eine andere finanzielle Realität zu kreieren, aber trotzdem all die Ergebnisse wollen. Sie sagen: „Ich wünschte, ich hätte eine Million Dollar." Sie beklagen sich oder gehen in das Trauma und Drama von dem, was sie nicht haben, unternehmen jedoch keinen einzigen Schritt, um das umzusetzen. Wenn du bereit wärst, jetzt vollkommen ehrlich mit dir zu sein, wie sehr kommt dir das bekannt vor? Was wünschst du dir, anstatt dich zur Kreation davon zu verpflichten?

Sich zu verpflichten, ist die Bereitschaft, deine Zeit und Energie etwas zu widmen, an das du glaubst. Was wäre, wenn du wirklich daran glauben würdest, eine Million Dollar zu kreieren, und dies nicht nur auf deiner Wunschliste stünde?

Wünschen ist im Prinzip das, was du wählst, wenn du bereits beschlossen hast, es nicht haben zu können. Wenn du dir wünschst, du hättest eine Million Dollar, anstatt Fragen zu stellen und Schritte zu unternehmen, um zu kreieren, dass sich dies in deinem Leben zeigt, wirst du den Umstand bewerten, dass du sie nicht hast; du bewertest, warum du sie nicht hast, du bewertest andere Menschen, die sie haben und du bewertest, dass du niemals in der Lage sein wirst, es zu tun. Du denkst dir diese Liste an Gründen und Rechtfertigungen aus, warum es nicht sein kann, anstatt dich deinem Leben zu verpflichten und dem zu verpflichten, die eine Million Dollar zu kreieren.

Es gibt ein geniales Zitat von Gary Douglas: „Der einzige Grund, aus dem du Bewertung wählst, ist, um zu rechtfertigen, wozu du dich nicht verpflichten musst." Wenn du wünschst, wählst du, dich zur Bewertung dessen zu verpflichten, von dem du sagst, du wünschst es dir; du verpflichtest dich der Bewertung von dir, anstatt dich deinem Leben zu verpflichten.

Wenn du brutal ehrlich wärst, wie sehr bist du gerade deinem eigenen Leben verpflichtet? 10 %? 15 %? 20 %? Das Tolle daran, maximal 20 % verpflichtet zu sein, ist, dass, wenn die Million Dollar sich nicht in deinem Leben zeigen, es nicht deine Schuld ist, denn du wärst ohnehin nur zu 20 % verpflichtet. Was wäre, wenn du das verändern würdest? Bist du bereit, dich zu 100 % deinem Leben zu verpflichten?

Was, wenn du heute damit beginnen würdest, eine Liste von dem zu schreiben, was du in deinem Leben und deiner finanziellen Realität kreieren möchtest, statt der Wunschliste, die sich nie verwirklichen wird?

Schau dir deine Liste an: Frage dich, ob du bereit bist, dich der Kreation dieser Dinge zu verschreiben? Frage jeden Morgen: „Was wird es brauchen, um dies zu kreieren?" und „Was muss ich praktisch umsetzen, damit dies eintritt?" Dann musst du ein wenig Einsatz bringen, um es zu kreieren. Du musst anfangen zu wählen und zu schauen, was sich zeigen kann.

„Wenn du in 10-Sekunden-Abschnitten wählst, kann dies deine Ausladungen gegenüber Geld zu Einladungen machen!"

Was wäre, wenn du leben würdest, als hättest du alle 10 Sekunden eine neue Wahl? Weißt du was? Du hast sie. Du kannst in 10-Sekunden-Abschnitten wählen im Wissen, dass keine Wahl, die du triffst, fix ist. Eine andere Art, dies zu betrachten, ist: Stelle dir vor, dass all deine Wahlen nach 10 Sekunden ablaufen. Wenn du in eine bestimmte Richtung weitergehen möchtest, musst du es nur wieder wählen – aber du musst immer weiter wählen, ganz bewusst, alle 10 Sekunden, also sieh lieber zu, dass es etwas ist, das du wirklich haben möchtest! Du könntest in 10-Sekunden-Abschnitten verheiratet sein. Du könntest deinen Partner 10 Sekunden lang lieben, du könntest ihn 10 Sekunden lang hassen, du könntest dich 10 Sekunden lang von ihm scheiden lassen und ihn dann in den nächsten 10 Sekunden wieder wählen. Du könntest dies mit deinem Geld machen. Du könntest 10 Sekunden lang kein Geld wählen, und in den nächsten 10 Sekunden wählen, Geld zu kreieren. Was wäre, wenn Wahl wirklich so einfach sein könnte?

Du wählst etwas, und dann hast du eine neue Erkenntnis und wählst wieder. Jede Wahl gibt dir mehr Gewahrsein von dem, was möglich ist, also aus welchem Grund solltest du nicht so viele Wahlen treffen, wie du kannst? Das Problem ist, dass wir in unseren Wahlen stecken bleiben, besonders, wenn wir die Wahl bedeutsam machen. Wir machen eine Wahl bedeutsam, wenn wir denken, es gebe eine richtige und falsche Wahl.

Ich sprach mit einer Frau, die von ihrem Wohnort wegziehen wollte, aber sie bewertete sich deswegen, wo sie hinziehen sollte. Sie traf keine Wahl. Sie wollte, dass ihre Wahl die beste Wahl, die richtige Wahl, die gute Wahl, die perfekte Wahl und die korrekte Wahl ist. Es war so, als ob sie dachte, sie hätte nur eine Wahl, also sollte diese lieber perfekt sein. Aber so funktioniert es nicht. Wahl ist nicht binär. Wahl hat und ist unendliche Möglichkeiten.

Wenn du eine Wahl triffst, kreiert diese Wahl eine Realität, und sie kreiert Gewahrsein. Sie kreiert nicht eine bedeutsame, unveränderliche Festigkeit in deinem Leben. Das denken wir nur. Wir machen das ganz besonders bei Geld. Wir beschließen, dass wir das Geld, das wir haben, oder das Geld, das wir derzeit verdienen, nicht verlieren dürfen, also treffen wir keine Wahlen, von denen wir befürchten, dass sie das, was wir haben, in Gefahr bringen. Du musst bereit sein, Geld zu verlieren – du musst bereit sein, es zu wählen, zu ändern und auch zu kreieren – du musst bereit sein, alles zu wählen.

Um aus der Bedeutsamkeit des Wählens herauszukommen, musst du üben. Übe in 10-Sekunden-Abschnitten zu wählen. Fange mit kleinen Sachen an. Als ich anfing, mit diesem Werkzeug zu spielen, sagte ich mir: „Okay, ich gehe jetzt dorthin. Gut, jetzt wähle ich, mir eine Tasse Tee zu machen. Was werde ich jetzt wählen? Oh, ich werde rausgehen. Ich werde an dieser Blume riechen. Ich werde mich in diesen Stuhl setzen. Jetzt stehe ich auf und gehe rein." Ich brachte mich dazu, immer weiter zu wählen, und blieb vollkommen präsent mit jeder Wahl. Ich genoss jede Wahl. Ich machte meine Wahl nicht bedeutsam, richtig, falsch oder wesentlich. Ich wählte einfach nur zum Spaß. Fange an, die Wahl zu üben und sei präsent; schau, was jede Wahl in deinem Leben kreiert. Wie fühlt sich dein Körper an, was tritt für dich ein?

Wenn die Wahl, die du triffst, für dich funktioniert, prima! Und jetzt wähle weiter. Und wenn die Wahl, die du triffst, nicht für dich funktioniert, wähle weiter.

Jedes Mal, wenn du wählst – was wäre, wenn du dir selbst das Geschenk machen könntest zu wissen, dass die Wahl nicht in Stein gemeißelt ist? Wenn du etwas wählst und es dich einen bestimmten Betrag gekostet hat und es sich nicht so entwickelt, wie du dachtest, musst du keine Zeit darauf verschwenden, dich selbst zu bewerten und dir wegen deiner letzten Wahl Vorwürfe zu machen! Du musst einfach nur wieder wählen. Rappel dich auf und wähle etwas anderes. Schau, was es braucht, um das zu kreieren, was du dir wünschst und wähle weiter. Bewertung wird nie dazu führen, dass mehr Geld in dein Leben kommt. Wahl wird mehr Geldflüsse kreieren. Welche Wahl kannst du jetzt treffen?

Alle 10 Sekunden zu wählen, bedeutet nicht, unbeständig zu sein und ständig deine Meinung zu ändern, sodass du nie etwas schaffst. Es geht darum, dass dir dies ein immer größeres Gewahrsein der unendlichen Möglichkeiten gibt, die dir tatsächlich zur Verfügung stehen, und dass du in der Lage bist, jegliche Wahlen mit Leichtigkeit und Freude zu treffen. Es geht darum zu wissen, dass du eine Wahl treffen kannst und deine Wahl ändern kannst; du kannst immer weiter wählen und tatsächlich kreieren, was du dir wirklich wünschst.

Was wäre, wenn du lebensverändernde, realitätsverändernde Wahlen in jedem Moment jeden Tages treffen könntest? Die Wahl, sich nie wieder selbst zu bewerten, wäre tatsächlich eine sehr große Wahl. Stell dir vor, welchen Unterschied das in deinem Leben bewirken würde. Es würde alles verändern. Ist das etwas, das du vielleicht bereit bist, irgendwann in diesem oder dem nächsten Jahr zu wählen? Worauf wartest du?

Kapitel 11
Höre auf, ein bestimmtes Ergebnis zu erwarten

Wenn es darum geht, Wahlen in deinem Leben zu treffen, wie sehr hast du schon bestimmte Erwartungen an das Ergebnis, bevor du überhaupt anfängst? Ich habe eine Information für dich: Was immer du auch beschlossen hast, als was es sich zeigen sollte, ist häufig eine Begrenzung. Das Universum ist in der Lage, viel Großartigeres zu liefern. Es möchte dir den gesamten Ozean von dem geben, was möglich ist, aber du sitzt da am Strand und schaust nur ein Sandkorn an.

Wenn du aufgeben würdest, bestimmte Erwartungen zu haben, wie sich die Dinge zeigen, wie könnten sie sich weit über das hinaus zeigen, was du dir im Moment vorstellen kannst? Was, wenn du, anstatt zu glauben, ein bestimmtes Ergebnis in deinem Leben zu brauchen, dich dem verschreiben würdest, Wahlen zu treffen, die dein Leben und deine Lebensweise vollkommen *erweitern* würden, egal, wie sie tatsächlich aussehen?

„Was kannst du tun, um mehr Leichtigkeit damit zu haben, Wahlen zu treffen, die deine Zukunft erweitern und mehr Geld kreieren?"

Wenn du zwischen verschiedenen Optionen wählen musst, gibt es zwei Fragen, die dir helfen können:

1. Wenn ich das wähle, wie wird mein Leben in fünf Jahren sein?
2. Wenn ich das nicht wähle, wie wird mein Leben in fünf Jahren sein?

Wenn du diese Fragen stellst, bewertest du nicht schon im Voraus, was du „denkst", dass die beste Wahl sei. Erlaube dir selbst einfach nur die Energie dessen wahrzunehmen, was jede Wahl kreieren würde. Folge diesem energetischen Gewahrsein von dem, was expansiver ist, auch wenn es logisch oder verstandesmäßig keinen Sinn für dich ergibt. Was wäre, wenn jede Wahl, die du triffst, diesem Empfinden der Ausdehnung folgt und dies etwas ist, das die Realitäten anderer Menschen sowie deine Realitäten verändern wird? Was wäre, wenn jede Wahl, die du triffst, diesem Empfinden des Leichten und der Leichtigkeit zu folgen, deine Geldflüsse verändern wird?

Mein Partner und ich haben gerade Renovierungsarbeiten an unserem Haus vorgenommen, die uns fast eine Viertelmillion Dollar gekostet haben. Wir hätten uns dies aus der negativen Ansicht betrachten können: „Vielleicht können wir uns das nicht leisten." „Sollten wir das tun oder sollten wir unser Geld für etwas anderes ausgeben?" „Das Haus ist in Ordnung, wir müssen das nicht wirklich machen." Aber als wir uns anschauten, was das in der Zukunft kreieren würde (indem wir fragten: „Wie wird unser Leben in fünf Jahren sein, wenn wir das wählen?"), passte es zu der Energie von dem, was wir in unserem Leben kreieren wollten – die Eleganz, die Dekadenz und die absolute Schönheit. Die Ästhetik, die Brendon kreiert hat, ist phänomenal. Diese Renovierungsarbeiten haben zu so vielen Möglichkeiten beigetragen. Zum einen ist Brendon nun bereit, die Fähigkeiten anzuerkennen, die er hat, etwas vollkommen anderes zu kreieren. Fast jeder Handwerker, der in unser Haus kommt, schaut sich unser Badezimmer an und sagt: „Wow, ich habe noch nie so ein Badezimmer gesehen!" Es ist absolut einzigartig und anders, und deswegen erzeugt es eine Neugier auf das, was wir kreieren. Andererseits ist unser Haus jetzt viel mehr wert

Freudvoll raus aus den Schulden

als damals, als wir es kauften, was wiederum Eigenkapital für weitere Investitionsoptionen kreiert. Wie kannst du dein Geld heute ausgeben, sodass es mehr für deine Zukunft kreiert, was du noch nicht bereit gewesen bist, anzuerkennen?

Und vergiss nicht, dass du, wenn du mehr Spaß hast, mehr Geld kreierst.

Was, wenn zu wählen so einfach wäre wie sich zu entscheiden, eine Mahlzeit zuzubereiten? Was wäre, wenn du plötzlich entscheiden könntest, eine Zutat abzuändern oder ein anderes Gewürz hinzuzufügen? Was, wenn du sagen könntest: „Ich möchte jetzt nicht kochen, lass uns zum Abendessen ausgehen", anstatt zu denken: „Oh nein, ich sollte wirklich dieses spezielle Rezept genau zu diesem Zeitpunkt machen, und wenn es so nicht funktioniert, bedeutet das, dass der Abend verdorben ist und ich ein schlechter Mensch bin?"

Es gibt Bereiche in unserem Leben, in denen wir bereit sind, schnell und leicht andere Wahlen zu treffen, aber die meisten von uns haben Geld so solide, real und bedeutsam gemacht, dass wir denken, wir können nicht wählen, etwas anderes zu tun. In Wirklichkeit können wir das aber. Geld ist genauso leicht, schnell und veränderbar wie alles andere.

„Ein weiteres Wahlwerkzeug – versetze dich hinein!"

Wann immer du mit dem Gedanken spielst, etwas zu wählen und dir nicht sicher bist, ob du dies wünschst, wie wäre es, wenn du dir ein wenig Zeit gibst, dich hineinzuversetzen? Dich in etwas hineinzuversetzen bedeutet: „sich einer Sache hingeben oder sich dem Genuss davon hingeben." Was ich mit diesem Werkzeug vorschlage, ist, dass du dich ganz in diese Wahl hineinspürst und schaust, was die Energie davon ist. Nehmen wir an, dir wurde gesagt, du müsstest einer bestimmten

Struktur in deinem Business folgen, um es erfolgreich zu machen. Wenn du nicht sicher bist, ob es funktioniert, probiere es aus und schau, was es kreiert. Tu das eine ganze Woche lang. Dann, in der nächsten Woche, lass das los und wähle: „In dieser Woche werde ich nicht diesen Erfolgsstrukturen folgen. Ich werde der Energie folgen und davon ausgehend wählen."

Tu das und schau, was sich zeigt. Als ich dies machte, fand ich heraus, dass der zweite Ansatz sehr viel leichter war, und es ist erstaunlich, wie viele Möglichkeiten sich zeigen, wenn du bereit bist, dir selbst nicht im Weg zu stehen.

Mir wurde zum Beispiel einmal von einem sogenannten Business-„Experten" gesagt, ich solle Business-Mails nur unter der Woche verschicken und niemals am Wochenende. Also versuchte ich eine Woche lang aus der Struktur zu funktionieren, die man mir gesagt hatte. Ich ließ mich voll und ganz auf diese Wahl ein. Von Montag bis Freitag verschickte ich E-Mails und führte Geschäftstelefonate. Am Wochenende war ich wieder bei dem angelangt, was ich vorher getan hatte, nämlich meinem eigenen Gewahrsein zu folgen und E-Mails zu schicken und Anrufe zu tätigen, wenn es sich für mich richtig anfühlte. Auch wenn das bedeutete, dass ich eine E-Mail am Sonntagabend schickte. Mir wurde klar, dass „Geschäftszeiten" für mich nichts bedeuteten. Jede Zeit ist Öffnungszeit, für mich geht alles um die Freude. Und mein Business expandierte auch mehr, wenn ich das tat, was für mich funktionierte.

Dieses Werkzeug kann auf ganz unterschiedliche Art angewendet werden. Als mein Partner Brendon und ich das erste Mal darüber sprachen, ein großes Haus zu mieten, hatten wir noch nicht zusammengewohnt, und es war für uns beide eine große Verpflichtung. Er sagte: „Ich weiß nicht, ob ich das tun möchte."

Ich sagte: „Nun, warum versetzt du dich nicht da hinein?" Also malte er sich drei Tage lang aus, nicht mit mir zusammenzuziehen, und in den nächsten drei Tagen versetzte er sich da hinein, mit mir zusammenzuziehen. Am Ende dieses Zeitraums sagte er: „Das war leicht und ganz deutlich; ich würde sehr viel lieber mit dir zusammenleben. Das fühlt sich nach viel mehr Spaß an."

Wenn du dich in etwas hineinversetzt, bekommst du ein viel größeres Gewahrsein von der Energie, die dadurch kreiert oder generiert werden würde, es zu wählen. Du wirst dir gewahr, was es kreieren würde. Also versetze dich in die Möglichkeiten hinein. Lasse dich auf die Erfolgskonzepte dieser Realität ein, auf die Struktur des Erfolges, und dann lasse dich nicht darauf ein. Nimm wahr, wie es ist, der Energie zu folgen und entgegen der Regeln dieser Realität zu handeln. Was ist leichter für dich?

Wenn du keine Regeln und Bestimmungen und keine Bezugspunkte hättest, was würdest du kreieren? Was wäre, wenn es kein ultimatives Ziel oder ideales Ergebnis, sondern nur unendliche und unbegrenzte Kreation gäbe? Was wäre heute für dich das Abenteuer, Geld zu machen? Was wäre heute für dich das Abenteuer zu leben? Beim Abenteuer gibt es keine Regeln und Bestimmungen; es gibt unendliche Möglichkeiten, aus denen du wählen kannst!

Was wäre, wenn du einfach etwas Anderes wählst, einfach nur, weil es dir Spaß macht?

Kapitel 12

Höre auf, an Erfolg, Scheitern, Bedürfnisse und Mangel zu glauben

Viele von uns glauben, *Erfolg* definiere sich dadurch, viele Dinge im Leben richtig hinzubekommen. Aber beim Erfolg geht es nicht darum, wie wir es richtig hinbekommen. Ich machte mal eine Telecall-Reihe, und jemand sagte mir: „Mir haben deine Calls wirklich gefallen." Ich konzentrierte mich sofort darauf, es richtig hinzubekommen, und dachte: „Mist! Ich habe noch drei Calls vor mir. Was, wenn die richtig schlecht werden?" Das ist verrückt! Diese Ansichten können so schnell hochkommen. Wo haben wir beschlossen, dass wir es richtig hinbekommen müssen? Es gibt kein *Richtig*. Es gibt kein *Falsch*. Beim Erfolg geht es auch nicht um deinen Kontostand. Erfolg heißt, das in der Welt zu kreieren, was wir uns wünschen, ob das nun Geld, Veränderung, Gewahrsein oder Bewusstsein ist. Wie oft hast du ganz genau das bekommen, was du wolltest oder angestrebt hattest? Selbst wenn es sich nicht immer zu deinem besten Interesse entwickelt hat, hast du doch alles, was du dir wirklich gewünscht hast, kreiert.

Ich wünschte mir, die Art zu verändern, wie die Menschen die Welt sehen. Wenn ich es geschafft habe, die Ansicht einer Person zu verändern, bin ich ein Erfolg. Aus dieser Perspektive bin ich also mehr als tausendfach erfolgreich. Wo bist du bereits erfolgreich, was du noch nicht anerkannt hast? Du hast dein ganzes Leben damit verbracht zu glauben, du müsstest erfolgreich sein, um etwas zu verändern. Du bist bereits erfolgreich, und wenn du auch noch etwas in deinem Leben verändern möchtest, kannst du das einfach tun.

„Fallen und Scheitern"

Vor vielen Jahren hatte ich einen schweren Reitunfall. Danach hatte ich beim Reiten immer die Ansicht: „Ich frage mich, wie ich herunterfallen werde?" oder „Ich frage mich, wann ich herunterfallen werde?" Alles drehte sich um das Herunterfallen. Wenn ich Ski laufe, ist das komplett anders. Ich habe nie die Ansicht, dass ich stürzen werde. Es ist mir egal, ob ich hinfalle. Wenn ich falle beim Skilaufen, weil ich sehr schnell Ski laufe, ist das meistens ein Riesenpurzelbaum mit Skiern und Beinen und allem überall. Und das ist okay für mich.

Ich laufe Ski, weil es mir Spaß macht. Ich laufe Ski, weil es mir Freude macht. Ich stelle immer Fragen: „Was kann ich noch machen? Über welche Schanze kann ich springen? Wie schnell kann ich durch diese Bäume fahren?" Es ist ein Abenteuer. Das war überhaupt nicht so, als ich ein Pferd ritt. Ich kenne Leute, die die komplett entgegengesetzte Ansicht haben – sie lieben Reiten, und es macht ihnen nichts, wenn sie herunterfallen, aber sie drehen beim Skilaufen durch. Das Einzige, was den Unterschied ausmacht zwischen dem, was Spaß macht, zwischen dem, was Fallen ist und was Scheitern ist, ist unsere Ansicht und sonst nichts. Scheitern ist eine absolute Lüge. Bewertungen werden dich immer davon abhalten, mehr zu kreieren.

Was hast du beschlossen, richtig hinbekommen zu müssen? Hast du beschlossen, dass dein Business richtig sein soll? Oder dass du die richtige Entscheidung treffen musst? Oder dass du falsche Entscheidungen vermeiden musst oder vermeiden musst, zu stürzen und zu scheitern? Was wäre, wenn du wüsstest, dass Wahl Gewahrsein kreiert? Hast du schon einmal viel Geld für etwas ausgegeben, das nicht funktionierte? Gut, Wahl kreiert Gewahrsein. Also, was möchtest du jetzt wählen? Eine Wahl, die sich nicht so entwickelt hat, wie du geplant hattest, ist kein Scheitern und nichts Falsches. Es ist nur anders als du gedacht hast.

„Was wäre, wenn es an der Zeit ist, so anders zu sein, wie du wirklich bist?"

Was wäre, wenn *du* kein Versager bist und nicht falsch liegst, sondern einfach anders bist? Was wäre, wenn du anders bist, als du gedacht hast, und anfangen kannst, das zu wählen, was für *dich* funktioniert und sonst niemanden? Wirst du tatsächlich scheitern? Oder wirst du etwas kreieren, das vollkommen anders ist als das, was du vorher kreierst hast?

Hier ist eine Übung, die du machen kannst, um deine Andersartigkeit anzuerkennen und die Denkweise des Scheiterns aufzugeben:

1. Schreibe auf, wo du meinst, im Leben gescheitert zu sein. Bist du in einem Business gescheitert? Hast du eine Wahl getroffen, die zu Geldverlust geführt hat? Hattest du eine fürchterliche Trennung in einer Beziehung? Warst du schlecht in Mathe in der Schule? Sobald du dies aufgeschrieben hast, schaue dir jeden Punkt an und frage: „Wenn ich dies nicht als Versagen bewerten würde, welchen Beitrag kann ich davon empfangen?" und „Welches Gewahrsein hat dies in meinem Leben kreiert, das ich sonst nicht hätte?" Schreibe auf, was dir in den Kopf kommt. Komme aus der Bewertung über deine Wahl heraus und bitte darum, dir des Beitrags, der Veränderung und des Gewahrseins bewusst zu werden, die dies für dich gebracht hat.

2. Schreibe auf, was du für deine „persönlichen Mängel" hältst. Was wirfst du dir selbst vor zu sein und zu tun? Aufzuschieben? Unordentlich zu sein? Es immer perfekt hinbekommen zu müssen? Schau dir die Liste der Dinge an, wegen derer du dich als falsch

bewertest. Frage: „Wenn ich meine Bewertung der Falschheit über diese Sache wegnehmen würde, welche Stärke könnte das eigentlich sein?" Du denkst, es liegt keine Stärke im Aufschieben, aber ich stelle fest, dass die meisten Leute, die aufschieben, entweder ein großartiges Gespür für die zeitliche Abstimmung von Dingen haben, das sie nicht anerkannt haben, oder sie sind tatsächlich in der Lage, viel mehr zu kreieren, als sie dachten, und sie haben einfach nicht genug in ihrem Leben zu tun. Was sie bewerten – das Aufschieben – ist tatsächlich eine Stärke und eine Fähigkeit, die sie noch nicht anerkannt oder vollkommen zu ihrem Vorteil genutzt haben. Was wäre, wenn dies auf all deine „Fehler" zuträfe? Wie viele Stärken von dir kannst du mit dieser Aufgabe anfangen zu entdecken? Du könntest bald feststellen, dass du nicht falsch bist.

„Ich brauche und will kein Geld – und du auch nicht!"

Geld kommt nicht zu jenen, die glauben, Mangel zu haben. Die Wahrheit ist, dass du Mangel an gar nichts hast. Wenn du am Leben bist, hast du keinen Mangel. Wenn du morgens aufwachst, hast du alles, was du brauchst, um alles zu kreieren, was du dir wünschst. Bei den Bedürfnissen und dem Mangel geht es darum, in der Lüge zu leben, du habest Mangel.

Wusstest du, dass die ursprüngliche Bedeutung des Wortes „want" in jedem englischen Wörterbuch von vor 1946 27 Definitionen hatte, die „Mangel haben" bedeuteten und nur *eine*, die bedeutete „wünschen"? Jedes Mal, wenn du sagst: „Ich will" (dies betrifft eher das englische „want" als das deutsche „wollen"), sagst du eigentlich: „Ich habe Mangel!"

Wirst du mir jetzt einen Gefallen tun?

Sag 10 Mal laut hintereinander: „Ich will Geld." Tu dies jetzt. Was ist die Energie, die hochkommt, wenn du das sagst? Ist sie leicht, freudvoll oder schwer und drückt dich nieder?

Nun sage 10 Mal laut hintereinander: „Ich brauche Geld." Erhältst du das gleiche Ergebnis?

Zum Schluss versuche mindestens 10 Mal, und zwar laut, zu sagen: „Ich will *kein* Geld", und spüre hinein … Fühlt sich das vielleicht anders an? Ist es leichter für dich geworden? Hast du vielleicht angefangen, dich zu entspannen, zu lächeln oder sogar ein wenig zu kichern?

Dieses Leichter, das du fühlst, ist die Anerkennung dessen, was für dich wahr ist. Denn in Wahrheit mangelt es dir an nichts.

„Notwendigkeit und Wahl"

Letztes Jahr kam ich von einer Tour nach Hause zurück, die sich wie 5.000 Jahre angefühlt hatte. Nachdem ich mich daran gewöhnt hatte, in Hotelzimmern zu leben, die immer geputzt wurden, und dann in unser Haus zu kommen, in dem es Staub und Schmutz von der Renovierung gab, wurde ich übellaunig, weil im Haus nicht alles „richtig" war. Ich beklagte mich: „Ich wünschte, ich könnte einfach nur einmal in dieses Haus kommen und alles wäre an seinem Ort und alles wäre sauber." Brendon fragte mich: „Was tust du, was steckt hinter all dem?", und ich sagte: „Ich möchte nicht mehr Haus spielen. Ich will das nicht mehr machen. Ich will nicht mehr nach Hause kommen und die Waschmaschine ist voll und dann gibt es auch noch den Abwasch!" Ich liebe es, zu Hause zu sein, aber die Energie, die ich mit meiner Verstimmung geschaffen hatte, war nicht wirklich kreativ, sie war zusammenziehend. Ich begann, aus einer Wut, einer Frustration heraus, schlusszufolgern, dass ich mich mit dem auseinandersetzen muss, dass es eine Notwendigkeit und ein Problem ist und dass es keinen Ausweg gibt. Ich schaute nicht an, was ich gerne kreiert hätte. Ich dachte, ich hätte keine Wahl hinsichtlich des Zustands des Hauses.

Brendon sagte: „Wir verdienen genug, wir könnten jemanden einstellen. Ich weiß, dass einmal in der Woche jemand zum Putzen kommt, und wir könnten auch jemand anders einstellen, für ein paar Stunden zu kommen und das hier zu machen", und er hatte recht. Sobald ich mir einen Moment Zeit nahm, um durchzuatmen und mir das anzuschauen, fragte ich: „Weißt du was? Ich hätte gerne, dass mein Haus so ist, ich möchte das gerne wählen", und alles wurde sehr viel einfacher. Anstatt zur Schlussfolgerung zu kommen, dass ich auf eine bestimmte Art damit umgehen müsste (wie zum Beispiel das Haus selbst zu putzen), eine Notwendigkeit, konnte ich die Wahlen sehen, die ich hatte – ich konnte es schmutzig lassen, ich konnte es selbst putzen, oder ich konnte jemand anderen einstellen, um es für mich zu putzen, und ich bin sicher, dass sogar noch mehr Wahlen zur Verfügung stehen, die ich noch nicht in Betracht gezogen hatte. Jetzt haben wir einen Hausmeister, der alles für uns bei all unseren Immobilien regelt. Ganz einfach.

Was wäre, wenn tatsächlich alles eine Wahl wäre? Sogar morgens aufzustehen ist eine Wahl. Du musst es nicht. Du denkst, dass du es musst, aber in Wirklichkeit ist das eine Wahl, die du triffst. Was wäre, wenn das eine Wahl wäre, die du mit Freude treffen kannst? Du wählst, mit deinen Kindern und deinem Mann zu leben. Du wählst, jeden Tag weiter zu deiner Arbeit zu gehen. Was würdest du gerne kreieren?

Genauso wie Erfolg und Scheitern eine Lüge ist, trifft dies auch auf Bedürfnisse und Mangel zu. Für dich geht es wirklich um Wahl, Gewahrsein und mehr Wahl. Und so kreierst du Geld – indem du wählst, wählst und wieder wählst. Wenn du wählst, dich oder irgendetwas in deinem Leben nicht zu bewerten, kannst du nicht mehr glauben, ein Versager zu sein oder Mangel zu haben. Wenn du wählst, dich nie zu bewerten, beginnst du zu sehen, dass das Richtige und Falsche, das

Gute und das Schlechte und all diese Polarität weder real noch wahr ist und dass alles, was du tun musst, ist, mehr oder weniger von dem zu wählen, was du dir wünschst. Es liegt vollkommen bei dir.

Kapitel 13

Übe und sei im Erlauben

Erlauben ist, wo du der Fels in der Brandung bist. All die Ansichten in dieser Welt über Geld strömen auf dich ein, aber reißen dich nicht mit sich fort. Du wirst nicht zum Effekt von allem um dich herum.

Wie oft nimmst du jemandes Bewertung über dich an und lässt sie dich in ein schwarzes Loch hinunterziehen, wo du dich schlecht, falsch, wütend oder verletzt fühlst? Das Erlauben gibt dir die Fähigkeit, die Bewertungen anderer Leute nicht anzunehmen und dich selbst nicht zu bewerten, egal, was geschieht.

Es gab einmal in Australien einige Leute, die ich mehrere Jahre schon kannte, die mich ohne Unterlass bewerteten. Sie sagten Dinge über mich, die unfreundlich und gemein waren. Ich regte mich auf und sprach mit einem Freund darüber.

Der Freund sagte zu mir: „Du musst schon ganz schön was drauf haben, damit das hier passiert."

Ich sagte: „Oh!"

Mein Freund sagte: „Schau dir mal *ihr* Leben an, und dann schau dir *dein* Leben an."

Ich schaute mir an, wie sehr mein Leben in den Jahren gewachsen war, in denen ich sie gekannt hatte, und wie klein ihre Leben geworden waren. Ich merkte, dass sie eigentlich nicht *mich* bewerteten. Sie bewerteten, was *sie* nicht bereit gewesen waren zu kreieren. Nun erkenne ich, dass, wenn jemand mich bewertet, es normalerweise nicht um *mich* geht; es geht um *sie*. Was wäre, wenn du bereit wärst, die Bewertungen zu empfangen, die andere über dich haben? Was wäre, wenn du bereit wärst, das alles zu empfangen?

Benutze das als ein Werkzeug! Wenn du merkst, dass du jemanden bewertest, frage dich, welche Bewertung du über *dich* in Bezug auf diese Person hast. Schau, ob es sich dann leichter anfühlt. Bewertung ist nicht real, und Erlauben kreiert Möglichkeiten.

Es ist auch wichtig zu erkennen, dass Erlauben nicht Akzeptieren ist. Es geht nicht darum zu versuchen zu glauben, alles sei in Ordnung. Ich wählte, diese Leute nicht weiter als meine engen Freunde zu haben. Ich beschloss, nicht akzeptieren zu müssen, was sie taten, und es zu ertragen, ich schloss sie immer noch in mein Leben ein und war im Erlauben davon, dass sie wählten, mich zu bewerten. Ich brauchte es nicht, dass sie sich veränderten, um mich frei zu fühlen und ihrer Bewertung nicht ausgesetzt zu sein.

„Bist du bereit, dir selbst gegenüber im Erlauben zu sein?"

Stellst du fest, dass du viel bereiter bist, deine Bewertungen über andere aufzugeben als die über dich selbst? Das ist so, weil du nicht wirklich jemand bist, der bewertet. Du bewertest andere Leute eigentlich nicht. Du wirst dich selbst allerdings jeden Tag rund um die Uhr in alle Ewigkeit bewerten, während du glaubst, du steckst voller Bewertungen über andere. Was wäre, wenn du aufhören würdest, irgendetwas an dir zu bewerten? Die meisten Bewertungen, die wir über uns selbst haben, 99 % davon sind die, die wir von den Menschen um uns herum aufgeschnappt haben. Wir haben gesehen, wie sie sich selbst und einander bewerten, und haben gelernt, das zu übernehmen und all dies abgekauft. Interessante Wahl, nicht?

Wärst du bereit, damit anzufangen, sehr viel freundlicher zu dir zu sein? Du kannst erkennen: „Im Moment bewerte ich mich. Ich werde das eine Minute lang genießen, und dann werde ich wählen, damit aufzuhören, mich zu bewerten." Du kannst wählen, dich nicht zu bewerten, und du kannst wählen, damit aufzuhören, dich zu bewerten. Bewerte nicht deine Bewertung! Du kannst eine Minute lang glauben, dass du wirklich verkorkst bist oder 20 Minuten lang oder einen Tag lang oder zehn Jahre lang, wenn du das wirklich möchtest. Dann könntest du eine Frage stellen wie: „Was ist richtig an mir, das ich nicht kapiere?"

Erlauben dir gegenüber bedeutet, dich nie zu bewerten – selbst wenn du bewertest. Selbst, wenn du Mist gebaut hast, oder etwas gemacht hast, von dem du weißt, es war nicht deine klügste Wahl. Was, wenn nichts daran falsch wäre? Was, wenn nichts, was du jemals gewesen bist oder getan hast, falsch wäre? Und was wäre, wenn nichts an dir falsch wäre? Welches Geschenk wäre es für dein Leben, wenn du absolutes Erlauben für dich hättest?

> *"Versuche nicht, andere*
> *Menschen zu ändern."*

Häufig stellt man mir eine Variante der folgenden Frage: „Wie kann ich meinen Partner überzeugen, eine positivere Einstellung gegenüber Geld zu haben?", und ich gebe dann diese Antwort: „Es ist nicht an dir, deinen Partner davon zu überzeugen, eine positivere Einstellung zu Geld zu haben. Du musst bereit sein, ihn oder sie alles wählen zu lassen. Du musst im vollkommenen Erlauben der Wahlen deines Partners sein, Geld zu haben oder kein Geld zu haben."

Wenn *du* bereit bist, eine positive Einstellung gegenüber Geld zu haben, wenn *du* bereit bist, die Lebensfreude und das Glück des Lebens und der Geldströme zu haben, wirst du vielleicht überrascht sein, was sich bei deinem Partner zeigt.

Du musst auch bereit sein, du selbst zu sein. Hast du dich selbst wegen deines Partners, deiner Familie oder der Menschen um dich herum zurückgehalten? Was, wenn du jetzt für dich wählen würdest?

Es gab eine Zeit, als mein Partner eine schwere Zeit durchmachte. Er lag tagelang auf der Couch und war traurig und deprimiert. Ich versuchte nicht, ihn zu „richten" oder etwas zu verändern. Ich schaute nur immer wieder, ob alles in Ordnung ist, und machte weiter mit meinem Leben. Schließlich – nach einigen Tagen – sagte er: „Kannst du wohl aufhören, so glücklich zu sein!" Wir mussten beide lachen, denn es zeigte ihm die Energie von dem, was er wählte, und er sah, wie viel Energie er darauf verwendete, traurig und deprimiert zu sein.

Wenn du du bist und wählst, was du wählst, egal, was es braucht, egal, wie es aussieht, wird das andere zu einer anderen Möglichkeit einladen. Bitte versuche nicht, deinem Partner zu sagen, was er tun soll. Es klappt nie. Gefällt es dir, gesagt zu bekommen, was du tun sollst oder dass du deine Einstellung ändern musst, deine Perspektive oder etwas, das du machst? Das ist eines der schlimmsten Dinge, die du jemandem antun kannst. Er wird sich am Ende gegen dich wehren und dich dafür hassen. Lass andere Menschen wählen, was sie wählen und wähle weiter, was du wählst.

Kapitel 14

Sei bereit, außer Kontrolle zu sein

Manchmal kann das Leben chaotisch erscheinen. So viele Dinge passieren. Es gibt so viel zu tun. Wir kommen häufig fälschlicherweise zu der Schlussfolgerung, dass, wenn wir nur die Kontrolle über alles hätten, es besser werden würde. Dass, wenn alle tun würden, was wir sagen, alles einfacher wäre. Du weißt, dass du niemanden sonst kontrollieren kannst, oder? Wärst du bereit aufzugeben, der ungemeine Kontrollfreak zu sein, der du bist?

Ist dir aufgefallen, dass, je mehr du versuchst, alles zu kontrollieren, es umso schwieriger und stressiger wird? Wie klein musst du all die Komponenten deines Lebens halten, um sie mit Leichtigkeit zu kontrollieren? Wie sehr hast du das Geld in deinem Leben klein genug gemacht, damit du es kontrollieren kannst? Welches ist der größte Geldbetrag, mit dem du umgehen könntest, bevor du andere Leute dir dabei helfen lassen müsstest? Welcher Betrag dies auch immer ist, das ist das meiste, was du dir jemals im Leben erlaubst zu haben. Denkst du, Multimillionäre kontrollieren alles bei ihrem Geld? Nein! Sie haben Buchhalter, Rechnungsprüfer, Finanzberater und alle möglichen Leute, die ihr Geld verwalten.

Leute, die sehr gut mit Geld umgehen können, wissen, dass sie nicht jedes Detail kontrollieren müssen, sie können Leute einstellen, die in diesen Dingen besser sind als sie. Aber sie *sind* bereit, sich ihres Geld gewahr zu sein. Sie sind bereit, gewahr zu sein, wenn alles funktioniert und wenn es nicht funktioniert, und Fragen zu stellen, wenn sich etwas nicht richtig anfühlt. Was wäre, wenn das *Außer*-Kontrolle-sein dich demgegenüber öffnen würde, dass viel mehr geschieht und mit sehr viel mehr Leichtigkeit, als du dir je vorgestellt hast? Was wäre, wenn nicht definieren, eingrenzen, umreißen, übereinstimmen oder Struktur kreieren zu müssen, dich befreien würde und dir erlauben würde, ein sehr viel größeres und sehr viel freudvolleres Leben zu haben?

Es gab eine Zeit, als es sich so anfühlte, als ob ich ganz alleine so viele Dinge managte. Ich sagte Gary, dass ich mich komplett überfordert fühle.

Gary sagte: „Lass uns über den Unterschied zwischen überfordert und *verzettelt* sprechen. Überfordert ist, wenn du denkst, du kannst es nicht schaffen. *Verzettelt* ist, wenn du dich in den kleineren Details all der verschiedenen Projekte und all der Dinge, die getan werden müssen, verstrickst."

Ich sagte: „Das ist genau, was vor sich geht. Ich habe mich vollkommen verzettelt." Anstatt die Zügel loszulassen und den Pferden zu erlauben, in verschiedene Richtungen zu gehen, kreierte ich Kontrolle, sodass „alle Wege zu Simone führten".

Gary und ich sprachen darüber, wer mir einige Dinge abnehmen könnte, und obwohl ich sah, dass ich mich in den Details verloren hatte, war ich zögerlich, Dinge loszulassen und andere sie tun zu lassen. Ich wollte nicht, dass irgendwelche Fehler mit dem Business von Access gemacht werden. Gary erinnerte mich, dass Fehler auch Teil der Kreation sind. Er sagte: „Es gibt kein Falsch. Du musst sehr gute Leute einstellen, die mit dir arbeiten, *und* du musst bereit sein, dass sie Mist bauen. Du musst bereit sein, dass sie einen Fehler machen, denn wenn sie einen Fehler machen, werden sie etwas Großartigeres kreieren."

Ich verstand schließlich, dass ich all diese kleinen Aufgaben loslassen musste, an denen ich festhielt. Als ich jemand anderen fand, um die

Aufgaben zu übernehmen und losließ, kreierte das so viel mehr Raum für mich. Ich war in der Lage, sogar noch mehr in meinem Leben mit meinen Geschäften und mit Access zu kreieren, mit so viel mehr Leichtigkeit. Das bedeutete, dass auch mein Geld und mein Einkommen dynamischer zunehmen konnten.

Was wäre, wenn du dein Leben, dein Business und verschiedene Einkommensquellen kreieren könntest, indem du dein Gewahrsein erweiterst und das *loslässt*, was du versucht hast, zu kontrollieren?

„Was wäre, wenn du genial aus dem Chaos kreieren könntest?"

Was wäre, wenn du Großartiges aus dem Chaos kreierst? Ich habe mich früher dafür bewertet, sehr chaotisch zu kreieren. Ich hatte einmal ein Business mit einem Partner, der extrem organisiert war. Er hatte To-do-Listen und hakte sie jeden Tag ab. Ich konnte das nicht. Ich machte einen Anruf, dann kümmerte ich mich um einen Klienten, mit dem etwas geklärt werden musste, dann arbeitete ich an der Produktpalette für das nächste Jahr und so weiter und so fort. Total chaotisch (seiner Ansicht nach). Als er das Business verlassen wollte, musste ich mir überlegen, ob ich es verkaufen wollte oder selbst weiterführte. Er sagte zu mir: „Simone, du bist zu unorganisiert, um dieses Business alleine zu betreiben!" Ich dachte, dass er mehr über das Business weiß als ich. Aber als ich mir all die Dinge anschaute, die ich im Business gemacht hatte, wusste ich tatsächlich viel mehr als er, es war nur seine Bewertung, dass ich nicht wusste, was ich tat, weil meine Art, Business zu betreiben, eher chaotisch war, während seine Art eher ordentlich war.

Ich sehe, wie Leute, wenn sie das Gefühl haben, eine Million Sachen zu tun zu haben, Dinge wegschieben und zukünftige Möglichkeiten zerstören, anstatt zu fragen: „Gerade laufen viele Projekte, welche

Fragen muss ich stellen, um all dies mit Leichtigkeit zu kreieren? Wen oder was kann ich zu meinem Business und Leben hinzufügen? Was würde es brauchen, damit dies einfach ist, und was erfordert heute meine Aufmerksamkeit?" Du musst nicht jeden Tag an allem arbeiten. Jeder Tag ist anders, jeder Tag ist ein Abenteuer. Jeden Tag musst du anfangen, daraus zu funktionieren, nicht zu bewerten, was du kreierst oder nicht kreierst.

Wenn du aus dem Chaos kreierst, ist alles möglich.

Versuche, in der nächsten Woche die Zügel von allem loszulassen, an dem du so sehr festgehalten hast. Lass die Projekte, Familie, Freunde und das Geld los, die du versuchst hast, zu kontrollieren und schau, ob sich etwas Neues zeigen kann. Anstatt zu versuchen, jedes Detail zu managen oder dich jeden Tag mit allem auseinanderzusetzen, frage: „Wessen muss ich mir heute gewahr sein?" Frage, was heute deine Aufmerksamkeit erfordert und kümmere dich darum. Wenn du morgens aufwachst und fragst: „Was als Nächstes?" „Wer oder was braucht mich jetzt und woran muss ich arbeiten, wen muss ich anrufen?", kannst du deine Aufmerksamkeit den Dingen widmen und dann zu etwas anderem übergehen und dann wieder zu etwas anderem. Was wäre, wenn es nicht falsch wäre, so zu funktionieren? Was wäre, wenn du nicht „abgelenkt" wärst oder Dinge aufschieben würdest? Was wäre, wenn das die Art ist, wie du kreierst?

Du wirst erstaunt sein, was du kreieren kannst, wenn du dir selbst die Freude erlaubst, aus dem Chaos zu kreieren. Dies gilt für jeden Aspekt deines Lebens: Beziehungen, Business, Familie, Geldflüsse, deinen Körper. Denke daran, du bist nicht allein im Universum, das Universum wird dir dazu beitragen, alles zu kreieren, was du dir wünschst, also bitte um mehr.

Was bist du nicht bereit gewesen, loszulassen oder die Kontrolle darüber aufzugeben, das, wenn du es losließest und die Kontrolle darüber aufgäbest, mehr Raum für dich kreieren könnte?

Kapitel 15

Eine Bemerkung zu Cashflow

Ich traf mich einmal mit einem sehr erfolgreichen Geschäftsmann in Südafrika. Er war ein Waise. Mit 15 Jahren wurde er aus dem Waisenhaus geschmissen (denn ab diesem Alter musste man sich um sich selbst kümmern), also zog er los mit seinem Rucksack, überlegte, was er mit seinem Leben machen wollte, und stellte die Forderung an sich selbst, dies zu kreieren. Er bildete sich fort und wurde Rechtsanwalt. Er hat große Geschäfte in Südafrika ins Leben gerufen – große Ressorts, eine IT-Firma und anderes.

Ich setzte mich zu einer Unterhaltung mit ihm hin, weil es mich wirklich interessierte, wie er kreierte. Es schien eine sehr ausgeprägte Großzügigkeit in seinem Ansatz zu geben, sein Business und Leben zu gestalten. Etwas, das er zu mir sagte, war: „Es gibt drei Dinge im Leben, an die du denken musst – Dankbarkeit, Glaube und Vertrauen, und dann gibt es noch Cashflow." Ich lachte, denn ich wusste, er hatte recht.

Er fuhr fort: „Wenn du keinen Cashflow hast, begrenzt du dich selbst. Du musst anstreben, vorwärtszugehen und dich selbst nicht zurückhalten, und dir auch deines Cashflows gewahr sein."

Schau dir deinen Cashflow an, den du derzeit hast oder nicht hast. Was würde es brauchen, einen ständigen Cashflow in deinem Leben zu haben? Wenn du Cashflow hast, kreiert das mehr Leichtigkeit und mehr Raum für Möglichkeiten, es eliminiert die Orte, wo du sonst sagst: „Ich habe nicht." oder „Mir fehlt." Was, wenn du nicht alles auf eine Karte setzen müsstest, wenn es um Geld geht? Was, wenn es viele Möglichkeiten (Einkommensquellen) für Geld gibt, die du wählen kannst?

Und was wäre, wenn es bei der Kreation von Cashflows wirklich nur darum geht, mit Möglichkeiten zu spielen und dir deiner finanziellen Realität vollkommen gewahr zu sein?

Wie viele Einkommensströme kannst du kreieren? Was macht dir Freude, womit du Geld machen könntest? Was macht dich neugierig?

Ich bin unglaublich beschäftigt mit dem, was ich bei der Arbeit zu tun wähle, und doch habe ich auch andere Einkommens- und Kreationsquellen und bitte jeden Tag darum, dass sich mehr zeigen. Interessierst du dich für Antiquitäten, Währungen, die Börse oder dafür, Sachen auf eBay zu kaufen und verkaufen? Was ist es für dich, dass mehr Cashflow in deinem Leben kreieren kann, das du noch nicht bereit gewesen bist, anzuerkennen?

Was existiert noch da draußen in der Welt in Bezug auf Geld, das dir Spaß machen würde zu entdecken? Fange an, dich über Geld fortzubilden. Wer sind die Gesichter und Symbole auf deiner Währung? Weißt du, welches der Geldschein mit dem größten Dollarwert in deinem Land oder anderen Ländern ist? Welche Farbe hat jede Banknote, nicht nur in deiner Währung, sondern auch in anderen Währungen? Mache dich vertraut mit Geld, vermeide es nicht, bewundere es, spiele mit ihm und erkenne es an.

Als ich langsam bereit wurde, mich über Geld und die unzähligen Weisen, auf die es meinem Leben beitragen konnte, schlauzumachen, wurde ich bereiter, Geld zu haben. Als ich mir erlaubte, Geld zu haben, wurde ich bereit, mit Geld zu spielen. Die mangelnde Bereitschaft, mich über Geld fortzubilden, kreierte Schulden. Nun, da ich bereit bin, mich selbst in Bezug auf Geld weiterzubilden, Geld zu haben und mit Geld zu spielen, kreiert das mehr. Und nicht aus der Bedeutsamkeit von all dem, sondern wirklich aus der *Freude* daran, und der Wahl daran.

Was, wenn du nun, nur für diese 10 Sekunden, wählen würdest zu spielen, egal, was gerade um dich herum vor sich geht? Was wäre, wenn du dein Leben als die Feier wählen würdest, die es wirklich sein kann, und das Geld zu der Party einladen würdest, die dein Leben ist? Was wäre, wenn du wählen würdest, glücklich zu sein, dankbar zu sein, weiter zu wählen, egal, was ist?

Was wäre, wenn deine finanzielle Realität zu kreieren tatsächlich ein ständiges Erkunden der unendlichen Möglichkeiten wäre, dein Leben freudvoll zu kreieren, und dabei deine Einkommensströme und deine Cashflows mit einzubeziehen?? Was ist sonst noch möglich, was du noch nicht in Betracht gezogen hast?

Bitte benutze dieses Buch und seine Werkzeuge, während du weiter deine finanzielle Realität veränderst. Es braucht Mut, um etwas Größeres, etwas anderes zu wählen, und es ist nicht immer bequem. Wenn du dieses Buch liest, wenn du gerade jetzt auf diesem Planeten lebst, hast du den Mut, und du hast die Fähigkeit. Alles, was du jetzt tun musst, ist wählen.

Teil Drei

ZUSAMMENFASSUNG
UND WERKZEUGE

ZUSAMMENFASSUNG DER KAPITEL, FRAGEN UND WERKZEUGE

Dieses Kapitel enthält eine zusammengefasste Referenz der wichtigsten Punkte, Fragen und Werkzeuge im Buch. Es ist eine Sache zu lesen, wie jemand anders sein Leben finanziell verändert hat; ich denke sogar, dass es frustrierend sein kann. Der einzigartige Aspekt dieses Buches liegt darin, dass ich die Werkzeuge von Access Consciousness benutzt habe, um meine finanzielle Realität zu verändern, und du kannst es auch. Du musst allerdings immer weiter wählen, egal, wie unangenehm es wird. Wenn du diese Werkzeuge jeden Tag anwendest, wirst du deine finanzielle Realität für immer verändern. Lass das Abenteuer beginnen.

TEIL EINS: NEUE FINANZIELLE REALITÄT – GRUNDLAGEN
Kapitel 1: Was bringt Geld?

GELD ZEIGT SICH NIE, WIE DU DENKST

Geld ist nicht linear

Geld zeigt sich nicht linear in deinem Leben – es kann sich auf alle möglichen Arten zeigen und von allen möglichen Orten. Wenn du mehr Geld in deinem Leben machen möchtest, musst du gegenüber all den magischen und wunderbaren Möglichkeiten offen sein – selbst wenn es völlig anders ist als alles, das du überhaupt in Betracht gezogen hast. Was wäre, wenn du unbegrenzte Einkommensströme haben könntest? Was wäre, wenn du Geld auf Arten kreieren kannst wie niemand sonst? Was wäre, wenn du keine Ansicht über Geld hättest?

FRAGEN

Was sind die unbegrenzten Arten, auf die Geld sich jetzt für mich zeigen kann?

Bin ich bereit, damit aufzuhören, berechnen, definieren oder kalkulieren zu müssen, wie Geld sich zeigt, und ihm zu erlauben, auf zufällige, magische und wunderbare Arten in mein Leben zu kommen?

Berechne nicht vom Verstand her, WIE Geld sich zeigen soll

Das Universum manifestiert, du verwirklichst. Manifestieren ist, „wie" etwas sich zeigt, und es ist nicht deine Aufgabe, herauszubekommen wie. Verwirklichen bedeutet, darum zu bitten, dass sich etwas zeigt, das Universum das Manifestieren übernehmen zu lassen und bereit zu sein, es zu empfangen, egal, wie es sich zeigt.

FRAGEN

Was würde es brauchen, damit sich das zeigt?

Was würde es brauchen, dies sofort in meinem Leben zu verwirklichen?

Sei geduldig

Das Universum hat eine unendliche Kapazität zum Manifestieren und hat normalerweise eine sehr viel großartigere und magischere Art, dies zu tun, als du voraussagen kannst. Manchmal muss das Universum Dinge neu arrangieren, um zu kreieren, was du dir wünschst.

Bewerte dich nicht, sei geduldig und begrenze nicht die zukünftigen Möglichkeiten.

Geld ist nicht nur Bargeld

Es gibt so viele Arten, auf die Geld und Cashflows in dein Leben kommen können, aber wenn du nicht bereit bist, sie anzuerkennen, wenn du denkst, sie müssten auf eine bestimmte Art aussehen, wirst du denken, dass du nichts veränderst, während du es eigentlich tust.

Beginne, die unterschiedlichen Arten anzuerkennen, wie sich Geld in deinem Leben zeigt. Wenn dich ein Freund zum Kaffee einlädt oder dir jemand etwas schenkt. Das ist Geld. Das ist Empfangen.

FRAGEN

Wo empfange ich noch Geld, wo ich das nicht anerkannt habe?

Wo kann ich noch Geld empfangen, wo ich es noch nie anerkannt habe?

BITTE UND DU WIRST EMPFANGEN

Geld bewertet nicht

Geld zeigt sich bei jenen Leuten, die bereit sind, zu fragen und zu empfangen.

Empfangen heißt einfach, bereit zu sein, unendliche Möglichkeiten zu haben, dass etwas in dein Leben kommt, ohne eine Ansicht darüber, was, wo, wann, wie oder warum es sich zeigt. Mit anderen Worten, kannst du, wenn du deine Bewertungen über Geld und über dich in Bezug auf Geld verlierst, mehr empfangen.

Was wäre, wenn du keinen Grund bräuchtest, um um Geld zu bitten?

Was wäre, wenn du es einfach haben könntest, weil es Spaß macht?

Was wäre, wenn du einfach darum bitten könntest, dass es sich zeigt?

GELD FOLGT DER FREUDE UND NICHT ANDERSHERUM

Wenn dein Leben eine Party wäre, würde das Geld kommen wollen?

Wenn du dir dein jetziges Leben als eine Party vorstellst, welche Art von Einladung würde es für Geld sein?

Was wäre, wenn du heute damit beginnen würdest, dein Leben als die Feier zu leben, das es sein kann? Was wäre, wenn du nicht darauf warten würdest, dass sich das Geld zeigt?

Was bringt dir Freude?

Die Energie, die du kreierst, wenn du Spaß hast, wenn du dich vollkommen und glücklich auf etwas einlässt, das du liebst, ist generierend. Es ist egal, wie du diese Energie kreierst.

FRAGEN

- Was tue ich liebend gern?
- Was bringt mir Freude?

Dein Leben ist dein Business, und dein Business ist dein Leben!

Wenn du am Leben bist, hast du ein Business – es nennt sich das Business des Lebens!

Mit welcher Energie lebst du dein Leben? Hast du Spaß?

WERKZEUG: TUE JEDEN TAG ETWAS, DAS DIR FREUDE MACHT

- Beginne damit, eine ganze Stunde pro Tag und einen ganzen Tag pro Woche die Dinge zu tun, die dir Freude bringen.

HÖRE AUF, GELD BEDEUTSAM ZU MACHEN

Wenn du etwas bedeutsam machst, kannst du es nicht verändern

Was immer du bedeutsam machst, machst du größer als dich. Beginne, all die Orte zu erkennen, an denen du Geld bedeutsam gemacht hast, und sei bereit, aus dieser Ansicht herauszukommen und eine andere Realität für dich zu kreieren.

* Wie wichtig mache ich Geld gerade in meinem Leben?
* Wenn Geld nicht bedeutsam wäre, was würde ich wählen?

Kapitel 2: Was verändert Schulden?

DEINE ANSICHT KREIERT DEINE (FINANZIELLE) REALITÄT

Was ist deine Ansicht über Schulden?

Wenn du Schulden verändern möchtest, beginne damit, deine Ansicht zu ändern. Die Ansicht, die du bisher über Geld gehabt hast, hat deine jetzige Geldsituation kreiert.

Anstatt die Schulden zu bewerten, die du kreiert hast, ermächtige dich selbst, indem du Fragen stellst, damit du Dinge verändern kannst.

* Was ist noch möglich?®
* Was kann ich tun und sein, um dies zu verändern?

Hast du beschlossen, dass das feste, schwere Zeug im Leben real ist?

Was hast du beschlossen, das real und nicht real für dich ist? Warum hast du beschlossen, es sei real? Weil das deine Erfahrung in der Vergangenheit war? Weil es sich real „anfühlt": schwer, solide, gewichtig oder unbeweglich? Würde etwas, was für dich wahr ist, sich wirklich wie eine Tonne Ziegelsteine anfühlen, oder würde es dich dazu bringen, dass du dich leichter und glücklicher fühlst?

WERKZEUG: „INTERESSANTE ANSICHT, ICH HABE DIESE ANSICHT"

Was wäre, wenn du in den nächsten drei Tagen bei jedem Gedanken, jedem Gefühl und jeder Emotion, die hochkommen (nicht nur in Bezug auf Geld, sondern auf alles), sagen würdest: „Interessante Ansicht, ich habe diese Ansicht." Wiederhole es einige Male, bis es leichter wird.

WERKZEUG: WAS SICH LEICHT ANFÜHLT, IST WAHR FÜR DICH UND WAS SICH SCHWER ANFÜHLT, IST EINE LÜGE

Wenn etwas für uns wahr ist und wir es anerkennen, bewirkt das ein Gefühl von Leichtigkeit und Ausgedehntheit in unserer Welt. Wenn etwas nicht wahr ist, wie eine Bewertung oder eine Schlussfolgerung, zu der wir über etwas gelangt sind, ist es schwer, und es fühlt sich zusammengezogen oder fest an.

DIE BEQUEMLICHKEIT MIT SCHULDEN AUFGEBEN

Was liebst du daran, verschuldet zu sein und kein Geld zu haben?

Wenn du bereit bist, einige Fragen zu stellen, kannst du anerkennen, was dich feststecken lässt. Wenn du es nicht anerkennst, kannst du es nicht verändern.

- Was liebe ich daran, verschuldet zu sein?
- Was liebe ich daran, kein Geld zu haben?
- Was liebe ich daran, es zu hassen, kein Geld zu haben?
- Was hasse ich daran, es zu lieben, kein Geld zu haben?
- Welche Wahl kann ich heute treffen, die jetzt und in der Zukunft mehr kreieren kann?

SEI BEREIT, GELD ZU HABEN

Es gibt einen Unterschied dazwischen, Geld zu haben, auszugeben und zu sparen.

Die meisten Menschen wollen nur Geld, um es ausgeben zu können. Geld haben ist anders. Beim Geld haben geht es darum, zuzulassen, dass das Geld beiträgt, damit dein Leben wächst.

Beim Geld sparen geht es darum, es für schwere Zeiten beiseite zu legen. Geld sparen und Geld haben sind unterschiedlich.

Bist du jemand, der fragt: „Wie kann ich Geld sparen?" Gibt es eine generierende Energie in dieser Frage? Scheint sie deine Wahlen zu erweitern oder zu begrenzen? Gibt es da etwas, wo du versuchst, Geld zu sparen? Versuche zu fragen: „Wenn ich dieses Geld, das ich versuche zu sparen, ausgeben würde, würde es mehr für heute und die Zukunft kreieren?"

- Was sind die unendlichen Arten, auf die ich mehr Geld kreieren kann?
- Welche Energie muss ich sein, um es mit Leichtigkeit zu kreieren?

HÖRE AUF, GELD ZU VERMEIDEN UND ABZULEHNEN

Lebst du in einem „Keine-Wahl-Universum"?

Verweigerst oder vermeidest du irgendwo in deinem Leben, deine Geldsituation anzuschauen? Hast du wirklich gute Gründe, um zu vermeiden, einfache und leichte Dinge zu tun, um mehr Geld zu kreieren? Wenn du etwas vermeidest, verweigerst oder nicht bereit bist, etwas zu haben, erlaubt dir das nicht, mehr Wahlen zu haben oder mehr zu kreieren. Du musst bereit sein, dir anzuschauen, wo du ein Keine-Wahl-Universum erschaffst, und bereit sein, es zu verändern.

Was ist das Schlimmste, das passieren könnte, wenn du Geld nicht vermeidest?

Was hast du beschlossen, ist das Schlimmste, das passieren könnte, wenn du Geld oder deine Schulden nicht vermeiden würdest? Was könnte sich verändern, wenn du bereit wärst, absolutes Gewahrsein über deine finanzielle Realität zu haben? Vermeidest du, Neues zu unternehmen, das dir Geld einbringen könnte?

FRAGEN

* Wenn ich das nicht vermeiden würde, was könnte ich verändern?
* Welche leichten Arten, Geld zu machen, habe ich, die ich bisher vermieden habe?

DANKBARKEIT

Sei dankbar für das Geld!

Wenn du Geld empfängst, bemerke deine sofortige Ansicht. Bist du dankbar für jeden Dollar, jeden Cent, der in dein Leben kommt?

Oder tendierst du dazu zu denken: „Das ist nicht viel", „Das wird diese Rechnung abdecken" oder „Ich wünschte, ich hätte mehr?"

WERKZEUG: ÜBE, DANKBAR ZU SEIN, WENN DAS GELD HEREINKOMMT UND RAUSGEHT

▸ Übe zu sagen: „Danke, ich bin so froh, dass sich dies gezeigt hat! Kann ich bitte mehr haben?"

▸ Wenn du eine Rechnung bezahlst, sei dankbar, dass du sie bezahlt hast, und frage: „Was würde es brauchen, dass dieses Geld zehnfach zu mir zurückkommt?"

Bist du bereit, auch für dich dankbar zu sein?

Du musst Dankbarkeit für alles haben, was du kreierst – das Gute, das Schlechte und das Hässliche. Wenn du es bewertest, wirst du nicht in der Lage sein, das Geschenk deiner Wahl zu sehen, und du wirst dir nicht erlauben, die Möglichkeiten zu empfangen, die deswegen jetzt zur Verfügung stehen. Wenn du Dankbarkeit hast, kannst du eine vollkommen andere Realität haben. Anstatt dich oder irgendetwas, das sich in deinem Leben zeigt, zu bewerten, suche nach dem Geschenk darin, für das du dankbar sein kannst.

FRAGEN

• Was ist richtig hieran?

• Was ist richtig an mir, das ich nicht mitbekomme?

Bist du dankbar, wenn es zu leicht ist?

Tust du Dinge, die sich in deinem Leben zeigen, ab, wenn sie zu leicht sind? Wärst du bereit, das zu verändern? „Wenn Geld leicht kommt, und du dankbar bist, bist du auf dem Weg dahin, eine Zukunft mit mehr Möglichkeiten zu haben." – Gary Douglas.

> Was wird es brauchen, Dankbarkeit für jeden Cent zu haben, der sich zeigt?
>
> Welche Dankbarkeit kann ich sein, die es dem Geld ermöglichen würde, leicht und mit Freude in mein Leben zu kommen?

Kapitel 3: Wie kreierst du sofort eine neue finanzielle Realität?

Kämpfen oder nicht kämpfen?

Viele Menschen denken, sie hätten keine Wahl, traurig, glücklich, verstimmt oder entspannt zu sein. Es sind nicht die äußeren Umstände, die bewirken, wie wir etwas empfinden. Es ist nicht Geld, das bewirkt, wie wir etwas empfinden. Es ist tatsächlich nur eine Wahl, die du treffen kannst.

> Gebe ich vor, hier keine Wahl zu haben?
>
> Welche Wahlen habe ich tatsächlich?

SEI BEREIT ZU TUN, WAS AUCH IMMER ES BRAUCHT

Die Verpflichtung eingehen, dich niemals aufzugeben.

Dich dir selbst gegenüber zu verpflichten, heißt bereit zu sein, ein Abenteuer des Lebens zu haben und zu wählen, was für dich funktioniert, selbst wenn es unbequem ist oder wenn es bedeutet, Veränderungen vorzunehmen, die niemand sonst versteht.

Du kannst von nichts und niemandem etwas fordern außer dir selbst.

Du beginnst damit, dein Leben zu kreieren, wenn du endlich forderst: „Egal, was es braucht und egal, wie es aussieht, ich werde mein Leben kreieren. Ich werde nicht nach der Ansicht oder Realität von jemand anderem leben. Ich werde meine eigene kreieren!"

* Bin ich bereit, von mir selbst zu fordern, das zu kreieren, was ich mir in meinem Leben wünsche, egal, was geschieht?

Sei bereit, alles zu wählen, zu verlieren, zu kreieren und zu verändern.

Einsteins Definition des Verrücktseins war, dasselbe zu tun und ein anderes Resultat zu erwarten. Du musst verändern, wie du derzeit funktionierst, um ein anderes Ergebnis zu erschaffen.

Wenn du versucht hast, etwas in deinem Leben zu verändern, und es sich nicht ändert, schaue, wo du vielleicht dasselbe *anders* machst, anstatt tatsächlich zu wählen, etwas *vollkommen anderes* zu tun.

* Was habe ich beschlossen, das nicht verändert werden kann?
* Was bin ich nicht bereit gewesen zu verlieren?
* Was könnte ich mehr wählen, wenn ich bereit wäre, diese Dinge zu verlieren?
* Was kann ich anderes sein und tun, um dies zu verändern?

DEINE LOGISCHEN UND VERRÜCKTEN GRÜNDE DAFÜR AUFGEBEN, KEIN GELD ZU HABEN

Ist es an der Zeit, den finanziellen Missbrauch an dir aufzugeben?

Finanzieller Missbrauch kann sich unterschiedlich ausdrücken, aber bewirkt häufig, dass du dich fühlst, als ob du noch nicht einmal die grundlegenden Dinge im Leben verdienst. Was wäre, wenn du nicht mehr danach leben müsstest?

FRAGEN

* Welche Geschichten erzähle ich mir selbst über Geld? Was wäre, wenn sie nicht wahr wären?

* Lasse ich es zu, dass der finanzielle Missbrauch dieser Vergangenheit meine Zukunft bestimmt?

* Welche anderen Wahlen habe ich hier?

Benutzt du Zweifel, Angst und Schuld, um dich davon abzuhalten, Geld zu kreieren?

Jedes Mal, wenn du zweifelst, Angst, Schuld oder Vorwürfe in Bezug auf Geld hast oder zwanghaft fixiert oder wütend wirst wegen deiner finanziellen Situation, lenkst du dich selbst davon ab, mit anderen Wahlen und anderen Möglichkeiten präsent zu sein.

WERKZEUG: STREICHE DIESES WORT AUS DEINEM WORTSCHATZ

* Streiche das Wort „weil" aus deinem Wortschatz. Jedes „Weil" ist deine clevere Art, deine Ablenkung mit einer großartigen Geschichte abzukaufen, damit du dich aufgeben kannst. Wenn du dich selbst dabei ertappst, dass du es sagst, frage: „Oh, das ist eine tolle Geschichte. Was ist noch möglich, wenn ich diese Geschichte nicht benutze, um mich zu stoppen?"

- Welche Ablenkungen verwende ich, um mich selbst davon abzuhalten, Geld zu kreieren?
- Was ist noch möglich, das ich noch nicht in Betracht gezogen habe?

BRUTAL EHRLICH MIT DIR SELBST SEIN

Bist du bereit, keine Barrieren zu haben?

Uns wird beigebracht zu glauben, dass die Bewertungen, Barrieren und Mauern, die wir hochziehen, uns schützen werden, aber in Wirklichkeit verstecken sie uns vor uns selbst.

Beim Kreieren deiner eigenen finanziellen Realität geht es darum, ein Gewahrsein davon zu haben, was wirklich ist, und dann das zu wählen, was mehr für dich kreieren wird. Du musst bereit sein, keine Bewertungen, keine Barrieren und vollkommene Verletzlichkeit zu haben. Von da aus fängst du an zu sehen, was für dich möglich ist, das du dich geweigert hast, anzuerkennen.

WERKZEUG: MACHE DEIN FALSCHSEIN ZU EINER STÄRKE

- Was, wenn dein Falschsein tatsächlich deine Stärke wäre? Überall, wo du meinst, falsch zu liegen, ist nur, wo du dich weigerst, stark zu sein. Schau dir an, was du beschlossen hast, das falsch an dir sei. Schreibe es auf. Schaue es dir an und frage: „Welche Stärke ist dies, die ich nicht anerkenne?"
- Wenn du du bist, ist dies eine der attraktivsten Sachen auf der Welt. Wenn du dich bewertest, bist du nicht du.

- Wenn ich jetzt ich wäre, was würde ich wählen?
- Wenn ich jetzt ich wäre, was würde ich kreieren?

WER BIN ICH GERADE? ICH, ODER JEMAND ANDERES?

Was hättest du wirklich gerne?

Ein Teil davon, verletzlich zu sein, ist auch brutal ehrlich damit zu sein, was du gerne in deinem Leben hättest. Wenn du es vor dir selbst versteckt und geheim hältst oder vorgibst, nicht zu wollen, was du wirklich möchtest, hast du keine Chance, es wirklich zu kreieren, Großartigeres zu wählen und ein Leben zu haben, das du wirklich genießt.

WERKZEUG: SCHREIBE AUF, WAS DU DIR WIRKLICH IM LEBEN WÜNSCHST

> Bist du bereit, so ehrlich mit dir selbst zu sein, dass du zugibst, was du wirklich gerne im Leben hättest, selbst wenn das für niemanden sonst Sinn ergibt? Schreibe eine Liste von allem, was du gerne in deinem Leben hättest (verwende die Fragen unten, um dir dabei zu helfen). Wenn nichts unmöglich wäre, was würdest du wählen? Schau dir deine Liste an und frage: „Was wird es brauchen, um dies mit Leichtigkeit zu generieren und kreieren?"

FRAGEN

- Was würde ich gerne in meinem Leben kreieren?
- Wenn ich alles haben und sein und tun und kreieren könnte, was würde ich gerne wählen?
- Was habe ich beschlossen, das unmöglich ist, das ich wirklich gerne hätte?
- Was ist das Lächerlichste und Unvorstellbarste, worum ich bitten könnte?
- Was würde ich gerne vom Universum erbitten und von mir selbst fordern?

DARAUF VERTRAUEN, DASS DU WEISST

Du wusstest immer, auch als es nicht funktionierte.

Hast du jemals gewusst, dass sich etwas nicht wirklich so entwickeln würde, wie du es gerne hättest und hast es trotzdem getan?

WERKZEUG: ERKENNE DEIN WISSEN AN

▸ Schreibe all die Gelegenheiten auf, als du etwas getan hast, von dem du wusstest, du hättest es nicht tun sollen, und es entwickelte sich genau so, wie du gewusst hast, dass es sich entwickeln würde. Schreibe all die Gelegenheiten auf, als etwas funktionierte, und du die ganze Zeit gewusst hast, dass es das tun würde, egal, was andere sagten. Erkenne an, dass, egal, wie es sich entwickelt hat, du immer wusstest.

FRAGEN

Was weiß ich über Geld, das ich mir nie die Chance gegeben habe anzuerkennen oder wofür man mich falsch gemacht hat?

Wenn Geld nie das Thema wäre, was würdest du wählen?

Du musst dir selbst jeden Tag Fragen stellen, wenn du Dinge verändern möchtest und wenn du eine finanzielle Zukunft kreieren möchtest, die für dich funktioniert. Jeder Tag ist neu, es stehen immer mehr Möglichkeiten zur Verfügung. Alles, was du tun musst, ist zu fragen.

* Wenn Geld nicht das Thema wäre, was würde ich wählen?
* Was würde ich gerne in der Welt kreieren?
* Was hiervon könnte ich sofort anfangen umzusetzen?
* Mit wem müsste ich sprechen?
* Was müsste ich tun?
* Wo müsste ich hingehen?
* Welche Wahlen könnte ich heute treffen, um damit zu beginnen, meine eigene finanzielle Realität zu kreieren?

TEIL ZWEI: GELD KOMM, GELD KOMM, GELD KOMM!
Kapitel 4: Zehn Dinge, die das Geld dazu bringen werden zu kommen (und zu kommen und zu kommen)

1. Stelle Fragen, die Geld einladen.
2. Sei dir ganz genau bewusst, wie viel Geld du zum Leben brauchst – mit Freude.
3. Habe Geld.
4. Erkenne dich an.
5. Tue, was du liebst.
6. Sei dir gewahr, was du denkst, sagst und tust.
7. Höre auf, ein bestimmtes Ergebnis zu erwarten.
8. Höre auf, an Erfolg, Scheitern, Bedürfnisse und Mangel zu glauben.
9. Sei im Erlauben.
10. Sei bereit, außer Kontrolle zu sein.

Kapitel 5: Fragen stellen, die Geld einladen

Fragen sind die Einladung zu empfangen, was dem Geld erlaubt, sich zu zeigen. Wenn du nicht fragst, kannst du nicht empfangen.

Wenn du eine Frage mit den Worten „Warum" oder „Wie" beginnst, stellst du meistens keine wirkliche Frage. Wenn du nach einer bestimmten Antwort suchst (oder die Antwort auf diese Frage bereits voraussagen kannst) - rate mal was? Dann stellst du nicht wirklich eine Frage!

Hier sind Beispiele von Fragen, die Geld einladen werden.

FRAGEN

- Was könnte sich zeigen, das sich großartiger entwickelt, als ich mir jemals vorstellen könnte?
- Was habe ich gewählt, hiermit zu kreieren und welche anderen Wahlen habe ich?
- Was ist richtig an mir, das ich nicht mitbekomme?
- Was kann ich jeden Tag anderes sein oder tun, um mir der Wahlen, Möglichkeiten und Beiträge, die mir in jedem Moment zur Verfügung stehen, gewahrer zu werden?

Fange jetzt damit an, um das Geld zu bitten!

Das Ziel hier ist, mehr Leichtigkeit dabei zu haben, um Geld zu bitten. Was, wenn es dir tatsächlich Spaß machen würde, um Geld zu bitten? Wie viel *Spaß* könntest du dabei haben, darum zu bitten, dass sich Geld auf alle möglichen Arten zeigt?

WERKZEUG: ÜBE, UM DAS GELD ZU BITTEN

- Stell dich vor den Spiegel und bitte: „Kann ich das Geld jetzt bitte haben?" Sage es wieder und wieder.
- Wenn du einen Klienten hast, der dir etwas zahlen muss oder jemand dir Geld für eine Rechnung schuldet, frage: „Wie würden Sie gerne hierfür zahlen?"

Täglich Fragen verwenden, um Geld einzuladen

Stelle immer weiter Fragen. Egal, was sich zeigt – bitte um mehr, bitte um Großartigeres. Was wäre, wenn Fragen stellen so natürlich für dich werden würde, dass du eine unaufhaltsame, wandelnde und sprechende Einladung für Möglichkeiten mit Geld würdest?

FRAGEN

* Was ist sonst noch möglich?®
* Wie wird es noch besser als das?™ (Frage dies, wenn sich gute und schlechte Dinge zeigen.)
* Wie hätte ich gerne meine finanzielle Realität?
* Was müsste ich anderes sein oder tun, um das zu kreieren?
* Was kann ich heute anderes sein oder tun, um sofort mehr Geld zu kreieren?
* Worauf kann ich heute meine Aufmerksamkeit richten, das meine Geldzuströme steigern wird?
* Was kann ich heute meinem Leben hinzufügen, um sofort mehr Einkommensquellen zu kreieren?
* Wer oder was könnte dazu beitragen, dass ich mehr Geld in meinem Leben habe?
* Wo kann ich mein Geld so einsetzen, dass es mir Geld bringt?
* Wenn Geld nicht das Thema wäre, was würde ich wählen?
* Wenn ich nur für mich und nur zum Spaß wählen würde, was würde ich wählen?
* Wer noch? Was noch? Wo noch?
* Kann ich das Geld jetzt bitte haben?

Kapitel 6: Sei dir ganz genau bewusst, wie viel Geld du zum Leben brauchst – mit Freude!

Du musst genau wissen, was es kostet, dein Leben mit Freude zu unterhalten, oder du wirst nicht in der Lage sein, all diese wunderbaren Werkzeuge wirkungsvoll anzuwenden, weil du dann nicht die Klarheit hast, die du brauchst, um voranzukommen.

WERKZEUG: SCHREIBE AUF, WAS ES DICH KOSTET, MIT FREUDE ZU LEBEN

- Schaue dir im Detail an, wie viel dich dein Lebensunterhalt kostet. Wenn du ein Business hast, mache dies auch für dein Business.
- Schreibe deine Ausgaben auf. Wenn du eine Einnahmen- und Ausgabenaufstellung oder irgendeinen Bericht von deinem Buchhalter hast, benutze das, um herauszubekommen, was es dich monatlich kostet, dein Business oder dein Leben zu unterhalten.
- Zähle alle deine jetzigen Schulden zusammen. Wenn du etwa 20.000 $ oder weniger Schulden hast, teile dies durch 12 und addiere es hinzu. Wenn es über 20.000 $ Schulden sind, teile sie durch 24 Monate oder mehr, wenn du möchtest. Schließe das einfach auch in der Liste ein.
- Schreibe auf, was es kostet, die Dinge zu machen, die du zum Spaß machst.
- Zähle alles zusammen.
- Addiere 10 % für dein 10-Prozent-Konto dazu.
- Und dann addiere weitere 20 % dazu, einfach nur aus Spaß. Denn es geht im Leben darum, Spaß zu haben!
- Schau dir an, welcher Betrag herauskommt. Das ist der tatsächliche Betrag, den du brauchst, um dein Leben jeden Monat zu unterhalten.
- Stelle Fragen. Fordere, dass sich dieser Geldbetrag und mehr zeigt.
- Mache diese Übung alle sechs bis zwölf Monate, denn wenn sich dein Leben verändert, verändern sich auch deine Ausgaben und deine Wünsche und deine finanziellen Anforderungen.

* Was würde es brauchen, diesen Geldbetrag *und mehr* mit absoluter Leichtigkeit zu kreieren?
* Was kann ich noch zu meinem Leben hinzufügen?
* Was kann ich noch kreieren?

Kapitel 7: Habe Geld

WERKZEUG #1, UM GELD ZU HABEN: DAS 10-%-KONTO

Lege 10 Prozent von allem, was du verdienst, zur Seite.

Du legst es zur Seite, um dich zu ehren. Denke daran, das ist nicht logisch oder linear. Das Universum fängt auch energetisch an, dir beizutragen, und das Geld wird anfangen, sich an den zufälligsten Orten zu zeigen.

WERKZEUG #2, UM GELD ZU HABEN: FÜHRE BARGELD MIT DIR

Führe den Bargeldbetrag mit dir, von dem du meinst, dass eine wohlhabende Person ihn mit sich führen würde.

Was kreiert es für dich, wenn du jedes Mal, wenn du dein Portemonnaie öffnest, einen großen Geldbetrag dort siehst? Kreiert das ein Gefühl von Wohlstand? Macht es Spaß?

Probiere es aus und schau, was geschieht.

Wenn du eine Ansicht darüber hast, viel Geld mit dir zu führen, weil du denkst, du wirst es verlieren oder man wird es dir stehlen, frage: „Wie viel Geld müsste ich mit mir führen, damit ich bereit bin, mir dieses Geldes jederzeit gewahr zu sein?"

WERKZEUG #3, UM GELD ZU HABEN: KAUFE DINGE MIT INHÄRENTEM WERT

Objekte mit inhärentem Wert behalten ihren Wert oder nehmen an Wert zu, sobald sie gekauft wurden.

Dinge wie Gold, Silber, Platin, Antiquitäten und seltene Objekte haben einen inhärenten Wert.

Erwäge liquide Mittel (Dinge von Wert, die leicht für Bargeld verkauft werden können) zu erwerben, die auch eine ästhetische Schönheit haben, die ein Beitrag für dein Leben sind und die einem Gefühl von Wohlstand und Luxus in deinem Leben beitragen und gleichzeitig Geldwert haben.

> **WERKZEUG: BILDE DICH ÜBER WERTGE-GENSTÄNDE FORT UND WAS EIN GEFÜHL DES WOHLSTANDS FÜR DICH KREIERT**
>
> ‣ Bilde dich über Wertgegenstände fort, die dir Spaß machen würden in deinem Leben. Macht es dir Spaß, sowohl Bargeld als auch flüssige Mittel zu haben? Wie viel Bargeld bräuchtest du in deinem Leben, um ein größeres Gefühl von Frieden und Überfluss mit Geld zu haben? Was könntest du deinem Leben noch hinzufügen, um das Gefühl von Ästhetik, Überfluss, Luxus und Wohlstand zu kreieren, das jede Facette deines Lebens und deiner Lebensweise erweitert?

Kapitel 8: Erkenne dich an

Es gibt drei Arten, auf die damit anfangen kannst, dich effektiver anzuerkennen:

• Erkenne den *Wert* von dir an.

• Erkenne an, was dir *leicht* fällt zu tun und zu sein.

• Erkenne an, was du *kreieren* kannst.

Warte nicht darauf, dass andere deinen Wert sehen

Wartest du darauf, dass andere dich anerkennen, damit du endlich weißt, dass das, was du anzubieten hast, wertvoll ist?

Was wäre, wenn du derjenige wärst, der anerkennt, dass du wertvoll bist, egal, was alle anderen denken?

WERKZEUG: SCHREIBE DIE DANKBARKEIT AUF, DIE DU FÜR DICH HAST

▸ Besorge dir einen Notizblock und schreibe auf, wofür du dir dankbar bist – füge mindestens drei verschiedene Dinge jeden Tag hinzu. Stelle die Forderung, die Großartigkeit von dir mit mehr Leichtigkeit wahrzunehmen, zu wissen, zu sein und zu empfangen. Verpflichte dich dir selbst gegenüber und stärke dir selbst den Rücken bei diesem Prozess.

FRAGEN

• Was ist großartig an mir, das ich noch nie anerkannt habe?

• Was habe ich mich geweigert, an mir anzuerkennen, das, wenn ich es anerkennen würde, mein Leben sehr viel leichter und freudvoller machen würde?

Was fällt dir leicht, das du noch nie anerkannt hast?

Was fällt dir leicht? Was fällt dir leicht, von dem du denkst, es hätte keinen Wert?

Simone Milasas

WERKZEUG: SCHREIBE AUF, WAS DIR LEICHT FÄLLT ZU SEIN UND ZU TUN

▸ Beginne damit, die Dinge aufzuschreiben, die dir leichtfallen und sei dir ihrer wirklich gewahr. Nimm die Energie davon wahr, wie es ist, diese Dinge zu tun, die dir leichtfallen. Erkenne an, wie genial du bist!

▸ Bitte darum, dass diese Energie sich überall dort zeigt, wo du beschlossen hast, dass es dir nicht so leichtfällt. Wenn du diese Energie anerkennst und sie darum bittest, in deinem Leben zuzunehmen, kann und wird sie das.

FRAGEN

• Was kann ich noch an mir anerkennen, von dem ich dachte, es hätte keinen Wert?

Erkennst du deine Kreationen an oder tust du sie ab?

Wie viel kreierst du tatsächlich in deinem Leben, das du abtust? Was wäre, wenn du absolut präsent sein könntest mit allem, das eintritt und allem, das in deinem Leben kreiert wird – und das alles mit Dankbarkeit empfangen könntest? Nimm die Energie und das Empfinden von Möglichkeiten wahr, das im Leben kreiert werden würde mit einer Anerkennung wie: „Ich habe heute etwas wirklich Tolles kreiert."

FRAGEN

• Was würde es brauchen, dieses Geld in meinem Leben zu empfangen und absolute Dankbarkeit dafür und für mich zu haben?

• Wo kann ich noch meine Fähigkeit zu kreieren anerkennen?

• Was wäre, wenn ich meine Kreation wirklich genießen würde?

• Wie viel Spaß kann ich haben und was kann ich nun kreieren?

Wenn du mehr von dem einbeziehst, was du liebend gerne tust, wirst du das Geld immer weiter zum Spielen einladen.

Was tust du liebend gern?

Du musst anfangen, dir die Dinge anzuschauen, die du liebend gerne tust.

> **WERKZEUG: MACHE EINE LISTE VON ALLEM, DAS DU LIEBEND GERNE TUST**
>
> » Hole dir einen Notizblock und schreibe alles auf, was du liebst zu tun.
> » Füge in den nächsten Tagen und Wochen immer mehr hinzu.
> » Dann schaue es dir an – tust du genug von dem, was du liebst?
> » Stelle einige Fragen.

> **FRAGEN**
>
> · Mit welchen dieser Dinge könnte ich Einkommensquellen generieren? (Nimm wahr, ob dir eins oder mehrere Dinge ins Auge springen, und was wäre, wenn du mit einem davon anfängst?)
> · Was müsste ich tun und mit wem müsste ich sprechen und wohin müsste ich gehen, um anzufangen, dies sofort als eine Realität zu kreieren?
> · Wie viel Spaß kann ich dabei haben, dies zu kreieren?

WAS KANNST DU NOCH HINZUFÜGEN?

Du musst nicht nur eingleisig fahren. Du kannst vielfältige Einkommensquellen oder Richtungen haben. Was wäre, wenn du so viele kreieren könntest, wie du möchtest? Es gibt keine Obergrenze für die

Anzahl an Einkommensquellen, um die du bitten kannst. Woher weißt du, welche relevant sein könnten? Wenn es dir Spaß macht, ist es relevant.

Wenn du deinem Leben etwas hinzufügst, wird dies mehr von dem kreieren, was du dir wünschst, ein Eliminieren aus deinem Leben wird dies nicht.

Wenn du anfängst, deinem Leben mehr hinzuzufügen, ganz besonders, wenn du mit den Sachen kreierst, die du liebst, fangen sowohl die Langeweile als auch die Überforderung an zu verschwinden.

WERKZEUG: NIMM EINE VOGELPERSPEKTIVE EIN

Übe nun, die Vogelperspektive bei einem Projekt oder Teil deines Lebens einzunehmen, bei dem du dazu tendierst, in die Überforderung zu gehen. Schau es dir an und frage:

▸ „Könnte jemand anders hier beitragen?"
▸ „Könnte jemand anders hier etwas hinzufügen?"
▸ „Könnte jemand anders das besser machen als ich?"
▸ „Was kann ich meinem Leben hinzufügen, damit ich mit all dem und mehr Klarheit und Leichtigkeit habe?"

FRAGEN

▸ Wenn du nach mehr Klienten in deinem Business suchst oder dir bei deiner Arbeit langweilig wird, frage: „Was kann ich hier noch hinzufügen?"

▸ Wenn du überfordert bist, frage: „Was kann ich hinzufügen? Was kann ich noch kreieren?"

Kreierst du anders als andere Leute?

Die Leute projizieren auf dich, dass du erst eine Sache abschließen solltest, bevor du mit der nächsten beginnst.

Ist das überhaupt für dich stimmig? Wenn du die Art, wie du kreierst, nicht als falsch bewerten würdest, wie viel Spaß könntest du dabei haben, noch mehr in deinem Leben zu kreieren?

FRAGEN

- Was funktioniert für mich?
- Macht es mehr Spaß, wenn gleichzeitig verschiedene Sachen laufen?
- Wenn ich mein Geld und Leben auf jegliche Art, die ich mir wünsche, kreieren könnte, was würde ich wählen?

Kapitel 10: Sei dir gewahr, was du sagst, denkst und tust

Beginne damit, auf alles zu hören, das aus deinem Mund kommt oder dir in den Kopf kommt, wenn es um Geld geht, besonders jene Dinge, von denen du automatisch glaubst, sie seien wahr und die du normalerweise nicht infrage stellst – was wäre, wenn sie tatsächlich gar nicht wahr wären?

Wünschen versus Kreieren.

Wie oft hast du Dinge auf eine Art Wunschliste gesetzt in der Hoffnung, dass sie sich zeigen, aber keine Schritte unternommen, um damit zu beginnen, sie zu kreieren?

Verpflichtung ist die Bereitschaft, deine Zeit und Energie auf etwas zu verwenden, von dem du forderst, dass es sich zeigt.

› Schreibe eine Liste von dem auf, was du in deinem Leben und deiner finanziellen Realität kreieren möchtest, anstatt einer Wunschliste. Stelle Fragen. Und wähle.

FRAGEN

- Was wünsche ich mir, anstatt mich der Kreation davon zu verschreiben?
- Wenn ich brutal ehrlich wäre, wie sehr habe ich mich im Moment meinem Leben verpflichtet? Zu 10 % oder weniger? Zu 15 % oder weniger? Zu 20 %?
- Bin ich bereit, mich zu 100 % meinem Leben zu verpflichten?
- Bin ich bereit, mich der Kreation jener Dinge zu verschreiben, die ich mir wünsche?
- Was wird es brauchen, um dies zu kreieren?
- Was muss ich aktiv angehen, damit dies eintritt?

In 10-Sekunden-Abschnitten wählen

Stell dir vor, dass all deine Wahlen nach zehn Sekunden ablaufen. Wenn du in eine bestimmte Richtung weitergehen wolltest, müsstest du es nur erneut wählen – du musst es immer weiter wählen, ganz bewusst alle zehn Sekunden, also stelle lieber sicher, dass es etwas ist, das du dir wirklich wünschst! Was wäre, wenn Wahl tatsächlich so einfach sein könnte? Wenn du etwas wählst und es nicht funktioniert, musst du keine Zeit darauf verschwenden, dich zu bewerten und dir Vorwürfe zu machen wegen deiner letzten Wahl. Du musst einfach nur erneut wählen.

WERKZEUG: LEBE JEWEILS 10 SEKUNDEN

- Übe in 10-Sekunden-Abschnitten zu wählen.
- Fang mit kleinen Dingen an (stehen, sitzen, eine Tasse Tee machen, eine Blume pflücken etc.).
- Sei mit jeder Wahl vollkommen präsent. Genieße jede Wahl. Mach die Wahl nicht bedeutsam, richtig, falsch oder wichtig.
- Nimm wahr, wie sich dein Körper anfühlt, was passiert bei dir?
- Was wäre, wenn du jedes Mal, wenn du wählst, dir selbst das Geschenk machen würdest zu wissen, dass es nicht in Stein gemeißelt ist?

Kapitel 11: Höre damit auf, ein bestimmtes Ergebnis zu erwarten

Wenn es darum geht, Wahlen im Leben zu treffen, wie sehr hast du bereits bestimmte Erwartungen, bevor du überhaupt anfängst? Was, wenn das, wie du beschlossen hast, dass es sich zeigen muss, eine Begrenzung wäre? Höre auf, ein bestimmtes Ergebnis zu erwarten, und bitte um das Gewahrsein, welche Wahlen dein Leben und deine Lebensweise erweitern werden. Erlaube dir selbst ein Gespür für die *Energie* davon zu bekommen, was jede Wahl kreieren würde. Folge der energetischen Wahrnehmung von dem, was erweiternder ist, selbst wenn es logisch oder verstandesmäßig keinen Sinn für dich ergibt.

WERKZEUG: BITTE DARUM, DIE ENERGIE DAVON WAHRZUNEHMEN, WAS DEINE WAHL KREIEREN WIRD

- Wenn du eine Wahl in Betracht ziehst, die zu treffen ist, stelle diese beiden Fragen:
- Wenn ich das wähle, wie wird mein Leben in fünf Jahren sein?
- Wenn ich das nicht wähle, wie wird mein Leben in fünf Jahren sein?

Versetze dich hinein

Sich in etwas hineinversetzen bedeutet: „sich einer Sache hingeben oder dem Genuss davon hingeben."

Was wäre, wenn du jedes Mal, wenn du eine Wahl zu etwas in Betracht ziehst und dir nicht sicher bist, ob du das wählen möchtest, dir selbst einige Zeit geben würdest, dich da hineinzuversetzen?

WERKZEUG: VERSETZE DICH IN VERSCHIEDENE WAHLEN HINEIN

Schau dir etwas an, von dem du nicht sicher bist, dass du es wählen möchtest. Versetze dich in den nächsten drei Tagen hinein, wie es ist, wenn du es wählst. Wenn du dich in etwas hineinversetzt, hast du ein größeres Gewahrsein von der Energie, die dadurch kreiert oder generiert werden würde, wenn du es wählst. In den anschließenden drei Tagen versetze dich hinein, wie es ist, wenn du es nicht wählst. Was ist leichter für dich?

FRAGEN

Wenn ich keine Regeln und Bestimmungen und Referenzpunkte hätte, was würde ich kreieren?

Kapitel 12: Höre auf, an Erfolg, Scheitern, Bedürfnisse und Mangel zu glauben

Du bist bereits erfolgreich und wenn du auch Dinge in deinem Leben verändern möchtest, kannst du sie einfach verändern. Wo bist du bereits ein Erfolg, den du noch nicht anerkannt hast?

Fallen und Scheitern

Es gibt kein Scheitern. Das ist nur deine Ansicht. Eine Wahl, die nicht so funktioniert hat, wie du geplant hast, ist kein Scheitern und auch nichts Falsches. Es ist nur anders, als du gedacht hattest.

WERKZEUG: WÄHLE FÜR DAS GEWAHRSEIN UND VERSUCHE NICHT, ES RICHTIG HINZUBEKOMMEN

> Übe zu wählen, Gewahrsein in der Welt zu kreieren. Lasse es sich nicht darum drehen, es richtig oder falsch hinzubekommen. Was würdest du gerne wählen?

FRAGEN

- Was hast du beschlossen, richtig hinbekommen zu müssen?
- Hast du beschlossen, dass dein Business/Beziehung/finanzielle Welt richtig sein müssen?
- Hast du beschlossen, dass du die richtige Entscheidung treffen musst?
- Hast du beschlossen, dass du falsche Entscheidungen vermeiden musst oder hinfallen und scheitern vermeiden musst?
- Was wäre, wenn du wüsstest, dass Wahl Gewahrsein kreiert?
- Was könnte diese Wahl dir beitragen, dessen du dir noch nicht gewahr bist?

Was, wenn es an der Zeit ist, so anders zu sein, wie du wirklich bist?

Was wäre, wenn *du* kein Versager oder nicht falsch bist, sondern einfach nur anders?

WERKZEUG: EMPFANGE DEN BEITRAG
VON ALL DEINEM „VERSAGEN"

› Schreibe auf, wo du glaubst, im Leben versagt zu haben. Sobald du dies aufgeschrieben hast, schau dir jeden einzelnen Punkt an und frage: „Wenn ich dies nicht als ein Versagen bewerten würde, welchen Beitrag kann ich dann davon empfangen?" und „Welches Gewahrsein hat dies in meinem Leben kreiert, was ich sonst nicht hätte?" Schreibe auf, was dir in den Kopf kommt. Gehe aus der Bewertung deiner Wahl heraus und werde dir gewahr, welchen Beitrag, welche Veränderung und welches Gewahrsein dies für dich kreiert hat.

› Schreibe auf, was du für deine „persönlichen Mängel" hältst. Schau dir die Liste der Dinge an, wegen derer du dich verurteilst. Frage: „Wenn ich meine Beurteilung dieser Sache als falsch wegnehmen würde, welche Stärke wäre dies eigentlich?"

Ich brauche oder will kein Geld – und du tust es auch nicht!

Wusstest du, dass die ursprüngliche Bedeutung des Wortes „want" (wollen) in jedem englischen Wörterbuch vor 1946 27 Definitionen hatte, die „Mangel haben" bedeuteten und nur *eine*, die bedeutete „begehren"? Jedes Mal, wenn du sagst: „I want" (Ich will) sagst du eigentlich „Ich habe Mangel an ..."!

WERKZEUG: I DON'T WANT MONEY" (ICH WILL KEIN GELD).

› Übe jeden Tag mindestens zehn Mal hintereinander, laut zu sagen: „I don't want money" (Ich will kein Geld). Merkst du, dass es leichter wird? Diese Leichtigkeit, die du spürst, ist die Anerkennung dessen, was für dich wahr ist. Denn in Wirklichkeit mangelt es dir an nichts.

Notwendigkeit und Wahl

Wir glauben gerne, dass wir Dinge benötigen. Was aber, wenn alles tatsächlich eine Wahl ist?

FRAGEN

* Wovon habe ich beschlossen, es sei eine Notwendigkeit?
* Ist das wirklich eine Notwendigkeit? Oder ist es eine Wahl?
* Welche Notwendigkeiten kann ich nun anerkennen, dass sie eine Wahl sind?
* Was wäre, wenn dies eine Wahl ist, die ich nun voller Freude treffen kann?
* Was würde ich gerne kreieren?

Kapitel 13: Erlauben sein und haben

Erlauben ist, wenn du der Fels in der Brandung bist. Alle Ansichten dieser Welt über Geld strömen auf dich ein, aber du wirst nicht von ihnen hinfortgetragen. Erlauben ist nicht akzeptieren. Es geht nicht darum zu versuchen vorzugeben, alles sei in Ordnung. Du kannst deine Grenzen setzen. Du kannst wählen, was für dich funktioniert.

Wenn Menschen bewerten, geht es nicht um dich, es geht um die Bewertungen, die sie über sich und das haben, was sie nicht bereit sind zu kreieren.

WERKZEUG: WAS IST DEINE BEWERTUNG VON DIR?

Wenn du feststellst, dass du jemanden oder etwas bewertest, frage dich selbst, welche Bewertung du über dich in Bezug auf diese Person oder Sache hast. Schau, ob es leichter wird. Bewertung ist nicht real und Erlauben kreiert Möglichkeiten.

- Was würde es brauchen, bereit zu sein, die Bewertungen (gute und schlechte) zu empfangen, die andere von mir haben?
- Was wäre, wenn ich bereit wäre, all das mit Leichtigkeit zu empfangen?

Bist du bereit, dir selbst gegenüber im Erlauben zu sein?

Die meisten Bewertungen, die wir über uns selbst haben, 99 % davon sind jene, die wir von den Menschen um uns herum aufgeschnappt haben. Sie sind nicht wirklich real oder wahr.

WERKZEUG: BEWERTE DEINE BEWERTUNGEN NICHT, GENIESSE SIE UND WÄHLE DANN ERNEUT!

- Wenn du dich bewertest, erkenne an: „Im Moment wähle ich mich zu bewerten. Ich werde das eine Minute lang genießen, und dann werde ich wählen, damit aufzuhören, mich zu bewerten."
- Du kannst wählen, dich zu bewerten, und du kannst wählen, damit aufzuhören, dich zu bewerten.
- Wenn du bereit bist, damit aufzuhören, dich zu bewerten, stelle Fragen.

- Was ist richtig an mir, das ich nicht kapiere?
- Was, wenn nichts, das ich je gewesen bin oder getan habe, falsch war?
- Und was, wenn nichts an mir falsch ist?
- Welches Geschenk könnte es tatsächlich in meinem Leben sein, wenn ich absolutes Erlauben für mich hätte?
- Welche Freundlichkeit kann ich heute für mich sein, indem ich mich nicht bewerte?

Versuche nicht, andere Menschen zu ändern.

Die einzige Person, die du verändern kannst, bist du, sonst niemand. Wenn du versuchst, die Leute dazu zu bringen, zu wählen, was du möchtest, dass sie wählen, gehen sie am Ende in Widerstand gegen dich und hassen dich dafür. Lass andere Leute wählen, was sie wählen, und wähle weiter, was du wählst.

* Bewerte ich die Wahlen meines Partners/meiner Familie/ meiner Freunde?
* Welches Erlauben kann ich für sie und ihre Wahlen haben?
* Was würde ich gerne jetzt für mich wählen, das ich noch nicht gewählt habe?

Kapitel 14: Sei bereit, außer Kontrolle zu sein

Wie sehr hast du das Geld in deinem Leben klein genug gemacht, damit du es kontrollieren kannst?

Was wäre, wenn du dein Leben, dein Business und andere Einkommensquellen kreieren könntest, indem du dein Gewahrsein erweiterst und das *loslässt*, was du versucht hast, zu kontrollieren?

Was wäre, wenn du genial aus dem Chaos kreieren könntest?

Erinnerst du dich daran, dass die Kreation von Geld nicht linear ist? Du bist auch nicht linear! Was wäre, wenn du so kreieren könntest, wie du es dir wünschst und brauchst, selbst wenn dies anderen vollkommen chaotisch erscheint? Was wäre, wenn du aufgeben würdest zu versuchen, dein Leben zu kontrollieren und anfangen würdest, es einfach zu kreieren? Denke daran, du bist nicht allein im Universum. Das Universum wird dir beitragen, dass du alles kreierst, was du dir wünschst, also bitte um mehr.

Versuche in der nächsten Woche, die Zügel von allem loszulassen, an dem du so sehr festgehalten hast. Lasse jene Dinge los, die du versucht hast, zu kontrollieren und schau, ob sich etwas Neues zeigen kann. Stelle viele Fragen.

FRAGEN

- Welche Fragen muss ich stellen, um all dies mit Leichtigkeit zu kreieren?
- Wen oder was kann ich noch zu meinem Business und meinem Leben hinzufügen?
- Was würde es brauchen, damit dies einfach ist?
- Was erfordert heute meine Aufmerksamkeit?
- Woran muss ich jetzt arbeiten, um dies zu kreieren?

Kapitel 15: Eine Bemerkung über Cashflow

Was wäre, wenn es bei der Kreation von Cashflow tatsächlich nur darum ginge, mit Möglichkeiten zu spielen?

WERKZEUG: ACHTE AUF DEINEN CASHFLOW UND STELLE MEHR FRAGEN

Schau dir den Cashflow an, den du derzeit hast oder nicht hast. Nimm dir jeden Tag Zeit, um ihm Aufmerksamkeit zu schenken und mehr Fragen zu stellen. Fange an, dich selbst zu Geld weiterzubilden

- Was würde es brauchen, ständigen Cashflow in meinem Leben zu haben?
- Wie viele Einkommens- und Kreationsquellen kann ich kreieren?
- Womit möchte ich spielen?
- Was bringt mir Freude?
- Was macht mich neugierig?
- Was gibt es sonst noch da draußen in der Welt in Bezug auf Geld, das zu entdecken mir Spaß machen würde?

ZWEI WEITERE WERKZEUGE VON ACCESS CONSCIOUSNESS, DIE DU HINZUFÜGEN KANNST, UM ALLES ZU EXPONENTIALISIEREN

Der Unterschied, den Access Consciousness in meinem Leben bewirkt hat, ist exponentiell.

Access Consciousness ist eine riesige Werkzeugkiste, um Veränderung in deinem Leben zu kreieren, um letztendlich die Art, wie du funktionierst, zu ändern, sodass nichts begrenzt ist, und es mehr und mehr Raum gibt, um alles zu wählen, was du dir wünschst.

Es sind nicht nur die Fragen, Konzepte und Handlungswerkzeuge, die Access Consciousness anbietet, die dir wirklich erlauben, Dinge zu ändern, es ist das Klären der *zugrunde liegenden Energie* all der Ansichten und Schlussfolgerungen und Bewertungen, die die Dinge in unserem Leben festgefahren und unveränderlich halten. Wenn wir alles mit unserem logischen Verstand herausbekommen könnten, hätten wir alles, was wir uns jemals gewünscht haben; es sind die verrückten Ansichten, die uns einschließen. Das Clearing Statement wirkt so, dass es all dies und mehr verändert.

Es gibt zwei Werkzeuge, um diese zugrunde liegende Energie zu klären und verändern, die ich dir sehr empfehle, gemeinsam mit den restlichen Werkzeugen in diesem Buch anzuwenden: Das Clearing Statement von Access Consciousness® und die Access Bars®.

Das Clearing Statement (A. d. Ü.: Löschungssatz) ist ein verbaler Prozess, den du bei deinen Fragen hinzufügen kannst, der die Energie klärt, wo du dich gerade begrenzt oder festgefahren fühlst. Die Access Bars® sind ein manueller Körperprozess, der dir erlaubt, die festgefahrene Komponente der Gedanken, Gefühle und Emotionen aufzulösen, die in deinem Körper und deinen Ansichten (deinem Leben) eingeschlossen sind.

Ich las so viele Bücher vor Jahren, als ich versuchte, einen Bereich in meinem Leben zu verändern, und wenn ich die Geschichten der Leute las, hat mich das sehr genervt, wenn ich dachte: „Nun, das ist ja wunderbar und wie macht man das? Wie verändert man das?" Dieses Buch ist anders. Du hast meine Geschichten, du hast Fragen und Werkzeuge, und du hast auch die Clearings, die du mit dem Clearing Statement laufen lassen kannst. Es hat alles für mich verändert. Ich wünsche mir, dass du weißt, dass es diese Werkzeuge gibt und dass du jeden Bereich deines Lebens verändern kann, von dem du *denkst*, er funktioniert nicht für dich. Die Wahl liegt vollkommen bei dir.

DAS CLEARING STATEMENT VON ACCESS CONSCIOUSNESS®

Das Clearing Statement ist eines der grundlegenden Werkzeuge bei Access Consciousness, das ich als die „Magie" bezeichnen würde, die eintritt. Es geht im Prinzip um die Energie. Wenn du eine Frage stellst und dann das Clearing Statement laufen lässt, veränderst du, zerstörst und unkreierst du all die Orte, wo du eine Ansicht kreiert hast, die dich davon abhält, etwas anderes zu haben, zu sein oder zu wählen.

Das Clearing Statement ist im Grunde dazu gedacht, all jene Orte zu verändern, wo du Gedanken, Gefühle, Emotionen, Begrenzungen, Bewertungen und Schlussfolgerungen hast, die nicht existieren sollten, und mehr das Gefühl von Spiel und Freude zu kreieren und zu ermöglichen, dass sich etwas anderes zeigt, um mehr Gewahrsein zu schaffen, damit dir mehr Möglichkeiten zur Verfügung stehen.

Das vollständige Clearing Statement lautet: *Right and wrong, good and bad, POD and POC, all 9, shorts, boys and beyonds*®.

Dies ist die Kurzfassung für alle verschiedenen Arten von Energien, die du klärst. Das Schöne am Clearing Statement ist, dass du es nicht verstehen musst und dir noch nicht mal das ganze Statement merken musst. Du kannst einfach sagen „POD und POC", oder „All das Zeug" oder sogar „Die Energie von dem seltsamen Buch, das ich gerade gelesen habe". Denn es geht um die Energie und nicht die Worte; es wird trotzdem laufen.

Nachfolgend ist eine verkürzte Erklärung der Worte des Clearing Statements aufgeführt. Wenn du mehr Informationen wünschst, kannst du auf www.theclearingstatement.com gehen.

RIGHT AND WRONG, GOOD AND BAD

Dieser Teil des Clearing Statements ist die Kurzform für: „Was habe ich beschlossen, dass richtig, gut, perfekt und korrekt hieran ist? Was habe ich beschlossen, dass falsch, gemein, bösartig, furchtbar, schlecht und fürchterlich hieran ist?"

POD und POC

POD steht für den Punkt der Zerstörung der Gedanken, Gefühle und Emotionen, die der Entscheidung unmittelbar vorausgegangen sind, diese Bewertung, Ansicht oder Energie an Ort und Stelle einzuschließen, und all die Arten, auf die du dich selbst zerstört hast, um dies in der Existenz zu halten. POC steht für den Punkt der Kreation der Gedanken, Gefühle und Emotionen, die deiner Entscheidung unmittelbar vorausgegangen sind, die Energie an Ort und Stelle einzuschließen.

„POD and POC" ist auch eine abgekürzte Form, wie du das Clearing Statement sagen kannst.

Wenn du etwas „POD und POC"st, ist das, als ziehst du die unterste Karte aus einem Kartenhaus. Das ganze Ding bricht zusammen.

All 9

„All 9" (Alle 9) steht für neun verschiedene Arten, auf die du diese Sache als eine Begrenzung in deinem Leben erschaffen hast. Dies sind die Schichten an Gedanken, Gefühlen, Emotionen und Ansichten, die die Begrenzung als solide und real kreieren.

Shorts

„Shorts" ist die Kurzfassung einer sehr viel längeren Reihe an Fragen, wie unter anderem: Was ist bedeutungsvoll daran? Was ist bedeutungslos daran? Was ist die Bestrafung dafür? Was ist die Belohnung dafür?

Boys

Wir haben diese Ansicht, dass wir, wenn wir immer weiter die Schichten der Zwiebel schälen, irgendwann auf den Grund des Problems gelangen, aber wie oft stellst du fest, dass du nie wirklich dorthin gelangst? Die "Boys" stehen für energetische Strukturen, die geschlossene Sphären genannt werden, die wir fälschlicherweise als die Zwiebeln identifizieren, die wir meinten schälen zu müssen. Geschlossene Sphären sind wie die Seifenblasen, die aus den Seifenblasenpfeifen von Kindern kommen. Wir versuchen immer weiter, die Blasen zum Platzen zu bringen, und denken, dass wir uns so mit dem Problem auseinandersetzen, aber es ist das Kind, das Luft in die Pfeife pustet, das die Blasen kreiert. Nimm das

Kind weg und die Blasen hören auf. Dies ist die Energie, auf die Bezug genommen wird und die kollektiv "the boys (die Jungs)" genannt wird.

Beyonds

Dies sind Gefühle oder Empfindungen, die dein Herz, deinen Atem oder deine Bereitschaft zum Stocken bringen, Möglichkeiten zu sehen. Beyonds – also „Jenseits-Empfindungen" sind, was auftritt, wenn du in einem Schockzustand bist – wie wenn du eine unerwartet hohe Telefonrechnung bekommst. Das sind in der Regel Gefühle und Empfindungen, selten Emotionen und niemals Gedanken.

WIE DAS CLEARING STATEMENT FUNKTIONIERT

Als ich das erste Mal das Clearing Statement hörte, war ich bei einem Einführungsabend zu Access Consciousness, und als ich es den Facilitator des Kurses sagen hörte, dachte ich: „Wovon zum Teufel spricht der Typ? Ich habe keine Ahnung, was das ist!" Was ich bemerkte, war, dass am nächsten Morgen, als ich aufwachte, sich etwas für mich verändert hatte.

Ich hatte mein Leben folgendermaßen geordnet: Aufstehen um 06:30 Uhr, ins Fitness-Studio um 07:00 Uhr (und ich muss zum Fitness-Studio gehen, denn sonst werde ich mich den ganzen Tag ständig bewerten), um 09:00 Uhr ins Büro, mein Business von Montag bis Freitag führen und Überstunden machen und dies und jenes tun. Es musste alles auf eine bestimmte Weise aussehen. Und so dachte ich, sollte es immer sein.

Am Morgen nach dem Kurs, als ich im Bett saß, wurde mir klar: „Oh, ich bin noch nicht einmal aufgestanden, um ins Fitness-Studio zu gehen", und ich hatte dieses Gefühl von Raum und wusste immer noch nicht recht, was passiert war.

Der Facilitator vom Vorabend rief mich an und sagte: „Hey, ich rufe nur an, um zu sehen, wie es dir geht", und ich sagte: „Was zum Teufel hast du gestern Abend mit mir gemacht?" Er fragte: „Was meinst du?" Ich erklärte, dass es sich für mich so anfühlte, als hätte sich gerade mein ganzes Leben verändert. Alles, was ich beschlossen hatte, tun zu müssen, war nicht mehr relevant. Es war so, als stünde nun eine andere Möglichkeit zur Verfügung, und ich hatte keine Ahnung, was das war. Aber das Erfreuliche daran war, dass *ich nicht das Gefühl hatte, es erarbeiten zu müssen.* Da war etwas Spielerisches in meiner Welt, das ich nicht mehr erlebt hatte, seit ich Kind gewesen war.

Eine Sache, die ich wusste, war, dass, worüber auch immer dieser Facilitator bei seinem Einführungskurs zu Access gesprochen hatte, es funktionierte. Und ich wollte mehr. Ich fragte sofort: „Also, was machst du als Nächstes? Wann ist der nächste Kurs?" Der Facilitator sagte mir, was der nächste Kurs wäre, aber es war Weihnachtszeit, also wollte niemand zu dieser Jahreszeit einen Kurs besuchen. Ich fragte: „Wie viele Leute brauchst, um diesen Kurs zu halten?", und er sagte: „Vier." Ich sagte: „Geht klar." Innerhalb von drei Tagen hatte ich vier Leute zusammen für den Kurs, und wir machten ihn direkt zwischen Weihnachten und Neujahr.

Das war die Forderung in meiner Welt, mehr von dem zu haben, was auch immer es war, und zwar *jetzt.* Ich war so viele Jahre auf der Suche gewesen – über spirituelle Ausrichtungen, über Drogen, indem ich die ganze Welt bereiste – ich suchte nach mehr. In jeder Hinsicht hatte ich danach gesucht, was auch immer dies war. Mir wurde später klar, dass das, was dies mir zeigte, *ich* war. Ich hatte immer woanders, außerhalb von mir, nach der Quelle der Veränderung gesucht und mir wurde langsam klar, dass ich die Quelle für die Veränderung war.

WIE MAN DAS CLEARING STATEMENT BENUTZT

Um das Clearing Statement zu verwenden, stellst du zunächst eine Frage. Wenn du eine Frage stellst, bringt dies eine Energie hoch. Sie kann sogar bestimmte Gedanken, Gefühle oder Emotionen hochbringen oder auch nicht. Dann bittest du darum, die Energie, die hochkommt, zu klären, indem du das Clearing Statement laufen lässt. Zum Beispiel:

„Welche Bewertungen habe ich darüber, Geld zu kreieren? Alles, was das ist (oder auch: All die Energie, die das hochbringt), zerstöre und unkreiere ich alles. *Right and wrong, good and bad, POD and POC, All 9, shorts, boys and beyonds.*"

In einem Kurs stellt der Facilitator dir eine Frage und fragt dann: „Alles, was das hochbringt, wärst du bereit, das alles zu zerstören und unzukreieren?" Und dann lässt er das Clearing Statement laufen. Der Grund, warum wir das so machen, ist, weil es an dir liegt, wie viel du loslässt und bereit bist zu verändern. Das Clearing Statement wird nichts ausräumen, das für dich funktioniert oder das du nicht verändern möchtest. Es wird nur das ausräumen, das du bereit bist loszulassen und dir wünschst loszulassen.

Am Ende dieses Kapitels habe ich eine Liste von Prozessen (Fragen mit dem Clearing Statement) hinzugefügt, die du laufen lassen kannst. Am besten lässt du sie immer wieder laufen, um mehr und mehr Energie zu klären, um mehr Leichtigkeit, Raum und Wahl in dem Bereich zu erlangen.

ACCESS BARS®

Die Access Bars sind 32 Punkte auf deinem Kopf, die bei leichter Berührung anfangen, die Gedanken, Gefühle und Emotionen aufzulösen, die du zu Themen hast wie Heilung, Traurigkeit, Freude,

Sexualität, Körper, Altern, Kreativität, Kontrolle, Geld, um nur einige zu nennen. Ich bin sicher, dass du keine Ansichten über irgendeines dieser Themen hast, oder?

Ich empfehle dir sehr, dir die Bars laufen zu lassen. Das erlaubt deinem Körper, bei der Veränderung, die du kreierst, mit einbezogen zu werden. Und je mehr du deinen Körper in den Prozess der Veränderung deines Lebens einbeziehst, umso freudvoller und leichter wird es sein.

Als ich das erste Mal meine Bars bekam, kreierte das einen Raum für mich, in dem ich scheinbar keine ausgeprägten Ansichten zu irgendetwas hatte. Etwas anderes zu wählen war leichter möglich. Je mehr du die Bars laufen lässt, umso größer wird dieser Raum.

Eine andere Art, wie du die Bars anwenden kannst, um dich zu unterstützen, Dinge zu verändern, ist, dass du über das sprichst, was bei dir im Zusammenhang mit Geld hochkommt, während du deinen Geld-Bar laufen lässt. Dann geschieht nämlich Folgendes: Es fängt an, den Löschknopf für das zu drücken, was du beschlossen hast, dass Geld ist; alle Ansichten, die du über Geld abgekauft hast, all die Ansichten von deiner Familie, deinen Freunden, deiner Kultur, wo du geboren wurdest usw., und dies beginnt, deine eigene finanzielle Realität zu kreieren.

Suche einen Practitioner oder besuche vielleicht sogar einen Kurs. Die Access Bars erlernt man an einem eintägigen Workshop und du verbringst den ganzen Tag damit, die Bars laufen zu lassen – du empfängst zwei Sitzungen und gibst zwei Sitzungen. Du wirst dich danach vollkommen anders fühlen.

Wenn du mehr erfahren möchtest, gehe auf www.bars.accessconsciousness.com.

GELDPROZESSE VON ACCESS CONSCIOUSNESS

Du kannst die nachfolgende Liste von Geldprozessen laufen lassen, um die Energie zu klären, die dich davon abhält, großartigere Möglichkeiten zu haben. Je mehr du diese Prozesse laufen lässt, umso mehr Veränderung bekommst du. Es gibt sie auch als Audio (du kannst sie kostenlos von der Website www.gettingoutofdebtjoyfully.com/bookGIFT herunterladen), die du als Dauerschleife auf deinem MP3-Player oder Telefon abspielen kannst. Du kannst dies sogar fast unhörbar spielen, während du schläfst. Sie werden sogar noch dynamischer funktionieren, wenn dein kognitiver Verstand nicht im Wege steht. Hab Spaß damit! Denke daran: Freudvoll raus aus den Schulden!

Was bedeutet Geld für dich? Alles, was das ist, zerstörst und unkreierst du das? Right and wrong, good and bad, POD and POC, all 9, shorts, boys and beyonds.®

Was hast du beschlossen und schlussgefolgert, das richtig an Geld ist? Alles, was das ist, zerstörst und unkreierst du das? Right and wrong, good and bad, POD and POC, all 9, shorts, boys and beyonds.®

Was hast du beschlossen und schlussgefolgert, das falsch an Geld ist? Alles, was das ist, zerstörst und unkreierst du das? Right and wrong, good and bad, POD and POC, all 9, shorts, boys and beyonds.®

Denke an den Geldbetrag, den du derzeit verdienst und verdopple ihn; nimm die Energie davon wahr. Alles, was dem nicht erlaubt, sich zu zeigen, zerstörst und unkreierst du das? Right and wrong, good and bad, POD and POC, all 9, shorts, boys and beyonds.®

Nun denke an den Geldbetrag, den du derzeit verdienst und multipliziere ihn mit 5; nimm die Energie davon wahr. Alles, was dem nicht erlaubt, sich zu zeigen, zerstörst und unkreierst du das? Right and wrong, good and bad, POD and POC, all 9, shorts, boys and beyonds.®

Nun multipliziere ihn mit 10. Alles, was das ist, zerstörst und unkreierst du das? Right and wrong, good and bad, POD and POC, all 9, shorts, boys and beyonds.®

Nun multipliziere ihn mit 50. Verdiene jetzt das 50-Fache des Geldbetrages, den du derzeit verdienst. Alle Bewertungen, Projektionen, Abtrennungen, alles, was du beschlossen und geschlussfolgert hast, was eintreten könnte, zerstörst und unkreierst du das? Right and wrong, good and bad, POD and POC, all 9, shorts, boys and beyonds.®

Nun ist es das 100-Fache. Alles, was das ist, zerstörst und unkreierst du das? Right and wrong, good and bad, POD and POC, all 9, shorts, boys and beyonds.®

Welche Energie muss ich heute sein oder tun, um sofort mehr Geld zu kreieren? Alles, was das ist, mal Gottzillionen (das ist eine Zahl, die so groß ist, dass nur Gott sie kennt!), zerstörst und unkreierst du das? Right and wrong, good and bad, POD and POC, all 9, shorts, boys and beyonds.®

Wo begrenzt du dich selbst und das, was du kreieren kannst, weil sich bei dir alles um Geld und nicht um den Spaß dreht? Alles, was das ist, mal Gottzillionen, zerstörst und unkreierst du das? Right and wrong, good and bad, POD and POC, all 9, shorts, boys and beyonds.®

Welche generative Energie, Raum und Bewusstsein können mein Körper und ich sein, die erlauben würden, dass jeder Tag eine Feier des Lebens ist? Alles, was das ist, mal Gottzillionen, zerstörst und unkreierst du das? Right and wrong, good and bad, POD and POC, all 9, shorts, boys and beyonds.®

Was beweist du mit Geld? Was beweist du mit keinem Geld? Alles, was das ist, mal Gottzillionen, zerstörst und unkreierst du das? Right and wrong, good and bad, POD and POC, all 9, shorts, boys and beyonds.®

Welche Kreation von Geld benutzt du, um die Realitäten anderer zu bestätigen und deine zu entkräftigen, wählst du? Alles, was das ist, mal

Gottzillionen, zerstörst und unkreierst du das? Right and wrong, good and bad, POD and POC, all 9, shorts, boys and beyonds.®

Was hast du über Geld beschlossen, das, wenn du es nicht über Geld beschlossen hättest, eine vollkommen andere Realität und Cashflow kreieren würde? Alles, was das ist, mal Gottzillionen, zerstörst und unkreierst du das? Right and wrong, good and bad, POD and POC, all 9, shorts, boys and beyonds.®

Was liebst du daran, Geld zu hassen? Was hasst du daran, Geld zu lieben? Alles, was das ist, mal Gottzillionen, zerstörst und unkreierst du das? Right and wrong, good and bad, POD and POC, all 9, shorts, boys and beyonds.®

Was hast du dagegen, reich und wohlhabend zu sein? Alles, was das ist, mal Gottzillionen, zerstörst und unkreierst du das? Right and wrong, good and bad, POD and POC, all 9, shorts, boys and beyonds.®

Was hast du beschlossen, dass Geld ist, das es nicht ist, was dich davon abhält, viel Geld zu machen? Alles, was das ist, mal Gottzillionen, zerstörst und unkreierst du das? Right and wrong, good and bad, POD and POC, all 9, shorts, boys and beyonds.®

Welche Geheimnisse hast du mit Geld? Was sind deine tiefen, dunklen Geheimnisse? Alles, was das ist, mal Gottzillionen, zerstörst und unkreierst du das? Right and wrong, good and bad, POD and POC, all 9, shorts, boys and beyonds.®

Bist du bereit, hart genug zu arbeiten, um ein Milliardär zu sein? Alles, was das ist, mal Gottzillionen, zerstörst und unkreierst du das? Right and wrong, good and bad, POD and POC, all 9, shorts, boys and beyonds.®

Welche Bewertung hast du über Geld, Profit, Business und Erfolg? Alles, was das ist, mal Gottzillionen, zerstörst und unkreierst du das? Right and wrong, good and bad, POD and POC, all 9, shorts, boys and beyonds.®

Überall, wo du beschlossen hast, dass große Mengen an Geld unvorstellbar sind, zerstörst und unkreierst du das? Alles, was das ist, mal Gottzillionen, zerstörst und unkreierst du das? Right and wrong, good and bad, POD and POC, all 9, shorts, boys and beyonds.®

Welche Energie, Raum und Bewusstsein könnten du und dein Körper sein, die dir erlauben würden, zu viel Geld zu haben und nie genug? Alles, was das ist, mal Gottzillionen, zerstörst und unkreierst du das? Right and wrong, good and bad, POD and POC, all 9, shorts, boys and beyonds.®

Wie viele von euch kreieren basierend auf keinem Geld? Ihr macht Geld zur Quelle der Kreation, anstatt dass ihr EUCH zur Quelle der Kreation macht. Alles, was das ist, mal Gottzillionen, zerstörst und unkreierst du das? Right and wrong, good and bad, POD and POC, all 9, shorts, boys and beyonds.®

Was weißt du über Investitionen, das du dich geweigert hast anzuerkennen, das, wenn du es anerkennen würdest, dir mehr Geld kreieren würde, als du dir je erträumt hast? Alles, was das ist, mal Gottzillionen, zerstörst und unkreierst du das? Right and wrong, good and bad, POD and POC, all 9, shorts, boys and beyonds.®

Wie viele verschiedene Einkommensquellen kannst du kreieren? Mit welchen anderen Einkommensquellen könntest du spielen? Wo hast du den zufälligen Einkommensquellen nicht erlaubt, sich zu zeigen, die mehr Geld kreieren könnten, als du je für möglich gehalten hast? Alles, was das ist, mal Gottzillionen, zerstörst und unkreierst du das? Right and wrong, good and bad, POD and POC, all 9, shorts, boys and beyonds.®

Was hast du, das du nicht bereit bist einzusetzen, um Geld, Geldflüsse und Einkommensquellen zu steigern? Alles, was das ist, mal Gottzillionen, zerstörst und unkreierst du das? Right and wrong, good and bad, POD and POC, all 9, shorts, boys and beyonds.®

Wo hörst du auf, um den Mangel an Geld zu kreieren, den du wählst? Alles, was das ist, mal Gottzillionen, zerstörst und unkreierst du das? Right and wrong, good and bad, POD and POC, all 9, shorts, boys and beyonds.®

Was hast du so lebensnotwendig daran gemacht, niemals je Geld zu haben, was die Beständigkeit von keiner Veränderung, keiner Kreation, keinem Spaß und keinem Glücklichsein aufrechterhält? Alles, was das ist, mal Gottzillionen, zerstörst und unkreierst du das? Right and wrong, good and bad, POD and POC, all 9, shorts, boys and beyonds.®

Welchen Enthusiasmus verweigerst du, den du eigentlich wählen könntest, der, wenn du ihn wählen würdest, mehr Geld kreieren würde, als du jemals für möglich gehalten hast? Alles, was das ist, mal Gottzillionen, zerstörst und unkreierst du das? Right and wrong, good and bad, POD and POC, all 9, shorts, boys and beyonds.®

Wen oder was weigerst du dich zu verlieren, die, wenn du sie verlieren würdest, dir erlauben würden, zu viel Geld zu haben? Alles, was das ist, zerstörst und unkreierst du das? Right and wrong, good and bad, POD and POC, all 9, shorts, boys and beyonds.®

Was weigerst du dich zu sein, das du sein könntest, das, wenn du es wärst, deine gesamte finanzielle Realität ändern würde? Alles, was das ist, zerstörst und unkreierst du das? Right and wrong, good and bad, POD and POC, all 9, shorts, boys and beyonds.®

Welches Maß an Enthusiasmus und der Freude am Leben verweigerst du, die, wenn du sie nicht verweigern würdest, deine gesamte finanzielle Realität verändern würden? Alles, was das ist, zerstörst und unkreierst du das? Right and wrong, good and bad, POD and POC, all 9, shorts, boys and beyonds.®

Was bist du nicht bereit gewesen zu empfangen, das, wenn du es empfangen würdest, die Geldflüsse und Währungsflüsse kreieren würden, von denen du weißt, dass du sie verdienst? Alles, was dem nicht erlaubt, sich zu zeigen, zerstörst und unkreierst du das alles? Right and wrong, good and bad, POD and POC, all 9, shorts, boys and beyonds.®

Wie viele Zweifel benutzt du, um den Mangel an Geld zu kreieren, den du wählst? Alles, was das ist, zerstörst und unkreierst du das? Right and wrong, good and bad, POD and POC, all 9, shorts, boys and beyonds.®

Was hast du mit deinem Leben kreiert, das du nicht bereit gewesen bist anzuerkennen, das, wenn du es anerkennen würdest, viel mehr kreieren könnte? Alles, was das ist, zerstörst und unkreierst du das? Right and wrong, good and bad, POD and POC, all 9, shorts, boys and beyonds.®

Was bist du nun in der Lage zu kreieren, das du nicht bereit gewesen bist wahrzunehmen, zu wissen, zu sein und zu empfangen, das, wenn du es wählen würdest, sich als weniger Arbeit, mehr Geld und größere Veränderung in der Welt verwirklichen würde? Alles, was das ist, zerstörst und unkreierst du das? Right and wrong, good and bad, POD and POC, all 9, shorts, boys and beyonds.®

Teil Vier

Geschichten der Veränderung

GESCHICHTEN DER VERÄNDERUNG

Manchmal, wenn man über jemanden liest, der seine Realität mit Geld verändert hat, kann man leicht meinen: „Oh, für ihn war es anders, irgendwie war es leichter für ihn, bei mir wird das wahrscheinlich nicht funktionieren."

Es ist wirklich egal, wo du herkommst, wie alt du bist, wie jung du bist, ob du etwas Geld, viel Geld oder kein Geld hast – deine Geldsituation muss nicht so aussehen wie in der Vergangenheit oder sogar, wie sie heute aussieht; sie kann sich verändern, und sie kann sich erweitern.

Ich habe eine Menge Menschen um mich herum; wunderbare, großartige Menschen, von denen ich weiß, dass sie nicht immer die Geldsituation hatten wie jetzt; und ich habe mich sehr gefreut, mit ihnen Interviews führen zu können, extra, um sie mit dir in diesem Buch zu teilen.

All diese Menschen sind entweder in Situationen aufgewachsen oder haben in Situationen gelebt, wo sie mit Geld kämpften und begrenzte Ansichten über Geld hatten – und sie haben es verändert. Ich hoffe, dass ihre Geschichten dich inspirieren und ein Beitrag für dich dabei sein werden zu wissen, dass es nicht bedeutsam sein muss, Schulden und Ansichten über Geld zu verändern, es ist einfach etwas in deinem Leben, das du verändern kannst.

INTERVIEW MIT CHRISTOPHER HUGHES

Ausschnitt aus der Internet-Radiosendung "Joy of Business" mit dem Thema "Freudvoll raus aus den Schulden mit Christopher Hughes", ausgestrahlt am 27. Juli 2016.

Wie war dein Leben, als du Schulden hattest? Wie hast du funktioniert, als du kein Geld hattest? Was waren einige deiner wichtigsten Ansichten?

Woraus ich funktionierte und meine Hauptansichten über Geld zu der Zeit waren, dass es zu schwer ist; dass ich nicht die Möglichkeiten hatte wie andere Leute oder dass es einfach nicht genug da draußen gab, sodass ich es zum Funktionieren bringen könnte.

Ich dachte, es gebe nicht genug Geld und nicht genug Leute, die mir damit helfen könnten, was ich tun wollte, oder die genug Interesse an meinen Produkten und Dienstleistungen hatten, die ich anbot, oder, weißt du, X, Y und Z Gründe.

War das eng verbunden mit all den Orten, wo du nicht bereit warst, den Wert von dir oder den Wert von Geld zu sehen?

Nun, ja und nein. Das war der Wert von mir, aber ich machte auch meine Situation zum Grund, warum ich nicht das Geld hatte, das ich brauchte. Und manchmal war es schon nicht mehr real, wie wenig ich hatte. Ich hatte nicht nur Schulden, sondern es gab Situationen wie: „Wow, der Tank ist schon fast leer, und ich habe 50 Cent. Ich werde langsamer fahren, denn ich möchte weniger Treibstoff verbrauchen. Wenn ich doch hoffentlich noch nach Hause komme."

Das war etwa: „Was kann ich heute Abend aus einer Dose Thunfisch zaubern, um sie interessant zu machen?" – Wenn ich mir Thunfisch überhaupt leisten konnte! Aber es ging alles darum, die Gründe auf meine Situation zu projizieren. Das ist so komisch, denn in meinem Leben hatte ich das vorher noch nie mit irgendetwas gemacht, aber aus irgendeinem Grund sagte ich bei Geld immer, dass es mit den Szenarien zu tun hatte, in denen ich steckte; mit der Situation oder den Umständen um mich herum. Es war meine Speziallinse, durch die ich damals schaute.

Also war es nicht deine Schuld? Es war immer die Schuld von allen anderen, in die Richtung? Oder bist du so groß geworden?

Auf jeden Fall. Ich musste wirklich die Nase voll haben und wirklich frustriert und genervt werden darüber, dass ich kein Geld hatte, um zu sagen: „Moment mal. Warum wähle ich das? Warum schreibe ich das der größeren Situation und den Umständen zu?" Ich merkte – dadurch, dass ich Access-Consciousness-Kurse besuchte und mir die ganze Lage eingehend betrachtete „Oh, so hat eigentlich meine Mutter gelebt, die mich großgezogen hat." Sie hatte auch allen Grund, es auf die Umstände und die Situation zu schieben. Sie heiratete mit 16, weil sie schwanger war, und am Ende war sie 25 und hatte drei Kinder, von denem das älteste neun war. Und sie hatte nur die Highschool besucht und keine weitere Ausbildung gemacht. Und mein Vater war ein ziemlich gewalttätiger Mann. Ich erinnere mich daran, wie sie mich von meinem letzten Tag im Kindergarten abholte, und wir in eine andere Stadt fuhren, um uns vor ihm zu verstecken, weil er so gewalttätig war. Und sie arbeitete tagsüber in Minimärkten und holte abends die Hochschule nach, damit sie sich langsam immer weiter aufbauen konnte. Aber sie hatte eine Menge Ansichten. Ich bin in dieser Situation und Umgebung groß geworden, dass das Los im Leben war zu kämpfen und es schwer zu haben. Es waren die Karten, die einem zugeteilt worden waren, und nicht, was man kreierte.

Gibt es irgendetwas Bestimmtes, woran du dich erinnerst, als du die Energie des Vermeidens oder der Unkenntnis oder von dem ständigen Fortführen der Schulden kreiert hast?

Meine besondere Spielart oder Marke davon war, dass ich immer auf Reisen war; ich war ein Reisender. Ich wurde in Kanada in einer kleinen Stadt geboren, ging aber, sobald ich konnte, denn so machte man das, es sei denn, man war schwanger wie meine Mutter. Also war ich ständig auf Reisen und erfand mich immer wieder neu und zog vier Jahre lang ans andere Ende des Landes, danach zog ich nach Asien für einige Jahre und zog hierhin und dorthin. Und ich musste mich niemals irgendwo einrichten oder dazu verpflichten, ein Leben aufzubauen, egal, wo ich war. Also ja, da kamen dann viele dieser Umschläge mit Nachrichten wie: „Wir werden Ihnen diesen Service abstellen" oder „Sie haben jenes nicht getan", und für mich hatte dies nie eine Auswirkung auf mein

Leben, denn ich hatte mich ohnehin nicht verpflichtet, da zu sein; ich sagte einfach: „Na gut." Ich hatte ein kaputtes Auto nach dem anderen; das war alles, was ich mir leisten konnte, und sie waren die schlimmsten Klapperkisten, die du je in deinem Leben gesehen hast.

Ich erinnere mich, wie eines der Autos zusammenbrach, und ich mir einfach dachte: „Oh" und dann in den Becherhalter griff und das Kleingeld rausholte, das da war, es in meine Tasche steckte, das Auto am Straßenrand stehen ließ und einfach weiterlief. Denn das war es. Ich war nicht wirklich bereit, mich dem zu verschreiben, ein Leben zu haben, indem ich mich um mich und diese Dinge kümmerte und all diese Ausgaben abdeckte, und mich selbst ehrte, indem ich nicht nur die Ausgaben abdeckte, sondern auch noch etwas für mich hatte.

Es war tatsächlich wirklich lustig; ich muss noch den Rest der Geschichte erzählen, als ich von dieser Klapperkiste wegging. Ich hatte nicht nur das Wechselgeld aus dem Auto mitgenommen. Ich nahm das mit, aber ich lebte damals auch an der Sunshine Coast in Queensland, die etwa zwei Stunden von Brisbane entfernt ist, wo das Auto liegengeblieben war, und ich war in Brisbane gewesen und hatte ein Weihnachtsgeschenk für Brendon, Simones Partner, gekauft. Also nahm ich das Geschenk und das Kleingeld – es war ein Set mit Töpfen und Pfannen, weil er wirklich den Geschmack am Kochen gefunden hatte – und ich nahm das Kleingeld und benutzte es, um mit dem Zug von Brisbane zurück an die Sunshine Coast zu kommen, und ich erinnere mich, dass ich nichts hatte und an der Sunshine Coast ankam. Der Bahnhof lag noch 35 bis 45 Minuten von da entfernt, wo ich wohnte, und ich dachte: „Ich weiß gar nicht, wie ich nach Hause komme." Ich hatte kein Geld.

Wie bist du dann nach Hause gekommen?

Ich hatte so wenig Geld, dass ich alle anrufen musste, die ich kannte, um jemanden zu finden, der mich noch dieses letzte Stück von 30 Minuten nach Hause brachte.

Vor Kurzem hattest du deine erste Fahrt in einem Tesla Auto. Als du ausgestiegen bist, sagtest du: „Okay, ich glaube, ich möchte ein neues Auto. Ich glaube, es ist Zeit für ein Upgrade." Derzeit kostet ein Tesla-Auto etwa 220.000 australische Dollar. Wenn du dir so etwas in deinem Leben anschaust …, wo hätte sich so etwas vor Jahren in deinem Universum befunden? Was war deine Ansicht? Und was ist jetzt deine Ansicht?

Vor Jahren, und es sind übrigens gar nicht so viele Jahre, hätte ich gedacht: „Oh, mein Gott. Versuch's noch nicht mal." Aber das hätte ich schon bei einem Auto für 50.000 $ gedacht. Also wäre ein Auto für 220.000 $ einfach nur lächerlich und absurd gewesen und warum sollte ich überhaupt darüber nachdenken, nach dem Motto „schau so ein Auto noch nicht einmal an; geh noch nicht einmal daran vorbei." Jetzt nicht mehr. Ich würde denken: „Okay. Um das für mich zu kreieren, wird es ein wenig Verhandlungsgeschick und Taktik brauchen, und ich muss schauen, was ich finanziell hinbekommen kann, aber ich könnte es wahrscheinlich schaffen."

Vor Kurzem ging ich in ein Geschäft und kaufte drei dieser schönen Hemden, die jeweils 500 $ kosteten, was wiederum früher, als ich in Schulden war, gewesen wäre wie: „Mensch, was machst du da?" Aber ich kaufte alle, die in meiner Größe waren. Ich hätte noch mehr gekauft, wenn sie mehr gehabt hätten. Und das war so eine andere Ansicht und so ein anderes Paradigma. Das war eher wie: „Ja. Warum nicht?" Dies war einer der Hauptpunkte, die ich bemerkt habe, wenn man nicht in Schulden steckt; da ist dieser riesige Bereich in meinem Leben, wo ich nicht mehr aus einer Begrenzung funktioniere.

Welche Orte in deinem Leben hast du verändert, um das zu kreieren? Welche Forderung musstest du stellen? Welche Werkzeuge hast du genutzt, um das zu verändern, sodass du nicht mehr aus einer Begrenzung funktionierst?

Das waren verschiedene Dinge. Ich meine, da gibt es dieses Werkzeug bei Access Consciousness, das Gary Douglas mir nahegebracht hat, und zwar das 10-Prozent-Konto. Du nimmst 10 % von jedem Dollar, der in dein Leben kommt, und legst ihn zur Seite, um dich zu ehren; du gibst sie nie aus, du benutzt sie nicht für Rechnungen, du benutzt sie für gar nichts. Aber für mich war das knifflig. Ich konnte es mir nie rationell erklären, dass, wenn ich diese Mahnung bekomme, in der steht „Wir werden Ihren Strom abschalten", dass ich dafür nicht meine 10 % benutzen sollte. Also trickste ich mich selbst aus, Geld zu haben, und zwar, indem ich Silber kaufte.

Silber ist auf dem Aktienmarkt ein Handelsgut. Es gibt täglich einen aktuellen Kassakurs für den Marktstand von Silber. Es ist ein Zahlungsmittel. Also kaufte ich diese Sachen mit meinen 10 %, die Geld wert waren, aber man konnte sie nicht verwenden, um eine Rechnung zu bezahlen. Ich meine, man hätte sie mitnehmen und gegen Bargeld eintauschen können oder so, und es war möglich, Geld an der Börse zu verlieren oder zu machen, aber das ist wirklich sehr umständlich. Und dieser kleine Puffer an Zeit zwischen dem, wie lange ich brauchen würde, um das Objekt wieder zu Geld zu machen, um die Rechnung zu zahlen, gab mir genug Zeit zu sagen: „Nein, warte. Ich möchte das wirklich gerne in meinem Leben haben." Und dann ist es auch so cool für mich, denn manchmal kaufte ich mit meinen 10 % einen Löffel für 40 $ und manchmal kaufte ich ein Kilo Silber, was heute etwa 900 australische Dollar wert ist. Und nach einer Weile begannen sich diese kleineren und größeren Beträge wirklich zu summieren. Ich erinnere mich daran, wie ich vor ein oder zwei Jahren eine Hypothek beantragte und keine Ahnung hatte, ob ich die Voraussetzungen erfüllen würde oder nicht; ob die Bank mir wirklich Geld leihen wollen würde. Und als wir durch das Haus gingen und all das Silber und Gold und diese Dinge zusammenzählten, hatten wir an die 150.000 $ allein in Silber.

Ausgehend davon war die Reaktion der Bank: „Ja, wir werden Ihnen das Geld leihen. Sie sind reich an Vermögenswerten." Und ich dachte mir:

„Oh. Das ist neu." Also war dieses 10-Prozent-Konto wahrscheinlich der größte Schlüsselmoment für mich, um mich selbst auszutricksen, um Geld zu haben, denn ich war immer großartig darin, Geld in meinem Leben zu kreieren, aber nicht so sehr darin, es zu haben.

Hast du sofort mit deinem 10-Prozent-Konto angefangen oder welche Ansicht hattest du anfangs über dieses Werkzeug?

Ich fing nicht sofort an, um ganz ehrlich zu sein. Ich hatte schon etwa, hm, na ja, insgesamt zehn Jahre Access-Consciousness-Kurse besucht und hatte riesige Ansichten über die Sache mit den 10 %, denn ich dachte „was auch immer". Denn ich bekam eine Rechnung und sagte zu mir: „Es kann auf keinen Fall mehr kreieren, dieses Geld auf der Bank zu haben, wenn ich diese Riesenrechnung habe, von der ich nicht weiß, wie ich sie bezahlen soll."

Gary Douglas würde immer sagen: „Bitte und du wirst empfangen. Bitte darum, dass sich das Geld zeigt. Gib deine 10 % nicht aus. Das ist ein Ehren von dir. Bitte darum, dass sich das Geld zeigt." Und ich habe mich immer hinter die Rechnung geklemmt; die Rechnung wichtiger gemacht und zuerst bezahlt. Und als ich anfing, diese „finanziellen Instrumente" zu kaufen – das Silber, die Antiquitäten etc. – wie ich sie nenne, die nicht sofort in Bargeld zu verwandeln sind, war es schwieriger [sie auszugeben]; und langsam schlich die Energie des Wohlstands sich in mein Leben. Und jetzt schaue ich mein Haus an und denke: „Hm. Alles ist superwertvoll."

Mein Mann und ich schauten uns vor Kurzem bei dieser Auktion die Sammlung einer Dame an; Gemälde und Silber und Schmuck und Möbel, die sie ihr ganzes Leben lang gesammelt hatte, und es stand zur Versteigerung. Und wir schauten uns unser Zeug an und sagten: „Wir sind in unseren Mittdreißigern und haben besseres Zeug!" Wertvollere Dinge. Nicht aus einer Bewertung heraus, aber es brachte uns dazu zu erkennen: „Wow. Wir sammeln wirklich schnell Wohlstand an!" Und es geht nicht um das Sparen und nicht um das Geld; es geht um die

Freude, die es uns bringt. Und das hatte wirklich mit dem 10-Prozent-Konto begonnen.

Nimm 10 % von jedem Dollar, der in dein Leben kommt, den du verdienst, und lege ihn als ein Ehren von dir zur Seite. Wenn du Gold und Silber und Dinge kaufen möchtest, von denen du weißt, dass du kein Geld verlierst, prima. Mach es. Oder wenn du ein bisschen disziplinierter bist, als ich war, tu es einfach auf ein Konto, lege es zur Seite oder in eine Sockenschublade oder was auch immer es für dich ist, wo du dieses Geld hast; du *hast* das Geld. Denn das war der schwierige Teil für mich.

Wenn du diese Geschichten darüber erzählst, wie du anfangs kein Geld hattest und dann dazu übergingst, Geld zu haben – von der Situation, wo du dein Auto am Straßenrand stehen ließest, mit einer Hosentasche voller Kleingeld, hin zu Silber im Wert von 150.000 $ in deinem eigenen Haus …, es ist nicht so lange her, dass du diese „von Armut heimgesuchten" Tage hattest.

Wenn du es wirklich ausgerechnet hast, war das vor etwa vier Jahren. Also sind das vier Jahre von damals bis da, wo wir uns in unserem Haus umgeschaut haben; jetzt habe ich nicht nur ein Haus, ja, es hat eine Hypothek, aber wir haben ein Haus und zwei Autos und einen Haufen wertvoller Antiquitäten und eine Schachtel mit nicht eingefassten Juwelen im Haus und einen Haufen Silber und einen Haufen Gold, und es ist eine andere Welt.

Was hat dich dazu gebracht, schuldenfrei werden zu wollen?

Irgendwann wurde mir klar, dass ich, wenn ich Schulden habe und mir selbst nicht erlaube, Geld zu haben, extrem begrenzte, was ich in der Welt kreieren konnte. Die Veränderung, die bei mir möglich war, um andere zu inspirieren, und ich meine, es ging nicht darum, ein schönes Auto und ein schickes Haus und einen Lebensstil zu haben, es ging eher darum zu erkennen, dass man wirklich die Welt beeinflussen und verändern kann, wenn man die Ressourcen dazu hat.

Gab es jemanden, der eine Inspiration für dich war, diese Veränderung zu kreieren?

Du, Simone, warst eine riesige Inspiration für mich, diese Veränderung zu kreieren. Wir sind schon zehn Jahre lang befreundet. Die Großzügigkeit, die ich bei dir gesehen habe mit Menschen, nicht aus diesem Ort der Überheblichkeit von „sie wie mich machen" oder „ich bin besser als du, ich werde mich um dich kümmern", sondern von einer „Königreich des Wir"-Art von Energie, wo es darum geht, dass alle haben und darum, wirklich allem beizutragen und dem, was sie versuchen aufzubauen. Ich möchte nicht das Wort „unterstützen" verwenden, aber was ich dich tun sehe, ist, für dich war Geld nie die billige Motivation; ja, es macht Spaß, aber es ist, was man damit tun kann, das wirklich inspirierend ist.

Ich habe auch eine gute Beziehung mit Gary Douglas, und dies sind alles Leute, die nicht mit Geld so funktionieren, wie es einem gesagt wird, dass man es sollte; weißt du, in Filmen, in den Medien, auf die Art, wie diese Realität dir sagt, dass du mit Geld sein solltest. Ich sah eine andere Möglichkeit mit Geld, und das hat mich dazu gebracht zu sagen: „Ha! Ich will das." Es geht nicht darum, dicke Ringe an meinen Fingern zu tragen, es geht darum, was ich kreieren kann.

Jetzt, wo du tatsächlich Geld hast, was würdest du sagen, ist jetzt deine Ansicht über Geld?

Mir kommen sofort einige Sachen in den Sinn. Jetzt macht Geld einfach Spaß. Geld ist wie – wow, wenn ich das sage, kann ich spüren, wie die Leute, die zuhören, denken: „Eeh, es ist so einfach für dich!"

Ich erinnere mich, wie ich vor langer Zeit zu diesen Yoga-Kursen ging, und ich bin nie wirklich von Natur aus dehnbar gewesen. Und ich erinnere mich, wie ich zu meiner Yoga-Lehrerin ging und sagte: „Ich kann diese eine Bewegung nicht machen. Ich kann mich so nicht beugen." Und sie sagte zu mir: „Das ist Anspannung. Du solltest sie loslassen." Und ich hätte sie am liebsten ins Gesicht geboxt oder mit dem Trikot erwürgt, das sie trug; Entschuldigung für die bildhafte Sprache. Aber was Geld jetzt ist, das ist … Ich habe gemerkt, dass es wirklich nur eine Ansicht ist, die kreiert, ob man es hat oder nicht, oder das ist so, wie wenn du eine Beziehung möchtest und keine hast. Sobald du eine hast, merkst du: „Oh, warte mal. Es ist nicht dieses Unmögliche und die Fantasie und der Traum, zu dem ich das gemacht habe." Sobald du Geld hast, ist es nicht so, als ob du nie wieder irgendwelchen Schwierigkeiten begegnest oder nie wieder Probleme in deinem Leben hast.

In jedem Fall wird dein Leben größer, wenn du bereit bist, es größer werden zu lassen; die Optionen, die Möglichkeiten, die Türen, die sich dir öffnen können, wenn du bereit bist, können zunehmen, wenn dies deine Wahl ist. Jetzt erkenne ich, das Geld nie die Antwort war. Es gibt so viele Menschen ohne Geld, die in Schulden stecken und denken: „Wenn ich doch nur Geld und einen Partner und und und hätte." Du hast diese Liste an Sachen, die du gerne hättest, aufgebaut, als ob sie die Antwort sind und dein Leben komplett kreieren werden. Aber das ist es überhaupt nicht. Geld ist nur ein Treibstoff; es ist nur ein Werkzeug, das dich dahin bringt, wo du hingehst. Das ist jetzt meine Einschätzung des Geldes und je weniger ich eine Ansicht darüber habe und je mehr ich bei seiner Kreation einfach den Spaß in den Vordergrund stelle, umso leichter ist es.

Also, was würdest du sagen, hat sich sonst noch am meisten bei deiner Ansicht über Geld geändert? Was ist diese Energie, die die Leute verändern könnten, oder was ist ein Werkzeug, das die Leute nutzen können, das ihnen helfen kann, ihre Ansicht rund um Geld zu verändern?

Wahrscheinlich ist der beste Rat bzw. das beste Werkzeug, das ich geben könnte, tatsächlich, das Problem ist niemals das Geld. Es ist niemals das Geld an sich, das das Problem kreiert, das den Mangel kreiert, oder das Drama, was auch immer du in deinem Leben hast. Es gibt genug davon da draußen. Das ist, weißt du, wie einer deiner und meiner Lieblingsfilme, nämlich *Auntie Mame* mit Rosalind Russell, und sie sagt: „Das Universum ist ein Bankett, aber die meisten armen Schlucker sind da draußen und verhungern."

Es ist da. Es gibt nicht wirklich einen begrenzten Geldbetrag da draußen im Universum. Ich handle mit Antiquitäten, und das ist eine Branche, in der die meisten Menschen aus dem Mangel heraus operieren. Sie haben die Ansicht, dass die Branche stirbt; dass die Leute nicht mehr haben wollen, was wir anbieten.

Ich handle mit antiken Möbeln und Schmuck, Silber, Gemälden, chinesischer Kunst, afrikanischer Kunst, mit allem. Und als die Gelegenheit das erste Mal an meine Tür klopfte, dachte ich: „Oh mein Gott. Ich kann mir nichts Langweiligeres vorstellen!" Und meine Güte, es ist alles andere als langweilig gewesen. Ich habe in dieser Branche mit so vielen Antiquitätenhändlern zu tun, ganz besonders in ganz Australien. Viele von ihnen funktionieren aus diesem unglaublichen Mangelbewusstsein; dass es nicht genug Geld gibt, dass die Leute kein Interesse haben, dass es zu schwer wird, dass die Auktionshäuser den Kleinhändlern alles wegnehmen und es ihnen zu schwer machen, die Preise zu bekommen, die sie möchten. Das ist wirklich alles eine Ansicht.

Wenn du ein Werkzeug möchtest, um deine Situation zu verändern: Deine Ansicht kreiert deine Realität. Frage dich selbst und schaue es dir genau an: „Was *ist* meine Ansicht über Geld?" Was ist deine Ansicht über *dich* in Bezug auf Geld? Schau dir einige dieser Sachen an, fange an, dir selbst Fragen zu stellen, und leg los. Es gibt ein fabelhaftes Buch bei Access Consciousness, das sich *Wie man Geld wird* nennt. Ich glaube, es kostet so 30 $, es sei denn, es hat sich geändert, aber das ist ein großartiges Arbeitsbuch, wo du dazu kommst, dir selbst diese Fragen zu stellen und deine gesamte finanzielle Situation komplett um 180 Grad verändern kannst, nur mit dieser einen Investition in das Buch. Und warum nicht? Ich meine, alles, was es tun kann, ist, dass es hilft.

Wenn du gerne etwas tun oder haben möchtest, wofür du nicht genug Geld hast, was machst du? Welche Werkzeuge nutzt du, um es zu kreieren, oder wie gehst du an diese Situation heran?

Aha, gute Frage. Mir gefällt diese Frage, denn egal, wie viel Geld du hast oder nicht hast, du kannst immer noch um mehr bitten und nach mehr schauen. Also geht es nicht zwingend nur darum, Schulden zu haben oder nicht genug zu haben. Wie bei mir im Moment, dieses Tesla-Auto, über das wir vorhin gesprochen haben für 220.000 $ zum Beispiel, das würde erfordern, dass ich ein bisschen jonglieren muss oder etwas umarrangieren oder etwas meinerseits kreieren, damit das wirklich geschieht. Also, was die Werkzeuge angeht, die ich verwenden würde, um dies zu tun, ist einer der besten Ratschläge, die ich je zu Geld und Finanzen bekommen habe, sich wirklich klar darüber zu werden, was es kostet, dein Leben zu unterhalten. Setze dich mit Stift und Papier hin und schreibe auf, was deine Ausgänge sind; was sind deine Ausgaben? Also, du hast deine Miete, du hast deine Telefonrechnung, du hast „Ich möchte gerne einen trinken gehen"; also nicht nur das absolute Minimum, sondern das, was du wirklich in deinem Leben ausgibst.

Ich habe das einmal bei einem Business gemacht, als ich hier gerade angefangen hatte, und ich bat die Buchhalterin, mir eine Abschrift der Einnahmen- und Ausgabenaufstellung zu bringen, und ich setzte mich mit ihr hin, und wir gingen alles durch und stellten ganz genau fest, wo all das Geld in der Organisation hinging. Und das kreierte ein solch wunderbares Gewahrsein für mich über die finanzielle Situation des Unternehmens. Wie deutlich ist dir deine eigene finanzielle Situation? Ich gebe viele Kurse über Verkauf und Marketing, und ich habe hier in Kopenhagen, mit dir, Simone, einen gemacht, und das ist so ein großes Geschenk für mich gewesen, aber der Rat, den ich im Kurs gab, war auch wieder, dass man sich wirklich klar wird in seinem Business und seinem Leben, wo man finanziell steht.

Im Marketing gibt es diesen alten Spruch, der lautet: „Die Hälfte meiner Werbemittel sind vergeudet. Ich bin mir nur nicht sicher, welche." Und bei den Finanzen der Leute ist es genau dasselbe. Es ist erstaunlich, wie viele Menschen es gibt, die keine Vorstellung davon haben, wie viel Geld sie tatsächlich im Monat machen und wie viel sie tatsächlich ausgeben. Wenn ich also das Geld kreieren möchte, um da hinzukommen, muss ich die Lage sondieren und wissen, wo ich stehe und was ich kreieren müsste, um dahin zu gelangen. Es geht nicht darum, die Schritte A, B, C, D linear aufzubauen, sondern darum zu wissen: „Wo stehe ich jetzt und was ist mein Ziel?" Für mich ist es so hilfreich, ein Ziel zu haben. Sagen wir, ich habe einige bestimmte Ziele – wie zum Beispiel eine Zweigstelle aufmachen; das ist eine Sache, die ich bei meinem Business machen möchte – dann rechne ich aus, was das kosten würde und bitte darum, dass es sich zeigt, und folge der Energie, die dem erlaubt, einzutreten. Noch einmal: Es geht nicht um wirklich lineare Schritte, wie ich das machen werde, und wie viel ich werde machen müssen und die Peitsche schwingen in meinem Laden, damit alle das Verkaufsziel erreichen. Es geht mehr darum zu fragen: „Okay, jetzt habe ich das Gewahrsein ..., was würde es brauchen, um das zu kreieren?"

Christopher, kannst du mir ein bisschen mehr darüber erzählen, wo die Leute dich finden können und was du machst? Denn ich weiß, dass du einige tolle Kurse gibst, die The Elegance of Living (Die Eleganz des Lebens) heißen.

Ich facilitiere tatsächlich eine Reihe an Kursen, die *The Elegance of Living* heißen, bei denen es allen darum geht, dir bestimmte Aspekte des Wohlstands beizubringen und darum, mit dem zu leben, was ich gerne als die Insignien des Geldes bezeichne; auch wenn „Insignien" ein Wort zu sein scheint, das ein wenig geladen ist, finde ich es trotzdem ein bisschen lustig. Und es geht darum, mehr über Antiquitäten und Kunst zu lernen und wie sie deinem Leben und auch deinem Wohlstand beitragen können. Mein Partner und ich haben das angefangen, weil wir das Wechselgeld aus unserer Wechselgelddose zu Hause genommen hatten und 500 $ hatten und zu Auktionen gingen und einen Haufen Zeug kauften, und anfingen, es zu verkaufen und schnell das Wechselgeld in dieser Dose genommen haben, und 500 $ zu 3000 $ und 3000 $ zu 9000 $ machten; das war alles wie so eine kleine Mikrowirtschaft, die wir angefangen haben, die wir jetzt zu etwas Großem gemacht haben. Also bringe ich das in *Die Eleganz des Lebens* bei und ich unterrichte auch zu Verkauf, Marketing, oder vielmehr facilitieren als unterrichten eigentlich. Ich habe eine Webseite: www.theeleganceofliving.com und auch www.theantiqueguild.com.au, wenn du gerne Kontakt aufnehmen und mir Fragen stellen möchtest.

Gibt es noch ein anderes Werkzeug oder eine Frage oder irgendetwas, das du den Leuten gerne anbieten möchtest, was sie mitnehmen können und womit sie heute anfangen können, ihre finanzielle Realität zu verändern?

Ich denke, für so viele Leute ist das Thema, wenn es dir so geht wie mir, dann gibt es da etwas an Geld oder daran, dich mit Geld auszukennen, das du vermeidest. Für mich war das der Knackpunkt. Und wenn das dir auch nur irgendwie bekannt vorkommt, würde ich mich an deiner Stelle fragen: „Was ist es am Geld, das ich vermeide?", „Was ist es daran, mich mit Geld auszukennen, das ich vermeide?" Denn überall, wo ich den Kopf in den Sand steckte und einen Vogel Strauß nachgeahmt habe, begrenzte ich eigentlich mein Leben rund um Geld. Dies ist eine Frage, die ich anfangen würde, mir zu stellen: „Was hieran vermeide ich?" Es war so, als ich Schulden hatte, dass ich dich, Simone, und andere Leute dasselbe sagen hörte und *so* wütend wurde. Du hast immer wieder gesagt: „Es ist so viel schwieriger, kein Geld zu machen, als Geld zu machen." Und es dämmerte mir, dass ich offensichtlich, wenn ich es schwerer machte, etwas vermied, was mir auf dem Silbertablett präsentiert wurde! Also was ist es, das du am Geldhaben und Geldverdienen vermeidest? Frage dich selbst. Es geht nicht darum, dass du recht hast oder unrecht hast. Frage dich einfach. Wo du jetzt stehst, ist nicht falsch.

INTERVIEW MIT CHUTISA BOWMAN UND STEVE BOWMAN

Auszug aus der Internet-Radiosendung „Joy of Business" mit dem Thema „Freudvoll raus aus den Schulden mit Chutisa und Steve Bowman", ausgestrahlt am 22. August 2016.

Steve, ich fände es prima, wenn du mir einen kurzen Überblick geben könntest, wie du mit Geld warst, als du groß wurdest. Wie war das für dich? Hat man dir etwas über Geld beigebracht? Hat man dich in Geld unterrichtet? Wurde es versteckt? Ignoriert? Oder war das etwas, was offen angesprochen wurde?

Steve:

Weißt du, das ist das erste Mal, dass mir jemand diese Frage stellt. Dies ist das erste Mal, dass ich sie beantworten werde. Also, als ich aufwuchs, war meine Mutter alleinerziehend, und wir waren drei Kinder. Wir hatten einen Vater, der ziemlich viel Missbrauch verübte und uns so 15 oder 20 Jahre verfolgte. Geld wurde nie angesprochen. Aber es wurde weder positiv noch negativ angesprochen. Es wurde weder in einer Bewertung erwähnt, noch als Möglichkeit. Es wurde buchstäblich nie angesprochen. Also denke ich, wenn ich jetzt darüber nachdenke, dass ich aufwuchs, ohne zu wissen, was die Ansicht anderer Leute über Geld war.

Also, als wir jetzt anfingen, uns Sachen anzuschauen …, ich wusste schon von klein an, sogar bevor ich Chutisa traf, und wir trafen uns, als ich 16 war. Wir waren füreinander der erste Freund und die erste Freundin, und dann haben wir geheiratet und sind jetzt schon seit über 40 Jahren verheiratet. Also die Sache da war: Wir hatten immer unterschiedliche Ansichten über Geld. Wir wussten nicht, was die Ansichten anderer Leute über Geld waren, weil wir nicht oder weil *ich* nicht mit irgendwelchen dieser Ansichten über Geld großgeworden bin. Also war das Interessante für mich, wenn ich mir Geld jetzt anschaue, ich bin bereit, meine Ansicht zu ändern, denn ich bin niemals mit einer aufgewachsen.

Wenn es keine Ansicht zu Geld gab, weder positiv noch negativ, waren Sachen erschwinglich oder wurden sie verschoben auf: „Das kannst du nur zu Weihnachten und Geburtstagen bekommen", oder gab es da einen Cashflow, der zur Verfügung stand?

Steve:

Das Interessante ist, wenn ich mir meine Familie anschaue, hat zum Beispiel meine Schwester eine Ansicht abgekauft, dass Geld immer jemand anderes Problem war und nicht ihres. Wir sind jedoch in derselben Familie aufgewachsen, aber man hört oder sieht Sachen unterschiedlich. Also würde ich sagen, dass ich über die Jahre gelernt habe, dass es deine eigene Ansicht ist, die ausschlaggebend ist. Es geht nicht um die der anderen. Also du kannst deinen Eltern Vorwürfe machen, du kannst es auf die Gesellschaft schieben, aber das ist nur eine Ausrede dafür, dass du deine Ansicht über Geld nicht änderst. Also, eine der Sachen, die wir feststellten, war zum Beispiel, dass ich ohne Geld aufwuchs. Und als ich Chutisa traf, begann sich das zu ändern, weil wir anfingen, unser Leben gemeinsam zu gestalten. Und wir sind zum Beispiel in die USA gegangen und dortgeblieben. Wir lebten dort zwei Jahre, und wir lebten mit zwei Dollar am Tag. Wie heißen noch diese Fertigmahlzeiten? Filmessen? Fernsehessen! Zwei Dollar pro Abend Fernsehessen. Wir lebten damit etwa ein oder eineinhalb Jahre. Aber wir wussten immer, dass wir Geld kreieren konnten, und das taten wir, als wir drüben waren. Das gab uns das Wissen, dass wir tatsächlich kreieren können. Also kam Geld da gar nicht ins Spiel. Die Tatsache, dass wir kreieren konnten, kam ins Spiel.

Du sagtest, dass du, als du Chutisa trafst, ein größeres Gewahrsein hattest, dass du kreieren konntest. Meinst du, dass das ist, weil du jemanden um dich hattest, der keine Ansicht darüber hatte, was Kreation ist oder wie sieht es für dich aus mit jemand anderem, der kreiert?

Steve:

Und wieder eine Frage, die mir nie jemand vorher gestellt hat! Also eine der tollen Sachen dabei, mit jemandem zusammen zu sein, der schon immer kreativ war – nicht auf kreativ macht, sie ist wirklich kreativ – ist, dass es das Kreative in einem selbst, in mir hervorbringt; das bringt es in mir hervor. Also haben wir unser Leben immer von da aus kreiert, wie wir uns unser Leben wünschten, und interessant dabei ist, dass es auch Geld umfasste. Eine Sache, die ich jetzt sagen kann, ist, dass eines der größten Geschenke, die man sich in seinem Leben je machen kann, und wir haben das in den letzten Jahren gelernt, ist, dass es nie zu spät ist. Es ist niemals zu spät, wirklich das Leben zu kreieren; es ist niemals zu spät, Veränderung zu kreieren, es ist niemals zu spät, um wirklich deine finanzielle Realität zu verändern. Jedes Jahr schauen wir uns an: Was können wir noch verändern, was können wir noch verändern, was können wir noch verändern? Erst vor drei Wochen haben wir unser Leben in Bezug auf unsere finanzielle Realität in allen möglichen Aspekten vollkommen verändert. Also ist der Schlüssel hier: Hätten wir eine Ansicht darüber gehabt, was Geld hätte sein sollen oder nicht sein sollen, wären wir nicht in der Lage gewesen, es zu ändern. Wir stellen fest, dass, wenn wir uns anschauen, was auch immer die Ansicht über Geld oder über Schulden ist, wenn wir bereit sind, das zu verändern, ändert sich alles andere. Wir stellen das jedes Jahr fest. Es ist nicht nur etwas, was man einmal macht; es geschieht die ganze Zeit.

Ich erinnere mich, als ich in London lebte und kaum Geld hatte und mindestens 50 Rezepte hatte, wie man 2-Minuten-Nudeln kochen konnte. Ich hatte nicht die Ansicht, dass ich arm war. Ich hatte nicht die Ansicht, dass mir etwas fehlte. Ich war nur bereit, gewahr zu sein, dass, wenn ich kein Geld für verschiedene Arten von Essen oder teures Essen ausgab, ich dann mehr Geld zum Reisen hatte. Denn damals war das Reisen definitiv eine Priorität für mich. Also ist meine Frage – als ihr mit 2 $ am Tag von euren Fernsehessen lebtet, was war da eure Mentalität? Welche Ansicht hattet ihr?

Steve:

Die Ansicht für uns war, dass wir alles tun würden, was erforderlich wäre, um tatsächlich mehr zu kreieren. Also absolvierte ich zwei Masterabschlüsse in Washington DC, und Chutisa kreierte aus dem Nichts ein sehr erfolgreiches Modedesign-Unternehmen, das in New York City der letzte Schrei war, während wir von 2 $ am Tag lebten und uns von Fernsehessen ernährten, und das war, weil wir uns nie als arm betrachteten; wir wussten einfach, dass das kreiert. Wir mussten kreieren. Und sie war absolut großartig während der zwei Jahre, die wir dort waren. Sie arbeitete 23 Stunden, um zu kreieren, und kreierte wirklich ein sehr erfolgreiches Modedesign-Unternehmen – was beispiellos ist. Und ich machte zwei Masterabschlüsse zur gleichen Zeit, was auch noch nie dagewesen war, aber wir dachten nicht daran, außer, dass das das war, wie wir unser Leben zu kreieren wählten.

Chutisa, ich wüsste gerne, wie du in Bezug auf Geld erzogen wurdest? Hat man dir etwas darüber beigebracht? Hat man dich darin unterrichtet oder wurde es ignoriert und du durftest nicht darüber sprechen? Wie war da die generelle Stimmung in deiner Familie? Du bist doch in Thailand aufgewachsen?

Chutisa:

Ja. Ich wuchs in einer sehr, was man als aristokratische Familie bezeichnen würde, auf. Also bedeutet über Geld sprechen, dass man prahlt oder anstößig ist, also sollte man nicht zu viel über Geld sprechen. Aber mein Vater ist, was man das schwarze Schaf der Familie nennt, also tat er alles, was man in einer aristokratischen Familie nicht tun sollte; also wurde er sehr übel bewertet. Er hielt sich für einen Unternehmer, und in der Zeit – wir sprechen von vor etwa 60, 70 Jahren – gab es so etwas wie Unternehmer nicht. Also wurde er als risikoreich eingeschätzt, ein risikofreudiger Mensch, der fürchterliche Dinge mit Geld machte. Also hatte ich Erfahrung darin, mit der Bewertung umzugehen, die auf ihn projiziert wurde und natürlich auf unsere Familie, denn wir hatten einen

Vater, der Dinge gegen die Gesellschaft und gegen die Kultur tat, die [glaubte], er sollte arbeiten und gutes Geld machen und das Richtige tun. Aber er ging los und versuchte, das Business zu kreieren, das nicht so erfolgreich war. Also war da diese Angst wegen Geld. Obwohl wir das Geld hatten, war die Sorge um Geld riesig.

Wenn du sagst „fürchterliche Dinge" – war das einfach eine Bewertung, weil es anders war? Auf welche Sachen ließ er sich ein, über die du erfuhrst, als du groß wurdest?

Chutisa:

Er war einer jener Menschen, die große Visionen haben. Weißt du, wenn manche Leute einen Einzelhandel eröffnen wollten, wollte mein Vater gleich ein ganzes Einkaufszentrum bauen. Wenn jemand erwog, etwas zu machen, zum Beispiel eine Garage zu bauen, baute er einen Flughafen; das war, was er tat. Er hatte die Kapazitäten, Leute dazu zu bringen, in all diese Sachen zu investieren. Und ich erkannte also, dass es zwei Dinge gibt: Einer hat die Fähigkeit, über Geld zu sprechen und Menschen dazu zu inspirieren, zu spenden oder zu investieren. Aber wir müssen auch eine Fähigkeit haben zu generieren; also auch etwas zu tun. Du musst in der Lage sein, es soweit zu bringen, dass es passiert. Ich denke, dass das der Pfad ist, den er brauchte, um erfolgreich zu werden.

Also, ich weiß, dass Steve hier noch etwas hinzufügen wollte, mit dem Vater seiner wunderbaren Frau und wie er war und wie er zu sein scheint. Steve?

Steve:

Nun, das ist interessant. Wenn du eine Menge Leute hast, die es bewerten, weil es nicht zu ihrer Realität passt; es passt nicht zur Realität einer aristokratischen Familie. Er wurde von den meisten Leuten in seiner Familie brutal bewertet. Und doch waren bei seiner Beerdigung – wir waren zufällig da, als er starb – einige hochgestellte Regierungsvertreter und auch einige dunkle Figuren. Und sie kamen zur Beerdigung, um ihren Respekt zu zollen, weil er Dinge mit ihnen kreiert hatte und sie gleichzeitig geschützt hatte. Also war er ein Mann, dessen Geschichte wir immer nur zum Teil kennen werden. Aber weil er so brutal von der Familie bewertet wurde, ist uns erst in den letzten 10 oder 15 Jahren klar geworden, dass er möglicherweise Sachen gemacht hat, von denen wir noch nicht einmal wussten, die da draußen große Veränderungen bewirkt haben. Also was wir daraus lernen, ist, dass Bewertung all diese Möglichkeit abtötet.

Chutisa:

Und diese Bewertung ist für mich sehr wahr, denn ich war nicht dazu in der Lage, bis Gary Douglas, der Gründer von Access Consciousness, mich facilitierte, zu sehen, dass ich sehr vorsichtig bin und sehr wenig Risiko bei Geld eingehe, und ich sehe den Zusammenhang zwischen der Tatsache, dass mein Vater Risiken einging und nicht sehr vorsichtig mit Geld war; also war alles Große und alles Riesige das Gegenteil von dem, was du gewählt hast. Also war alles, was groß und riesig war, etwas, das ich nicht wählen würde, denn ich hatte die Verbindung, dass das heißt, nicht verantwortlich mit Geld zu sein, bis Gary mir zeigte, dass das nicht heißt, ein Risiko einzugehen, und alles veränderte sich in unserem Universum. Nun bin ich bereit, größere Projekte in Betracht zu ziehen.

So, das ist interessant, dass du sagst, du gehst keine Risiken ein, Chutisa. Wenn ich mir die Geschichte anschaue, die Steve gerade erzählt hat, wie ihr in New York wart und von 2 $ am Tag von Fernsehessen gelebt habt und du anfingst, diesen großen Modelabel aus so gut wie nichts zu starten, ist das für mich ein ziemliches Risiko. Wie siehst du das denn?

Chutisa:

Jemand, der mit Geld Risiken eingeht. Ganz besonders mit Geld von anderen Leuten; ich riskiere nie das Geld anderer Leute. Während ich jetzt mit dir spreche, ist mir klar geworden, dass ich mein Geld riskiere, aber ich würde nicht das Geld von anderen riskieren. Und das hängt mit der Bewertung zusammen ..., wenn du ein großer Unternehmer bist und einen großen Erfolg da draußen erzielen möchtest, musst du in der Lage sein, das Geld anderer Leute einzusetzen, richtig? Also, wenn du keine Risiken mit dem Geld anderer Leute eingehen kannst, wirst du immer vorsichtig sein. Also hältst du dich selbst einfach klein.

Was würdest du den Leuten empfehlen [in Bezug darauf, mit dem Geld anderer Leute Risiken einzugehen]? Welche andere Information hast du dazu?

Steve:

Eine der Prämissen dieser Unterhaltung ist, wie du dich selbst aus den Schulden rausholst und wie du das mit Freude hinbekommst, voller Freude. Und eine Sache, die wir herausgefunden haben, ist, wir hatten Investoren für Geschäfte, und die Geschäfte haben sich entschlossen zuzumachen, also zahlten wir all den Investoren das Geld zurück, obwohl wir das nicht mussten. Was für uns dahintersteht, ist, dass wir bereit sind, alles zu riskieren. Wir, Chutisa und ich, sind bereit, alles zu riskieren. Aber wir sind nicht bereit, alles für andere zu riskieren. Und das ist immer noch eine Begrenzung. Das ist weder richtig noch falsch, aber es ist eine Begrenzung. Andererseits haben wir auch andere Leute gesehen, denen es einfach vollkommen schnuppe war; es war ihnen egal, was andere Leute ihnen gegeben haben und was sie damit tun würden. Ich denke, bei all dem geht es darum, gewahr zu sein, wenn andere Leute bereit sind, in dein Business zu investieren, sei gewahr und sei bereit, das einzuhalten, was geschehen muss. Ich meine, das ist einfach unsere Ansicht. Also was es uns leichter macht, ist, zu wissen, dass wir Geld aus dem Nichts kreieren können, ständig, und das tun wir. Wenn man das weiß, wie kann man dann je Schulden haben?

Sprich ein bisschen mehr darüber, Geld aus dem Nichts kreieren, ständig.

Steve:

Nun, es gibt so viele Möglichkeiten, um Wohlstand zu kreieren. Und das ist eine andere Unterhaltung – [der] Unterschied zwischen Wohlstand und Reichtümern. Was wir in unserem Leben gelernt haben, sogar vor Kurzem noch, vor ein paar Wochen, sind einfach diese Aha-Momente die ganze Zeit. Denkt daran, es ist niemals zu spät! Also Geld aus dem Nichts zu kreieren ist einfach eine Art, es zu betrachten, es gibt so viel Geld da draußen, es gibt so viele Möglichkeiten da draußen. Sie schreien uns an, damit wir sie anschauen, und doch weigern wir uns meistens, sie zu sehen. Was wir in unserem Leben festgestellt haben, ist, dass es so viele verschiedene Dinge gegeben hat, die wir jetzt tun, die wir uns geweigert haben zu sehen, 5 Jahre, 10 Jahre oder 15 Jahre lang. Und jetzt tun wir es, nachdem wir über unsere Ansicht hinweggekommen sind, denn plötzlich haben sich unsere Geschäfte gesteigert. Ich habe eine sehr große Consulting-Firma, ein Beratungsunternehmen. Ich hatte die Ansicht, dass ich das wertvolle Gut bin, okay? Zwei Dinge sind falsch bei der Geschichte. Nr. 1: wertvoll. Nr. 2: Gut. Also, sobald Chutisa und ich das erforschten und sagten: „Nun, was wäre, wenn wir das Business anders kreieren würden, sodass ich nicht das wertvolle Gut in diesem speziellen Business bin? Wie würde das aussehen?" Und immer noch das tun, was ich liebe. Und das hat dann andere Geschäfte ins Leben gerufen. Also, jetzt sind wir online. Wir haben eine Reihe anderer Sachen. Andere Leute sind inzwischen involviert. Sobald ich über die Ansicht hinwegkam, dass ich genug Mitarbeiter hatte – ich hatte zu einem Zeitpunkt 300 Mitarbeiter. Schon genug. Sobald ich über die Ansicht hinwegkam, dass ich nicht noch mehr Mitarbeiter wollte, wuchs das Business wieder. Sobald ich über die Ansicht hinwegkam, dass ich Mitarbeiter brauche, wuchs das Business wieder.

Also ist die Grundlage hier über seine Ansicht hinwegzukommen?

Steve:

Das ist der Clou.

Wo können die Leute mehr über das herausfinden, was ihr kreiert?

Steve:

Nun, da gibt es eine Menge verschiedener Dinge. Wir haben eine Webseite, die heißt www.consciousgovernance.com. Dann gibt es noch eine andere, www.befrabjous.com, die eine Blogseite ist, auf der es alle möglichen spannenden Dinge gibt.

Das Wort frabjous (fabelhaft) stammt aus Alice hinter den Spiegeln. Das ist ein Ausdruck von Lewis Carol, der „erstaunlich freudig" bedeutet. So sei es! Und du wirst auch einige coole Sachen dort finden, die Chutisa geschrieben hat. Dann gibt es auch das luxproject.com. Es gibt nomorebusinessasusual.com. Es gibt auch strategicawareness.com. Suche im Zweifelsfall Chutisa Bowman auf Google, denn dann findest du all die Webseiten, denn ihr Name ist viel leichter zu finden, als wenn du Steven Bowman googelst.

Steve, du hast erwähnt, dass du immer noch über Geld dazulernst. Und du hast den Unterschied zwischen Wohlstand und Reichtümern erwähnt. Kannst du über den Unterschied sprechen?

Steve:

Die Sache bei uns ist, dass wir uns ständig die Ansichten anschauen, die wir zu allem haben. Also hatte ich jahrelang eine Ansicht, die für uns funktioniert hat, bis zu einem gewissen Punkt, dass nämlich unser Beratungsbusiness uns mit Cashflow versorgte, und mit diesem Cashflow konnten wir dann andere Arten von Investitionen generieren und kreieren. Leider bewirkte diese Ansicht, was ich erst vor drei oder vier Wochen erkannte, dass sie mich davon abhielt, andere generierende Wohlstandsquellen in Betracht zu ziehen, weil ich mich auf den Cashflow konzentriert hatte. Und ich war überzeugt, dass es richtig war, drei oder vier Jahre lang, dieser Cashflow. Sobald Chutisa und ich diese Unterhaltung gehabt hatten: „Nun, was wäre, wenn es mehr an Wohlstand gäbe als nur den Cashflow? Was wäre, wenn es verschiedene Arten gäbe, den Cashflow zu betrachten? Was wäre, wenn es Dinge gäbe, die kreiert werden könnten, die Cashflow auf eine Art kreieren würden, sodass es kein Cashflow ist, sodass wir Cashflow haben könnten, von dem wir nicht beschließen müssten, er sei ein Cashflow?" Und das veränderte sich dann total, und von diesem Moment an vor drei Wochen haben wir zwei neue Geschäfte ins Leben gerufen, die bereits begonnen haben, einen anderen Geldfluss zu kreieren – weil ich es jetzt nicht als Cashflow bezeichne.

Was würdest du jetzt als den Unterschied zwischen Cashflow, Reichtümern und Wohlstand beschreiben?

Steve:

Nun, zunächst einmal sind das alles Ansichten. Im Moment bedeutet Wohlstand für uns – und das ändert sich ständig – die Bereitschaft, zu kreieren und aus dieser Kreation zu generieren. Nun sollten wir gleich Chutisa zu Wort kommen lassen, denn sie ist sehr gebildet, wenn es darum geht, Wohlstand zu betrachten. Cashflow kann sehr verführerisch sein, aber er kann dich auch vom kreativen Spiel ablenken. Also ja, er kann sehr wichtig sein, aber er ist auch nicht das Endspiel. Und ich denke, ich hatte Cashflow mit dem Endspiel verwechselt.

Chutisa, wie siehst du den Unterschied zwischen Wohlstand, Reichtümern, Cashflow etc.?

Chutisa:

Nun, das Wort „Cashflow" hat für mich schon immer eine etwas seltsame Energie gehabt. Wie Steve schon sagte, habe ich bis vor drei Wochen gebraucht, als ich zu ihm sagte: „Cashflow kreiert fast keine Wahl. Sobald du aufhörst zu arbeiten oder aufhörst, all das zu machen, stoppst du das Hereinkommen von Geld, den Cashflow. Wie wäre es also, wenn wir die Liegenschaftsaktiva als kreatives, generierendes Einkommen, als generativen Umsatz sehen würden?" Und wenn man über generierenden Umsatz spricht, kreiert er immer weiter Umsatz, richtig? Also ist das eine andere Energie als „Cashflow". Denn Cashflow verbinde ich mit etwas Linearem. Wir sind „Babyboomer". Die meisten Leute aus dieser Zeit, unsere Kollegen, gehen in den Ruhestand, und Steve sagt oft: „Ich werde nie in den Ruhestand gehen, ich werde für immer arbeiten." Kannst du das spüren? Er richtet sich schon darauf ein, dass er für immer arbeiten wird, richtig? Also sagte ich: „Nun, das ist eine andere Wahl als ‚wir haben so viel generierenden Wohlstand, dass wir wählen werden, die Arbeit zu machen, um der Beitrag zu sein, die Welt für immer zu einem besseren Ort zu machen.' Das ist anders als: ‚Ich werde für immer arbeiten, damit ich den Cashflow haben kann.'"

Der Cashflow … darin liegt nicht viel Wahl: „Du musst einen Cashflow haben." Wenn du aber generierenden Wohlstand hast, wird er sich selbst generieren.

Steve:

Einer der Hauptschlüssel liegt darin, dich hinsichtlich all dieser Möglichkeiten weiterzubilden. Nun, wenn ich sage, du sollst dich in diesen Möglichkeiten fortbilden, kann ich hören, wie ein „Hilfe!" in den Universen der Leute losgeht. Fortbildung kann so einfach sein wie auf Google zu gehen und auf YouTube etwas zu suchen über: wie kann ich … bla bla bla, was immer das auch sein mag. Selbst, wenn du etwas googelst wie „Was ist Wohlstand?" oder „Wie werden wohlhabende Leute wohlhabend?", und dies durch deine eigenen Ansichten liest und eine oder zwei Sachen wählst, die für dich tatsächlich Sinn ergeben. Denn das ist immerhin ein Anfang. Wir fanden vor drei Wochen heraus, dass es Bereiche des Wohlstandes gibt, die wir nie zuvor in Betracht gezogen hatten, aber sie waren schon immer da, haben uns angeschrien, aber wir haben uns geweigert zu sehen, was das war. Und sobald uns klar wurde, was diese Dinge waren, haben wir angefangen, sie umzusetzen, und plötzlich machen wir jetzt 1000 $ pro Tag, 2000 $ pro Tag in Bereichen, wo wir das schon immer hätten tun können, aber niemals daran gedacht haben. Das ist zusätzlich zu allem anderen, was wir machen.

Chutisa, was hast du noch hinzuzufügen zu dieser ganzen Sache mit sich über Geld fortbilden? Was würdest du Leuten anbieten, um damit anzufangen, sich fortzubilden?

Chutisa:

Ich glaube, die Hauptfrage ist, wenn du die Worte „sich fortbilden" hörst, ist das jetzt nicht so, als ob du einen Finanzplanungsgrundkurs oder so was machst oder einen Buchhaltungsabschluss absolvierst. Es ist eher so: Finde eine Sache, die dir Spaß macht, und lerne einfach so viel wie möglich über diese Sache. Wie wir das mit dem Schmuck gesagt haben. Wenn dir das gefällt, lerne alles über Schmuck. Das könnten Antiquitäten sein, das könnte Gold sein, Silber; fang einfach mit einer Sache an, die dir Spaß macht, und lerne so viel du kannst und sei in der Frage „Was würde es brauchen, damit ich hiermit Geld mache?" Du kannst kaufen und verkaufen oder du kannst dich mit Design befassen. Du kannst alle möglichen Dinge machen. Es kann ein großes Finanztraining sein in einer Sache, die dein Herz zum Singen bringt, und leg einfach los und lerne etwas darüber. Mache dich schlau und dann mache weiter. Mache immer weiter.

Ich habe mich gefragt, ob ihr darüber sprechen könnt, wie ihr den Unterschied seht zwischen Schulden und der Entmystifizierung der Bewertung, die die meisten Leute über Schulden haben und darüber, in Schulden zu stecken?

Chutisa:

Nun, was die Leute als schlechte Schulden bezeichnen, ist, wenn sie anderer Leute Geld benutzen, wie das Geld der Bank, und Konsumgüter kaufen, und diese Güter nicht wirklich expandieren und dir Geldzuwachs bringen. Du kannst gute Schulden kreieren, indem du Geld nimmst, einen Kredit bei der Bank für etwa 5 % Zinsen aufnimmst und dieses Geld benutzt, um 20-25 % von diesem Geld zu generieren. Also ist das eine bessere Art, die Schulden zu nutzen – gute Schulden.

Steve:

Die Sache bei Schulden ist immer, dass wenn du anderer Leute Geld benutzt, was die Definition von Schulden ist, um einen Wert zu kreieren, der dir dann Umsatz bringt, warum nennst du es dann Schulden. Wenn du Schulden benutzt, also Geld, das du anderen Leuten schuldest, um etwas zu kreieren, das du konsumieren wirst, ist das kein Wert, der dir Geld bringen wird, denn das sind die Schulden, von denen du die Finger lassen solltest. Also noch einmal: Werde all die Sachen los, wo du konsumierst, indem du anderer Leute Geld benutzt, aber schaue dir Möglichkeiten an, wie du anderer Leute Geld verwenden kannst, um Vermögenswerte zu kreieren, die dann neues Geld kreieren.

Für die Leute, die jetzt denken: „Wie soll das auf mich zutreffen? Ich habe Collegeschulden, und ich habe all diese Schulden praktisch in einem Paket", was empfehlt ihr ihnen? Welche Fragen, grundlegende Werkzeuge, einfach, damit die Leute anfangen können, das zu verändern, um anzufangen, aus diesem Bammel rauszukommen zu denken, dass dies ihr Leben ist, dass es nichts gibt, was sich verändern kann?

Steve:

Es ist niemals zu spät anzufangen, bei all diesen Sachen. Und es ist niemals zu spät, ob du jetzt 20, 30, 40, 50, 60, 70 oder 80 Jahre alt bist, es ist egal. Denn jedes Mal, wenn du dich veränderst, verändert das auch dein Leben. Also ein paar praktische Ratschläge hierzu. Dies ist übrigens kein finanzieller Rat. Dies ist einfach nur ein praktischer Rat. Und zwar, schau dir an, wie du die Menge an Schulden für Konsumgüter, die du hast, reduzieren kannst, also Sachen, die du konsumieren möchtest. Schau dir deine Kreditkarten als eine Möglichkeit an, wirklich Vermögenswerte zu erwerben, die einen Gewinn kreieren. Welches sind nun diese Vermögenswerte, die Gewinn kreieren? Mache eine Google-Suche mit den Stichworten: „Wo sind die Vermögenswerte, die Gewinn kreieren?", und fang an, dir jene anzugucken, die dir wirklich Spaß machen. Und fange an zu schauen, wie du dann etwas von deinem Geld benutzen kannst, das du auf anderen Wegen kreierst, um einige dieser Vermögenswerte zu generieren; selbst, wenn das nur 1000 $ im Monat sind oder 500 $. Das ist mehr als jemand, der keine 500 $ im Monat macht. Und du fängst an, also du fängst an; und das ist absolut der beste Weg anzufangen, eben, indem du anfängst.

Ich denke, das Beispiel mit dem Silberlöffel ist genial. Wenn du einen Silberlöffel kaufen möchtest, mache dich kundig, wie der Silberpreis steht. Kaufe ihn unter diesem Preis, und deshalb könntest du ihn immer, wenn du wolltest, einschmelzen und immer noch mehr Geld machen, als du gezahlt hast.

Eine Sache, die uns wirklich über die Jahrzehnte erstaunt hat, ist, dass, wenn man sich zu irgendetwas weiterbildet, das bedeutet, dass du mehr weißt als 99,99 % aller Leute da draußen. Siehst du, die Leute wissen nur, was sie wissen, und wenn du ein bisschen mehr über etwas weißt, dann kannst du sofort den Wert von Sachen erkennen, den andere nicht sehen. Nehmen wir also den Silberlöffel. Lies ein bisschen über Silber. Gehe ins Internet. Mach einen halbstündigen Kurs auf YouTube umsonst über „Wie schätzt man Silber?" Dann schau weiter, mache eine weitere Suche über „Wo kann ich einen Silberlöffel kaufen?" Du kaufst einen Silberlöffel unter dem Schmelzpreis. Dann mach eine weitere Suche über „Wo kann ich Silber schmelzen?" Du schmilzt ihn. Dann hast du 20 % mehr verdient als vorher. Und wenn du das dreimal pro Woche machst, stell dir nur vor!

Ist es schlimm, dass ich jetzt gedacht habe: „Oh nein, schmilz nicht das schöne Silber?" Steve, aber ich bin diejenige, die ihn dir abkauft, damit du ihn nicht schmilzt; es gibt immer einen Kunden irgendwo! Ich habe euch viel über Profit sprechen hören, über die Maximierung von Profit.

Steve:

Nun, eines der Themen ist immer, es gibt viele Leute, die lieber 100 % von nichts haben als 20 % von etwas. Und wenn du die Ansicht hast, dass du den Profit maximieren möchtest, den du aus etwas bekommst, wirst du das nicht, denn du suchst immer nach der *besten* Zeit zu verkaufen, zum *besten* Preis; für den Toppreis von was auch immer es ist. Was wäre, wenn du wirklich sehr zufrieden sein könntest im Wissen, dass du gerade 25 % mehr kreiert hast, als du hattest, als du gerade anfingst? Und was wäre, wenn du das ständig, ständig, ständig machen würdest? Wie viel meinst du, würdest du in einem Jahr generieren, wenn du alles, was du berührst, dann für 25 % mehr verkaufen oder weiterverkaufen könntest? Nicht 300 % mehr, nicht 500 % mehr, aber 25 % mehr? Die meisten Leute würden lieber drei Jahre warten und etwas zum doppelten Preis verkaufen, als etwas für 25 % mehr zehnmal im Jahr zu verkaufen.

Steve, gibt es noch etwas sonst, das du allen hier mitgeben möchtest?

Steve:

Ich möchte einfach alle, die dies hier hören/lesen, einladen, da rauszugehen und zu gucken, was über das Kreieren und Generieren von Wohlstand frei verfügbar ist. Und suche dir einfach eine Sache aus. Wenn du eine Sache machst, bist du schon 99 % der Bevölkerung voraus. Und dies ist eines der großen Geschenke davon, aus den Schulden herauszukommen, das ist, deine Ansicht zu verändern. Es geht immer nur darum, aus den Schulden herauszukommen. Was, wenn es nicht darum ginge, aus den Schulden herauszukommen? Was wäre, wenn es darum ginge, Vermögenswerte zu generieren?

Chutisa, möchtest du noch etwas hinzufügen?

Chutisa:

Lege einen Prozentsatz deines Umsatzes oder Einkommens zur Seite. Egal, wie gering das ist, es wird sich ansammeln. Und benutze einfach dieses Geld, um Vermögenswerte zu kaufen, die mehr Einkommen oder mehr Umsatz für dich generieren. Also fange klein an. Behalte es. Lege es zur Seite und nutze dieses Geld nur, um generierende Vermögenswerte zu kaufen. Wenn dir Silberlöffel gefallen, lege Geld zur Seite und kaufe nur einen Silberlöffel, wenn du dir leisten kannst, einen Silberlöffel zu kaufen. Und das allein wird schon generierender für dich und dein Leben sein.

INTERVIEW MIT BRENDON WATT

Ausschnitt aus der Internet-Radiosendung „Joy of Business" mit dem Thema „Freudvoll raus aus den Schulden mit Brendon Watt", ausgestrahlt am 29. August 2016.

Wie bist du mit Geld groß geworden? Wie war deine Familie mit Geld? Habt ihr darüber gesprochen, nicht darüber gesprochen, wurde es versteckt, nicht versteckt, hattet ihr Geld oder hattet ihr kein Geld? Wie war es für dich?

Ich erinnere mich, wie ich aufwuchs und meine Eltern immer wieder fragte: „Also wie viel hat das gekostet?" Und sie sagten: „Das geht dich nichts an." Und dann meinte ich: „Wie viel hat das gekostet?" Immer, wenn ich Fragen über Geld stellte, war ihre Antwort jedes Mal: „Das geht dich nichts an. Das musst du nicht wissen." Also dachte ich mir, als ich aufwuchs, im Prinzip, dass Geld, weißt du, etwas ist, was man vermeidet, etwas, das nicht existent war, und als junger Erwachsener war das etwas, was sich viel zeigte. Ich erinnere mich daran, dass, wenn ich Rechnungen in der Post hatte von Stromgesellschaften oder

Telefongesellschaften oder wem auch immer, die Briefe nicht öffnete, denn ich dachte mir, wenn ich die Post nicht aufmache, kann ich nicht sehen, dass ich diese Rechnung schuldig bin. Also konnte ich sie einfach vermeiden. Oder wenn eine private Telefonnummer auf meinem Handy auftauchte und ich nicht darauf reagierte, konnte ich offensichtlich kein Geld schulden, denn ich wusste ja nichts davon. Also vermied ich es, und vermied es, und vermied es, bis ich zu einem Punkt kam, wo ich so viel schuldete, wo ich so viele Schulden hatte, dass es wirklich an der Zeit war, mir das anzuschauen.

Kannst du mir sagen, was das für dich bewirkt hat? Wessen bist du dir jetzt gewahr, das dir damals nicht klar war?

Ich erinnere mich, dass ich mal gemeinsam mit einem Freund in einer Wohnung wohnte. Er war damals weg, und die Stromrechnungen mussten gekommen sein, aber ich öffnete die Post ja nicht, und der Strom ging aus. Also legte ich eine Stromleitung von einer der Anschlussstellen draußen; denn das war ein Mietshaus, in dem es draußen Anschlussstellen gab, die nichts mit der Wohnung zu tun hatten. Also legte ich das Kabel in die Wohnung rein und steckte alles ein. Ich dachte, das sei kein Problem, ich dachte nur: „Prima, ich habe wieder Strom." Und mein Freund kam von seiner Reise zurück und schaute mich an: „Was machst du da?" Und ich meinte: „Na ja, der Strom ist ausgegangen und ich habe kein Geld, um die Rechnung zu bezahlen." Und ich hielt das für vollkommen normal. Ich war ja mit Armut aufgewachsen, und Armut war für mich etwas Reales. Das war einfach so wie, es war nicht falsch, es war nicht richtig oder falsch, das war einfach nur: „Ich habe kein Geld, was soll ich also sonst machen? Natürlich lege ich eine Stromleitung von draußen rein." Aber so war es damals für mich.

Also bist du eigentlich kreativ geworden.

Ja. Na ja, ich brauchte Strom. Ich brauchte eine Möglichkeit, um den Kühlschrank und das Licht am Laufen zu halten. Aber so war es für mich. Ich merkte noch nicht einmal, dass ich Schulden hatte; ich war so ungebildet in Bezug auf Geld. Schulden gab es noch nicht einmal für mich. Es war nur so: „Ich habe kein Geld." Aber ich erinnere mich, als wir …, Simone und ich, in unser erstes gemeinsames Haus zogen, und wir eines Tages sprachen, und ich es ansprach: „Oh, übrigens, ich habe 200.000 $ Steuerschulden." Und sie meinte so: „Was?", und meinte: „Nun, das ist schon eine große Sache", und selbst dann meinte ich: „Wirklich? Es ist eine große Sache, dass ich Schulden habe?" Aber wieder mal war mir nicht klar, dass Schulden etwas Schlechtes sind oder so; es war einfach Geld und Geld bedeutete nichts. Ich hatte nie etwas darüber gelernt, also hatte ich keinen Respekt davor.

Ja, ich erinnere mich an diese Unterhaltung mit dir, und ich dachte: „Wir haben ein Haus gemeinsam gekauft, wir leben zusammen, ist das nicht etwas, was man jemandem erzählt, bevor man das macht? Dass du so viele Schulden hast?", und du meintest nur: „Oh." Du hast das so locker genommen, wir lachten darüber.

Ja, aber genau das war Geld für mich, das war so: „Oh, ich hab das vergessen." Ich hatte so gut gelernt, es zu vermeiden, dass ich es vor mir selbst versteckte in einem Ausmaß, wie wenige Leute das konnten; ich war gut darin!

Eine Sache, die du mir vor einer Weile gesagt hast, war, dass, als du groß wurdest, die Leute um dich herum sich um Geld stritten. Ich erinnere mich, dass du sagtest, du möchtest niemals Geld haben, du wolltest nie etwas damit zu tun haben, denn für dich war das gleichbedeutend mit einem gewissen Maß an Missbrauch und Gewalt. Kannst du ein wenig hierüber sprechen?

Ja, genau. Weißt du, ich sehe das bei vielen Leuten. In Beziehungen zum Beispiel, wenn jemand mit Beziehungen aufwächst, in denen es Missbrauch gibt, sucht er sich entweder eine Beziehung mit Missbrauch, damit er es ausprobieren und begreifen und besser als seine Eltern machen kann, oder nehmen wir zum Beispiel Geld, wenn

Geld etwas war, worüber deine Eltern sich stritten, warum solltest du dir wünschen, welches zu haben? Weißt du, denn für mich, ich hab mein Bestes gegeben, um meine Eltern glücklich zu machen. Ich war immer in der Frage, was ich machen könnte, um sie glücklich zu machen. Und sie stritten die ganze Zeit wegen Geld, also konnte ich offensichtlich nichts wegen Geld tun, um sie glücklich zu machen, aber das war nichts Kognitives. Das war etwas, was ich beschloss, das ging in die Richtung von: „Na, wenn Geld sich so anfühlt und ist, warum sollte ich welches haben wollen?"

Du hast auch Glücklichsein erwähnt. Als du ein Kind warst, war Glücklichsein gleich Geld und Geld gleich Glücklichsein? Oder war es einfach irrelevant? Wie funktioniert das?

Na ja, für mich hatte Glücklichsein nichts mit Geld zu tun. Ich definierte Glücklichsein als alleine sein oder etwas machen, was mich glücklich macht. Welche Kinder sieht man schon, die ihr Leben aufgrund von Geld kreieren, die ihr Glücklichsein aufgrund von Geld kreieren? Sie sagen nicht: „Ich habe heute 10 $ verdient, also bin ich glücklich." Sie denken: „Ich hatte heute einen tollen Tag, also bin ich glücklich." Aber als Erwachsene denken wir eher: „Ich habe heute kein Geld verdienst, also bin ich dumm", oder „Ich hatte einen beschissenen Tag", oder was auch immer es ist. „Ich kann nicht glücklich sein, wegen des Geldes." Also, wie viele Leute haben beschlossen, dass Geld gleich Glücklichsein ist? Denn das ist es nicht. Ich meine, das dachte ich. Als junger Erwachsener dachte ich auch: „Wenn ich mehr Geld verdienen könnte, könnte ich glücklicher sein", aber ich merkte, sobald ich anfing, Geld zu machen, dass es irrelevant war. Glücklichsein war eine Wahl, die ich treffen musste, und sie hatte überhaupt nichts mit dem Geld zu tun.

Gibt es einen bestimmten Moment in deinem Leben, von dem du sagen kannst, dass er dieses Gewahrsein in Gang gebracht hat?

Na ja, ich meine, ich habe dich getroffen und ich habe Gary und Dain getroffen und ich habe viele andere enge Freunde getroffen, die ich jetzt habe, und viele von ihnen haben viel Geld kreiert. Und es ist nicht so, dass es Glück für sie kreiert hat oder für mich jetzt, das sind eher die Wahlmöglichkeiten, die es einem gibt. Wie bei uns zum Beispiel, ich liebe es, in der Businessklasse zu fliegen, und ich liebe es, schöne Kleidung zu tragen, und ich liebe es, gutes Essen zu essen, und ich liebe all das; das macht mich glücklich und es macht meinen Körper glücklich, aber es ist auch eine Wahl, die ich treffen muss, um das zu haben. Es ist nicht nur so, na ja, wenn ich jetzt 1.000 $ hätte, wäre ich glücklicher. Denn wenn du mir jetzt 1.000 $ geben würdest, würde das nicht Glücklichsein kreieren. Das würde kreieren: „Oh, ich habe jetzt 1.000 $. Prima."

Du hast Wahl erwähnt. Dass Geld dir mehr Wahlmöglichkeiten gibt. Zum Beispiel reist du in der Economyklasse, du reist in der Businessklasse oder ...

Ja, was macht dich glücklicher? Economy- oder Businessklasse?

Was wird deinen Körper glücklicher machen? Auf jeden Fall Businessklasse oder die 1. Klasse!

Oder ein Privatjet.

Oder ein Privatjet, und wir sind ja in den letzten paar Monaten mit einigen Privatjets geflogen, was eine Menge Spaß gemacht hat. Also, wir sprachen über Wahl. Hast du denn das Gefühl gehabt, eine Wahl zu haben mit Geld, als du aufwuchst, oder keine Wahl? Wie war das für dich?

Erst einmal wusste ich gar nicht, was Wahl war. Als ich aufwuchs, bestand Wahl darin, mir anzuschauen, was alle anderen wählten und zu denken: „Okay, ist es das, was ich wählen sollte? Ist es das, was ich wählen sollte? Ist es das, was ich wählen sollte?" Nicht etwa: „Was kann ich wählen und welche Wahlen habe ich hier zur Verfügung, in diesem Moment?" Es ging nie darum. Ich schaute, was ich für jemand anders oder gegen jemand anders wählen konnte. Also zu lernen, dass es eine

Wahl gibt, war wahrscheinlich einer der ersten Schritte, um in der Lage zu sein, eine andere Realität mit Geld zu kreieren. Und auch diese Sache mit den Schulden. Ich musste es mir anschauen und mir sagen: „Okay, ich habe Schulden. Sie werden nicht verschwinden." Also verbrachte ich die letzten 30 oder 40 Jahre damit, davor davonzulaufen. Jetzt ist es direkt vor meiner Tür und klopft an. Und klopft immer noch an. Und klopft immer noch an. Ich muss die Tür öffnen und mir das anschauen. Und das tat ich, und das war, das war erst vor zwei Jahren. Vor zwei Jahren begann ich zu erkennen, wie viel Schulden ich angehäuft hatte, und fragte mich: „Nun gut, also, welche Wahlen muss ich treffen, um hier rauszukommen?"

Wie war es, als du das erste Mal dein finanzielles Leben in die Hand genommen hast und wusstest, dass du derjenige bist, der es anders machen muss; dass du derjenige bist, der noch einige Wahlen treffen muss?

Ich hatte das Glück, viele gute Freunde um mich zu haben, mit denen ich Gedanken austauschen und sagen konnte: „Hier stehe ich jetzt." Aber ich umgab mich auch mit Leuten, die Geld hatten, also bildete ich mich weiter. Ich dachte: „Ich werde mich über Geld fortbilden müssen." Und für mich war das, Zeit mit Leuten zu verbringen, die sich mit Geld auskannten. Das konnte auch sein, weißt du, mir Finanzsendungen anzusehen. Oder alles zu lesen, was mit Leuten zu tun hatte, die tatsächlich Aufklärung rund um Geld betrieben haben und die sich mit Geld auskennen. Und es ging einfach darum, mich selbst fortzubilden, und dann konnte ich mir anschauen: „Wenn ich aus den Schulden rauskommen muss, muss ich dies, dies und das machen. Was sind meine Wahlmöglichkeiten? Was muss ich hier wählen?" Und dann: „Was fühlt sich am Leichtesten an?" Und dann loslegen. Und ich machte das, das war vor einigen Jahren, und es hat sich alles komplett gedreht. Ich meine, ich habe jetzt keine Schulden, außer Hypotheken und Dingen, die mir Geld bringen.

Erzähl mir über den Unterschied, wenn du früher zum Buchhalter gegangen bist und jetzt. Du hast dich nie sehr gut gefühlt, wenn du weggingst, und jetzt liebst du diese Finanz- oder Steuerplanungstreffen mit unserem Buchhalter. Was ist der Unterschied bei der Kreation?

Nun, der Unterschied ist, dass es kein Vermeiden von Geld gibt. Wenn ich die Ansicht hatte, dass ich Schulden und Geld vermeiden muss, wie konnte ich dann mit einem Buchhalter sprechen? Es ist nicht so einfach, mit einem Buchhalter zu reden, wenn du die Ansicht hast, dass Geld doof ist, und für mich ging es darum, darüber hinwegzukommen und diese Ansicht über Geld zu ändern. Wenn wir uns jetzt mit unserem Buchhalter treffen, frage ich: „Und, was machen wir jetzt? Was können wir damit machen? Was können wir damit machen? Und wie bringen wir das hierhin? Und wie können wir hier Steuern sparen?" Es ist einfach spannend, denn die Kreation ist wieder spannend und dreht sich nicht darum, mehr Schulden zu kreieren. Jetzt geht es darum, eine Zukunft und Wohlstand zu kreieren.

Also, wie hast du deine Ansicht geändert, Brendon? Kannst du uns, sagen wir mal, drei Werkzeuge oder Fragen geben?

Mein allererstes Werkzeug wäre das 10-Prozent-Konto. Ganz einfach. Nummer 1. Wenn du das machen kannst, wirst du aus den Schulden rauskommen. Und der Grund ist, wenn du 10 % von allem, was du verdienst, sofort weglegen kannst; wenn du 1.000 $ pro Woche verdienst, und bevor du gehst und deine Rechnungen oder was auch immer zahlst, 100 $ in ein extra Bankkonto tust oder es als Bargeld in deiner Schublade oder deinem Safe aufbewahrst oder was auch immer das ist, und es nicht anrührst. Wenn du 1.000 $ pro Woche verdienst, und das sind 100 $, wie viel wirst du in drei Jahren haben? Du wirst 15.600 $ Dollar haben. Wenn du also 15.600 $ auf einem extra Konto hast, wirst du das Gefühl haben, Geld zu haben oder kein Geld zu haben? Wirst du dich so fühlen, als ob du Geld kreieren oder kein Geld kreieren kannst? Ich habe es etwa fünf Mal gemacht und bin bei 2.000 oder 3.000 $ angelangt und gab es aus. Dann sagte ich zu dir, Simone:

„Das funktioniert nicht. Ich will das wirklich machen. Ich möchte meine Geldsituation wirklich verändern." Aber das war auch die Forderung, die ich hatte. „Kannst du dieses Geld für mich aufbewahren? Kannst du meine 10 % aufbewahren?"

Und du hast zu mir gesagt: „Gib es mir nicht zurück, selbst wenn ich darum bitte."

Und ich glaube, ich habe ein paar Mal darum gebeten.

Das hast du. Und ich sagte: „Nein." Und du meintest: „Was?"

Ich dachte so: „Verdammt!" Das war etwa vor etwa zwei oder drei Jahren und ich habe es seitdem nicht angerührt. Also ist es gewachsen und gewachsen und gewachsen und gewachsen. Und jetzt habe ich einen bestimmten Geldbetrag auf der Bank, also habe ich nicht das Gefühl, kein Geld zu haben.

Kann ich dich fragen, welchen Betrag du in deinem 10-Prozent-Konto gebraucht hast, bevor du das Gefühl hattest, Geld zu haben?

Ich glaube, am Anfang waren das 10.000 $. Und dann habe ich den Betrag erreicht und es waren 30.000 $. Und dann ging es auf 50.000 $. Aber sobald du einen bestimmten Betrag erreichst, denkst du: „Oh wow. Ich habe Geld. Und was jetzt noch?" Also das war meine erste Sache. Und das wäre mein wichtigster Tipp, um aus den Schulden rauszukommen. Mein nächster Tipp wäre, deine Ausgaben aufzuschreiben; und zwar alles. Ich meine, wir machen unsere Liste alle paar Monate, und wir schreiben auch Weihnachtsgeschenke auf, etwas Monatliches. Also wissen wir, dass, wenn Weihnachten kommt, wir wahrscheinlich 1.000 $, 2.000 $, 3.000 $ für Weihnachtsgeschenke oder das Weihnachtsessen oder wenn wir die Familie einladen, ausgeben, weißt du, das ist eine Ausgabe.

Ich erinnere mich, dass wir in einem Jahr ausrechneten, dass wir 8.000 $ für Weihnachten ausgegeben hatten. Anstatt also zu sagen: „Oh, 8.000 $ für Weihnachten" haben wir es durch 12 geteilt ...

Und es zu unseren monatlichen Ausgaben dazugezählt.

Kannst du uns mehr darüber erzählen, wie du deine monatlichen Ausgaben ausrechnest?

Gut, wenn du es altmodisch magst, schreibe es auf ein Stück Papier. Wenn du es moderner magst, Excel Spreadsheet, das ich hasse, denn ich kann sie nicht benutzen. Simone ist einfach ..., oh, ich kann wie niemand sonst kopieren und einfügen! Aber mach so eine Liste und trag ein: „Auto: Anmeldung, Treibstoff", was auch immer. „Haus: Miete oder Hypothek". Und dann hast du Wasser, du hast Strom, du hast Kinder, du hast die Schule, du hast Kleidung. Und dann hast du dich. Du hast Kleidung, du hast, egal, was es ist, aber bei jeder einzelnen Sache, für die du Geld ausgibst, musst du sie da aufführen, denn das ist es, wie du dein Leben unterhältst. Das ist, was dein Körper braucht. Also schreibe alles auf, monatlich oder wöchentlich, was auch immer das für dich ist, und schau es dir an. Und wenn du zum Beispiel 1.000 $ pro Woche verdienst, schreibst du deine Ausgaben auf und die liegen bei 1.500 $. Wird das wirklich funktionieren? Du hast 500 $ zu wenig. Anstatt jetzt durchzudrehen und zu denken: "Okay, ich muss meine Ausgaben verringern. Ich muss Abstriche dabei machen, wie ich mein Leben lebe. Ich muss aufhören, so viel Spaß zu haben. Ich kann nicht mehr essen gehen", schaue dir an: „Okay, also was muss ich jetzt meinem Leben hinzufügen, um diese 500 $ und mehr zu kreieren?" Schau dir an, was du deinem Leben hinzufügen kannst, anstatt, was du wegnehmen kannst.

Als du das das erste Mal gemacht hast, erinnerst du dich an den Betrag und wie das für dich war?

Nein. Ich habe keine Ahnung, aber ich glaube, es war ..., ich kann dir den Betrag nicht nennen, um ehrlich zu sein, aber es kann nicht viel gewesen sein. Ich erinnere mich, dass es definitiv über dem lag, was ich verdiente, das war auf jeden Fall mehr, als was ich verdiente. Daher kamen auch die Schulden, weil ich keine Klarheit darüber hatte, was ich zum Leben brauchte. Wenn wir zum Beispiel die 1.000 $ nehmen, wenn ich 1.000 $ pro Woche verdiente und dann meine Ausgaben anschaute und die bei 2.500 $ lagen, bekam ich immer mehr und mehr und mehr Schulden, aber ich wusste nicht, warum. Ich dachte einfach, ich würde mein Geld schlecht verwalten, oder es wäre das Universum ..., dass Gott mich hasste: „Gott, warum liebst du mich nicht?!" Aber ich hatte keine Vorbildung hier, als ich es also aufschrieb, dachte ich: „Oh. Deswegen gerate ich in Schulden. Es ist, weil ich nicht genug Geld mache, um meine Ausgaben abzudecken." Also schaffte dies absolute Klarheit für mich. Ich dachte. „Okay, gut. Ich habe 1.000 $ oder 1.500 $ zu wenig in der Woche, bei dem, was ich verdienen muss." Also hast du Wahlen. Entweder lässt du alle diese Dinge aus deinem Leben weg, die du gerne tust oder fragst dich: „Okay, was muss ich heute meinem Leben hinzufügen, das mehr Geld bringen kann? Was kann ich noch kreieren? Welche anderen Einkommensströme?"

Welche anderen Werkzeuge und Fragen hast du verwendet, um deine Schulden zu verändern und Geld zu generieren?

Fragen sind sehr wertvoll. Du musst Fragen stellen, denn das Universum wird liefern. Es ist nicht linear. Ich bin mit dieser linearen Sache aufgewachsen, aber sobald ich anfing, Fragen zu stellen, erkannte ich, dass ich um etwas bitten konnte und es sich zeigen würde. Du musst in gewissem Maße deinen Worten Taten folgen lassen. Frage: „Was würde es brauchen, damit sich das zeigt?" Und vertraue dir selbst, dass es so sein wird. Vertraue dem Universum, dass es so sein wird. Denn das war der Punkt für mich. Ich wusste, mein Leben würde sich verändern, und ich wusste, dass, wenn ich Fragen stellen und andere Wahlen treffen würde, das geschehen würde. Ich wusste nicht wie, aber es kam so.

Frage auch: „Was hasse ich an Geld?" „Was liebe ich daran, kein Geld zu haben?" Das kann konfrontierend sein, denn du wirst sagen: „Aber ich hasse Geld nicht. Ich liebe es, aber ich habe keins." Wenn du keines hast, liebst du es nicht. Und das war die eine Sache, wegen der ich brutal ehrlich mit mir selbst sein musste und mir sagen: „Wow, da gibt es etwas hier, das ich nicht daran liebe, Geld zu haben." Also frage dich selbst und sei bereit, es dir anzuschauen und anzuerkennen: „Wow. Das ist eine seltsame Ansicht. Was würde es brauchen, die zu ändern?"

Eine andere Frage, die du stellen könntest, ist: „Was bin ich nicht bereit, für Geld zu tun?" Denn viele Leute haben diese Sachen, wo sie dies, das und jenes für Geld tun würden, aber wenn du dir wirklich wünschst, alles Geld in der Welt zu haben und alles zu kreieren und alles zu haben, was du dir wünschst, musst du bereit sein, alles zu tun, was es dazu braucht. Und das war eine der Sachen, die ich kapierte. Und etwas anderes, was ich mir anschaute, war, dass ich diese Forderung in meiner Welt haben musste. Wenn ich mein Leben so sehr verändern und Geld auf die Art haben und alles haben werde, was ich mir wünsche, werde ich wirklich das tun müssen, was auch immer es braucht. Ich sehe bei vielen Leuten, dass sie nicht bereit sind zu tun, was es braucht.

Also, wenn wir darüber sprechen, alles zu tun, was es braucht, um etwas zu kreieren ... Als du das erste Mal nach Amerika gingst, bist du Economy geflogen. Das erste Mal, als du von Australien nach Italien flogst, was eine ganz schöne Reise ist, war es auch Economy. Und nun sagst du, du reist in einem Privatjet. Hast du das je für möglich gehalten?

Ich wusste immer, dass es möglich war. Aber das Lustige ist – meine erste Reise nach Amerika war zu einem 7-Tage-Kurs in Costa Rica. Ich hatte 10.000 $ auf meinem Bankkonto angespart. Und ich dachte mir: „Ich gehe nach Amerika und werde in der Businessklasse reisen und zu diesem Kurs gehen", und ich schaute mir die Business-Class-Tickets an und sie kosteten 6.000 $ hin und zurück nach Amerika für mich; also hatte ich genug, um das zu machen mit dem Kurs. Und ich dachte: „Cool." Und dann schaute ich mir das an und dachte: „Warum sollte ich das wählen? Ich habe jetzt 10.000 $. Ich könnte ein Economy-Class-

Ticket für 1.000 $ kaufen, zum Kurs gehen und hätte immer noch 5.000 $ übrig, um mehr zu machen oder mehr zu kreieren, oder um einfach ein bisschen mehr Freiheit mit Geld zu haben." Denn eine Sache, die ich über Geld weiß ist, dass, wenn man es hat, es einem mehr Freiheit gibt, um mehr zu kreieren. Ich kann mehr mit Geld kreieren als ohne. Also überlegte ich mir das und dachte: „Wow. Das ist verrückt!" Ich hatte diese seltsame Ansicht, dass, wenn ich aussehen könnte, als hätte ich Geld, mehr Geld machen könnte. Oder dass ich mich, wenn ich mit diesem Business-Class-Ticket fliegen würde, während des 13-stündigen Fluges wohlhabend verhalten könnte oder was auch immer das war. Für mich ging es darum, mir das anzuschauen: „Okay, ich muss hier ein bisschen pragmatischer sein mit a) der Art, wie ich Geld betrachte und b) der Art, wie ich es ausgebe."

Du hattest aber tatsächlich eine Wahl. Du hättest wählen können, all dein Geld auszugeben und das zu machen, und doch hast du etwas anderes gewählt.

Ich reiste häufig mit Economy, als ich anfing. Ich wusste, dass ich in der Business-Klasse reisen wollte, und ging in das Flugzeug und sah diese Leute in der Business-Klasse und dachte nicht: „Oh, schau dir diese Leute an, weißt du, reiche Leute." So war ich nicht. Ich ging in das Flugzeug und dachte mir: „Das nehme ich. Was immer es braucht. Was braucht es, damit ich das habe?" Ich ging dann und setzte mich auf meinen Platz. Genoss den Flug. Ich begann, Meilen bei verschiedenen Fluglinien zu sammeln und bekam Upgrades. Und dann bekam ich einen Upgrade in die Business-Klasse und dachte: „Das ist großartig! So möchte ich gerne, dass mein Leben aussieht. Was wird es brauchen?" Insgesamt war es das, ich forderte es und stellte Fragen und das war es, was es brauchte, damit es begann, sich zu zeigen.

Woher kommt für dich das Geld? Und wie zeigt es sich für dich? Was hat sich für dich in den letzten Jahren geändert, seit du deine Ansicht über Geld geändert hast?

Nun, das Erste, wie du gerade gesagt hast, ist, deine Ansicht über Geld zu ändern. Denn deine Ansicht kreiert deine Realität. Ganz einfach. Das ist es. Wenn du die Ansicht hast, dass du 20 $ pro Stunde verdienst und 40 Stunden pro Woche arbeitest, sind das 800 $, und das wird dann alles sein, was du verdienst. Das war's. Wenn du sagst, das ist es, was ich habe, das ist es, was ich tue, dann war's das. Denn sobald du zu der Schlussfolgerung kommst von „Das ist das Geld, was ich verdiene", ist es das, was sich in deinem Leben zeigt. Wenn du aber sagst: „Okay, cool. Ich habe einen 40-Stunden-Job. Ich verdiene 20 $ pro Stunde. Das sind 800 $ pro Woche. Das ist großartig. Das ist mein Lebensunterhalt. Das deckt meine Miete, mein Essen, mein was auch immer ab. Was ist jetzt noch möglich? Was kann ich noch kreieren? Und welche anderen Einkommensquellen kann ich haben?" Und wieder geht es um die Frage. Die ganze Zeit. Wenn du anfängst, Fragen zu stellen, wenn das Erste am Morgen, wenn du aufwachst, ist, dass du deine Ansicht änderst, anstatt zu denken: „Ich muss zur Arbeit gehen", und funktionierst aus: „Wunderbar. Ich gehe zur Arbeit und was ist noch möglich?" Ich garantiere dir, wenn du mit dieser Ansicht ehrlich bist, und ehrlich mit der Ansicht bist, die du hast in Bezug auf „Du wirst dein Leben anders kreieren und du wirst deine Geldflüsse anders kreieren, egal, was es braucht", garantiere ich dir, dass du innerhalb von sechs Monaten eine andere finanzielle Realität haben wirst; ich garantiere es!

Als ich dich traf, warst du ein Fliesenleger, also ein Handwerker, wie wir in Australien sagen, und du hattest ein Business zusammen mit jemand anderem. Kannst du ein bisschen mehr darüber sprechen, wie du dazu kamst, so viele andere Einkommensquellen zu kreieren? Was ich auch sehe, dass du in deinem Leben kreierst, ist, dass es kein Ende gibt, es gibt kein Finale dazu, wie viele Einkommensquellen du hast. Kannst du ein bisschen mehr darüber sprechen?

Nun, das Erste, was ich mir anschaute, war: Ich arbeitete wirklich hart fünf Tage pro Woche oder fünfeinhalb Tage oder sechs Tage, und dann dachte ich: „Oh cool, jetzt ist Sonntag", und dann lag ich rum und sah fern oder trank Bier oder was auch immer. Ich erinnere mich, dass ich dasselbe machte, als ich dich traf, aber ich kam dahin, dass ich mir das anschaute und begann, mein Leben anzuschauen und zu gucken, ob ich genug damit hätte, und ob ich wirklich glücklich mit dem war, was ich kreierte, und merkte, dass ich es nicht war. Ich war zu Tode gelangweilt. Also schaute ich: „Okay, was kann ich meinem noch Leben hinzufügen?" Und das schaue ich mir jetzt an: Wünsche ich mir wirklich, dahinzugehen und …? Wir haben Geld. Ich könnte nach Hause gehen und mich buchstäblich entspannen. Ich könnte einfach nach Hause gehen und Wasserski fahren und chillen. Würde das für mich funktionieren? Nicht in einer Million Jahren. Ich muss viele Dinge tun. Wenn ich mein Leben kreiere, bin ich glücklich. Wenn ich rumsitze, bin ich es nicht. Es ist toll, zu gehen und Wasserski zu fahren oder was auch immer, und es ist nicht genug für mich. Ich weiß, dass ein regulärer Job von 9 bis 17 Uhr nicht genug für mich war. Ich wusste, dass an einem Sonntag rumzusitzen und Bier zu trinken nicht genug für mich war. Damit will ich nicht sagen, dass es für dich nicht so sein kann, aber wenn es das nicht ist, musst du es dir anschauen. Die erste Frage ist: „Was kann ich meinem Leben noch hinzufügen?" Das schaue ich mir jeden Tag an: „Was kann ich heute meinem Leben hinzufügen?" Anstatt: „Ich bin zu beschäftigt", oder „Ich kann nichts anderes machen." Das ist eine Lüge. Gehe weiter. Und wenn du denkst: „Na ja, ich habe zu viel zu tun", oder "Ich möchte das nicht machen", frage: „Ist das wirklich meine Ansicht oder die von jemand anderem?"

Eine Sache, die wir unserem Leben hinzugefügt haben, ist ein Aktienportfolio. Was war deine Ansicht am Anfang und was hast du verändert, um ein erfolgreiches, ein sehr erfolgreiches Aktienportfolio zu kreieren?

Na ja, ich finde Aktien spannend, denn da gibt es etwas daran, so schnell Geld zu machen, was ich superspannend finde. Ich meine, ich erinnere mich, wie ich zum TAB ging, als ich 11 oder 12 war, was ein Wettbüro in Australien ist, wo man hingeht und Geld auf Pferde setzt.

Mein Vater gab mir 1.000 $ in bar und diese Liste mit den Pferden, auf die er wollte, dass ich setze. Ich ging da hin und setzte das Geld auf die Pferde und ging dann hin und holte seine Gewinne ab. Nun, entweder verlor er all das Geld und war dann dieses gemeine Arschloch, oder er schickte mich da hin, und ich brachte drei oder vier Riesen mit und dachte: „Oh, das war leicht." Also hatte ich dieses Ding, dass Geld schnell zu machen mir Spaß machte. Und es war dasselbe mit Aktien: „Wow, man kann so schnell Geld machen, indem man buchstäblich sein Gewahrsein einsetzt?" Und das liebe ich an Aktien, das ist so wie: „Wenn ich das kaufe, wird es mir Geld machen? Ja? Nein? Ja? Ja? Okay, cool, dann kaufe ich."

Nun, tatsächlich hat sich dieses Aktienportfolio so gut entwickelt, dass wir am Ende eine Menge Anteile kauften und ein Haus am Fluss in Noosa in Queensland kauften, das nicht billig ist.

Wir kauften diese Aktie, sie war sehr weit unten. Es war ein Pennystock, und wir kauften viele davon. Nun, wir kauften sie eigentlich, als sie hoch stand und wir kauften sie, als sie niedrig stand, aber wir kauften eine Menge, als sie unten war, und vor Kurzem ist sie sehr stark hochgegangen, weil wir wussten, dass sie das würde. Wir kauften immer mehr und mehr. Alle sagten uns: „Ihr seid verrückt. Ihr seid verrückt. Ihr seid verrückt." Das sagten uns unsere Buchhalter. Unsere Freunde sagten es uns. Unsere Familie sagte uns: „Tut das nicht. Ihr setzt alles auf eine Karte." Was taten wir? Wir kauften sie weiter. Warum? Weil wir wussten, dass sie steigen würden. Also, was ich sagen will, ist: Was wäre, wenn du dem folgst, was du weißt, das deine finanzielle Realität kreieren wird, anstatt dem, was andere Leute dir sagen?

Also gehst du zum Beispiel zu deinem Buchhalter und der sagt: „Nun, Sie sollten dies tun, weil es sicher ist", oder du solltest das tun oder jenes tun. Was weißt du über Geld, das sonst niemand weiß? Oder was ist es, das du über Geld weißt, das du nicht bereit bist anzuerkennen? Was wäre also, wenn du dich selbst fragen würdest: „Was weiß ich über Geld, das ich nicht bereit bin anzuerkennen?" Und: „Okay, also, was muss ich hier jetzt umsetzen?" Das ist so wie: „Klasse! Universum, du hast mir dieses Gewahrsein gegeben darüber, was ich über Geld wissen muss, was nun?" Frage: „Was wird es brauchen, damit sich das zeigt?" „Was muss ich tun?" „Mit wem muss ich sprechen?" „Was muss ich einrichten, damit dies Früchte trägt?" Du musst diese Forderungen an dich selbst stellen. Dies wirst du tun müssen, wenn du möchtest, dass dein Leben sich ändert.

Eines der Dinge, die mir Access beigebracht hat, ist, dass ich Sachen weiß. Ich denke nicht darüber nach, um sie zu wissen. Ich lese kein Buch, um sie zu wissen. Ich weiß sie einfach. Wenn ich also Fragen stelle und frage: „Okay, also, was weiß ich hierüber?", und mir dann etwas in den Sinn kommt, sage ich mir: „Okay, cool", und gehe dann in diese Richtung. Anstatt zu denken: „Nun, sie hat gesagt, ich soll das machen, also mache ich es. Dann haben sie gesagt, ich soll dies tun, also tue ich es." Nein. Stelle Leuten Fragen, um Informationen zu bekommen, und keine Antworten.

Brendon, ich bin sehr, sehr dankbar, dass du heute bei uns warst. Möchtest du noch etwas sagen, bevor wir Schluss machen?

Eine Sache, die ich am Ende sagen möchte, ist: Geld folgt der Freude. Freude folgt nicht dem Geld. Wenn du bereit bist, Freude in deinem Leben bei allem zu haben, einschließlich Geld, wird das Geld dem folgen. Wenn du eine Party hättest und Geld einladen würdest und sagen würdest, es gibt keine Drinks, es wird nicht getanzt, es wird nicht gelacht, man darf keinen Spaß haben, meinst du, dass das Geld dann zu dieser Party kommen möchte? Was wäre also, wenn die Party, zu der du das Geld einlädst, sich darum dreht: „Hey, lass uns zusammen Spaß haben." Wenn das Geld eine Energie wäre und du bereit wärst, es zu dem Spaß einzuladen, hättest du dann mehr Geld in deinem Leben oder weniger?

INTERVIEW MIT GARY DOUGLAS

Auszug aus der Internet-Radiosendung „Joy of Business" mit dem Thema „Freudvoll raus aus den Schulden mit Gary Douglas", ausgestrahlt am 05. September 2016.

Gary, du bist einer der inspirierendsten Menschen, denen ich jemals begegnet bin, in dem, wie du Geld siehst, die Ansicht, die du über Geld gehabt hast, die Ansicht, die du jetzt über Geld hast, den Umstand, dass du immer bereit bist, sie zu ändern, und natürlich bist du der Gründer von Access Consciousness. Also kamen alle die Werkzeuge, über die wir hier sprechen, von dir, und du hast nicht nur mir, sondern hunderttausenden Menschen geholfen, tatsächlich ihre Ansicht über Geld zu verändern. Also Danke dafür.

Danke. Und ich musste meine Ansichten über Geld ändern, um in der Lage zu sein, es zu bekommen.

Kannst du uns ein wenig darüber erzählen, wie du aufgewachsen bist? Wie war deine Familie? Hattet ihr Geld; wart ihr gebildet? Wie war es für dich?

Ich wuchs im Zeitalter von „Leave it to Beaver" (A. d. Ü.: in der deutschen Fassung „Erwachsen müsste man sein") auf. Und das heißt nicht ‚oft flachgelegt werden'. Das heißt, dass man viel über Dinge spricht, die man nicht oft tun kann. Ich wuchs in einer Mittel-, Mittel-, Mittel-, Mittel-, Mittel-, Mittel-, Mittel-, Mittelklassefamilie auf, wo, wenn die Möbel abgenutzt waren, man eine Sache loswurde und dann etwas Neues als Ersatz kaufte, um es genau an derselben Stelle zu ersetzen, und nichts sich jemals änderte; es war immer das Gleiche. Man benutzte seine Teppiche, bis sie fadenscheinig wurden, und tauschte sie dann durch einen neuen Läufer aus. Man drehte sie nicht um oder veränderte sie oder machte etwas mit ihnen; alles wurde an dieselbe Stelle getan und blieb an derselben Stelle. Und als ich groß wurde, sagte mir meine Mutter einmal, sie sagte es vor mir mit jemand anderem: „Ich denke, Gary wird niemals Geld haben, weil er es immer alles seinen

Freunden schenkt." Denn ich bekam 50 Cent Taschengeld und nahm das und kaufte meinen Freunden Kuchen und Cola und so; damals war das wirklich extrem billig. Man konnte ein Comic-Buch für einen Nickel (5 Cents) kaufen. Das gibt euch dann eine Vorstellung, wie anders es war. Also waren 50 Cents damals eine Menge Geld. Ich bekam also 50 Cents und ging los und gab es aus, um Kuchen und Cola für meine Freunde zu kaufen und auch für mich, und es war mir wichtig, Spaß zu haben. Und meine Mutter sagte: „Du wirst nie mehr Geld haben, wenn du nicht ernst wirst und weiter dein Geld für andere ausgibst." Ich sagte: „Aber es macht Spaß!"

Was versuchte sie dir damals beizubringen? Ging es mehr darum, Geld zu sparen?

Es ging immer darum, für schwere Zeiten zu sparen, aber sie und mein Vater waren während der Depression aufgewachsen, also sollte man aus ihrer Ansicht kein Geld ausgeben, man sollte sich um das Geld kümmern, das man hatte, und man musste immer so viel sparen wie möglich, und man sollte nie über die Grenzen von irgendetwas hinausgehen; man wählt nie irgendetwas, das großartiger war als das. Das Lustige daran ist, dass mein Vater ein wenig spielte, also lebten wir 1942, als ich geboren wurde, in einem Ort in San Diego, der sich Pacific Beach nannte. Und direkt am Ende der Straße lag ein kleines Dorf, das sich La Hoyer nannte; dies ist eine der teuersten Gegenden von San Diego. Mein Vater hatte eine Gelegenheit, für 600 $ ein Grundstück im heutigen Zentrum von La Hoyer zu kaufen, und sie hatten 600 $ gespart, aber meine Mutter ließ es nicht zu. Meine Mutter sagte immer: „Nein, nein. Du musst warten, bis wir mehr Geld haben." Und es ging immer ums Warten, bei allem. Und sie glaubte, man müsse warten, bevor man kreiert.

Was war also ein typisches Abendessen im Hause Douglas: Durfte man beim Abendbrot über Geld sprechen?

Nein, nein. Man kann nicht über Geld sprechen. Das ist unfein! Man spricht nicht über Geld. Das Lustige daran ist, dass die Ansicht der

Leute, die Geld haben, lautet: „Man darf nicht über Geld sprechen, weil das vulgär ist", richtig? Warum ist es unfein, wenn man arm ist oder vulgär, wenn man reich ist? Ich kapiere das nicht. Keines davon ist gut. Es war so interessant, meine Familie dabei zu beobachten. Meine Mutter machte Salate für uns … und sie legte ein Stück Salat unten auf den Teller, und dann legte sie einen Ananasring in die Mitte, aber sie schnitt ein ganz kleines Stückchen aus jedem Ring heraus und schob die Kanten zusammen, und dann gab sie einen Klecks Mayonnaise hinein, und dann rieb sie Käse darüber, und das war unser Salat. Und sie kaufte eine kleine Dose, in der drei Scheiben Ananas waren und machte dann vier Salate daraus, indem sie ein Stück aus den anderen drei Ringen herausnahm, um sicherzugehen, dass wir vier Salate hatten, sodass wir etwas zu essen hatten. Ich fragte immer wieder: „Warum?" Und dann gab sie mir Sachen zu essen wie Brokkoli, und ich sagte: „Aber ich möchte das nicht." Und sie sagte dann: „In China hungern Kinder. Iss du jeden Bissen." Und ich sagte: „Kann ich es ihnen schicken?" Dafür bekam ich eine Tracht Prügel!

Als du aufwuchst und von dieser Energie von „auf Nummer sicher gehen" umgeben warst …, du sagtest, deine Eltern hätten die Depression erlebt; mit all diesen Dingen um dich herum, hast du da irgendwo ihre Ansicht abgekauft? Oder hast du immer gewusst, dass du anders bist? Wie war das für dich?

Eine Sache, die immer interessant war, war, dass wir herumgingen und zur Weihnachtszeit in den Stadtteil der reichen Leute gingen und uns ihre schönen Weihnachtsbäume anschauten; denn sie hatten Panoramafenster und so, und sie hatten diese wunderbaren Bäume darin. Und wir liefen herum und schauten sie uns an. Heute geht man herum und schaut sich an, welche Lichter die Leute an ihre Häuser hängen. Man sagte: „Wow. Das ist erstaunlich, dass sie das tun können." Und ich sagte: „Können wir einen solchen Baum haben? Können wir ein solches Haus haben?", und sie sagten: „Nein Liebling. Diese reichen Leute sind sowieso nicht glücklich." Ich dachte mir: „Kann ich es ausprobieren?"

War also der allgemeine Konsens, als du aufwuchst, dass Glücklichsein nichts mit Geldhaben zu tun hat?

Oh, Geld brachte einem kein Glück. Weißt du, meine Mutter sagte: „Geld kann dir kein Glück kaufen." Ich sagte: „Was kann man damit kaufen?" Ich möchte gerne herausfinden, was ich kaufen kann. Und sie sagte: „Du kannst es dir nicht leisten. Du kannst es dir nicht leisten. Du kannst es dir nicht leisten." Es ging immer darum, was wir uns nicht leisten konnten. Es ging nicht darum, was wir uns leisten konnten. Und zur Unterhaltung, weil meine Eltern so arm waren, gingen sie raus und schauten sich samstags und sonntags reiche Häuser an; offene Häuser. Ich ging dann in ein Haus hinein und sagte: „Oh, ich liebe dieses Haus. Können wir das haben?" „Nein." „Ich liebe dieses Haus. Können wir es haben ...?" „Nein." „Ich liebe dieses ..." „Nein." Warum schauen wir uns diese Sachen an? Wenn ihr es nicht haben könnt, warum schaut ihr es euch an? Und meine Ansicht wurde: Warum sich etwas anschauen, was man nicht haben kann, solange man keinen Weg findet, es zu haben?

Wurdest du mit deiner eigenen Ansicht über Geld geboren? Wann fingst du an, deine Ansicht über Geld zu ändern und zu wissen, dass du anders bist?

Nun, zum einen merkte ich, dass ich so nicht leben wollte. Ich hatte eine reiche Tante, und sie wohnte in Santa Barbara und wir gingen sie besuchen. Sie hatte feines Porzellan und sie hatte Kristallgläser und sie hatte Besteck aus Sterlingsilber. Und all das war normal für sie. Anstatt zum Laden zu gehen und ein paar Teilchen für 1,79 $ zu kaufen, ging sie in eine Bäckerei und kaufte sechs Teilchen für 6 $. Und ich dachte mir: „Oh mein Gott. Ich möchte so leben!" Sie hörte Opern und hatte eine solche Eleganz des Lebens. Ich forderte: „Weißt du was? Ich möchte diese Art von Leben leben. So möchte ich leben. Ich möchte schöne Musik haben. Ich möchte an schönen Orten wohnen. Ich möchte von schönen Dingen essen. Ich möchte schöne Möbel haben." In meiner Familie galt etwas, das nicht nützlich war, als etwas, das man nicht brauchte.

Ich war immer erstaunt über die Dinge, für die meine Eltern niemals bereit gewesen wären, Geld auszugeben. In meinen jüngeren Jahren hatten wir Doppelfilme und sie schickten mich für 25 Cent ins Kino und das war für sie Babysitten, damit sie eine gute Zeit ohne mich verbringen konnten. Und sie schickten mich alleine mit meiner kleinen Schwester, und das war ein Doppel-Cowboyfilm, ein Western. Und wir konnten beide eine kleine Tüte Popcorn und eine kleine Cola haben, denn das war alles, was wir uns leisten konnten. Als besondere Ausnahme bekamen wir zusätzliche 10 Cent, damit wir uns Junior-Mints kaufen konnten, einmal im Monat.

Als deine Mutter erwähnte, du würdest nie Geld haben, weil du es für deine Freunde ausgabst, nehme ich wahr, dass es [nicht so sehr um das Geld ausgeben ging und] mehr um die Großzügigkeit, aus der du funktionierst ... Du wirst immer alles schenken, was du nur kannst. Du kennst da keine Grenzen. Wie wichtig findest du Großzügigkeit für jemanden, um wirklich mehr Geld in seinem Leben zu kreieren? Welche Auswirkung hat das?

Eine Sache, die mir auffiel ist, dass, wenn ich meinen Freunden den Kuchen und die Cola ausgab – vielleicht wegen des Zuckers –, sie zum einen glücklicher wurden und andererseits mir dann Sachen schenkten, die sie zu Hause hatten, von denen sie dachten, dass sie mir gefallen könnten. Damals liebte ich Comics über alles. Also schenkten sie mir immer die Comics, die sie schon gelesen hatten. Also musste ich kein Geld für die Comics ausgeben. Ich bekam trotzdem die Comics, aber ich schenkte ihnen Kuchen und sie schenkten mir Comics, und ich hatte am Ende mehr Comics, als ich gehabt hätte, wenn ich all mein Geld ausgegeben hätte, anstatt es für Kuchen auszugeben.

Gary, eine Sache, über die du bei Access sprichst, ist der Unterschied zwischen Geben und Nehmen und Schenken und Empfangen. Kannst du ein bisschen mehr darüber sprechen?

Ich bemerkte, dass, wenn man wirklich etwas schenkt und überhaupt keine Erwartung hat, dass dann die Dinge von den verrücktesten Orten auf anderen Wegen zu dir kommen. Eine Sache, die ich bemerkte, als ich meinen Freunden diesen Kuchen schenkte, ist, dass ich Sachen von ihnen bekam, aber ich bekam auch Sachen von anderen Leuten. Ich meine, ich hatte Nachbarn, nehmen wir an, dass ich wahrscheinlich wirklich niedlich war, was ich war, aber die Nachbarn machten mir ständig besondere Geschenke. Ich tat Dinge für sie, zum Beispiel brachte ich ihnen Post, die sie an unser Haus anstatt an ihr Haus geschickt hatten; solche Sachen. Aber sie machten mir immer kleine Geschenke, weil ich so großzügig mit meiner Energie war, mit meiner Energie und meinem Lächeln. Das war alles, was ich damals zu geben hatte; ich war ein kleines Kind, weißt du? Ich war 8, 9 Jahre alt. Man hat nicht viel anderes als das zu geben. Wenn man das also gab, weil es das war, was man zu geben hatte, gaben einem die Leute mehr, als du gehabt hättest, wenn du es nicht getan hättest, und ich begann zu erkennen, dass es noch etwas anderes gibt als die Ansicht meiner Eltern.

Das einzige Mal, als ich sah, wie sich mein Vater Sorgen machte, der immer sehr großzügig war, war, wenn er jemanden sah, der nicht genug zu essen hatte. Er gab den Leuten immer Essen, auch wenn wir so funktionierten, als hätten wir kein Essen. Aber in unserem Haus gab es immer ein Dessert. Es gab immer Fleisch, Kartoffeln und einen Salat und ein Dessert; und das gab es zu jeder Mahlzeit. Und meine Mutter war auf einer Farm groß geworden, also war das ihre Perspektive aufs Leben. Als mein Vater aufwuchs, verließ sein Vater seine Mutter, und er ging los mit einer Pistole, er fand Wege, ein Kleinkaliber zu kaufen, und er nahm diese Pistole und ging los und erschoss Kaninchen, um seine ganze Familie zu ernähren. Und sein Vater hatte seine Frau und sechs Kinder alleine gelassen und auf sich gestellt, also hasste er seinen Vater. Und er ging los und arbeitete sich selbst im Prinzip zu Tode, und er machte das, damit wir nicht ohne Essen dastehen oder leiden mussten. Und ich hielt das für ziemlich erstaunlich, denn mein Onkel ging zum College, meine Tante ging zum College, aber mein Vater tat das nie.

Aber er war so beschäftigt damit, die Familie zu ernähren, dass er nie studierte. Er war am Ende des Tages erschöpft. Er war ein sehr guter Sportler und wirklich gut bei all diesen Dingen, aber er lernte nie, wie man Geld kreiert. Das Einzige, was er von seinem Vater mitbekam, war das Gewahrsein, dass man sich um seine Familie kümmern muss und die Leute ernähren muss. Und das war die Gesamtsumme seiner Ansicht über Geld.

Also nahm ich sozusagen ihre Ansicht mit und als ich eine Familie hatte, war es das, was ich am meisten tun wollte. Aber ich merkte auch: „Moment, ich habe es geschafft, Geld zu kreieren, indem ich bereit war, großzügig zu sein." Und ich sah, wie mein Vater großzügig gegenüber Leuten war, die nichts hatten, und ich sah, wie sie zu ihm mit einem Geschenk von Freundlichkeit und Fürsorge und Liebe zurückkamen, was ich sonst nie sah. Meine Eltern waren wirklich besonders. Ich bin wirklich sehr froh darüber, dass ich sie als Eltern haben konnte. Meine Mutter war freundlich. Mein Vater war freundlich. Sie taten uns keine schrecklichen Dinge an. Sie schlugen uns nicht; ich glaube, ich bin drei Mal in meinem Leben geschlagen worden. Sie versuchten, sich um uns zu kümmern, und sie versuchten, das Beste für uns zu tun, was sie konnten, und sie wollten, dass wir ein gutes Leben haben. Und das ist die eine Sache, die mir klar wurde, die wenige Menschen an ihren Eltern erkennen. Sie schauen sich an, was ihre Eltern ihnen nicht gegeben haben. Und sie schauen nicht, was ihre Eltern ihnen gegeben haben. Und ich habe wirklich verstanden, dass meine Eltern ihr Bestes gaben mit dem, was sie hatten. Als ich also zum Haus meiner Tante ging, dachte ich: „Ich möchte so leben. Es ist mir egal, was es braucht, ich werde so leben."

Eine der Sachen, die ich beobachte, ist, dass die Leute ständig die Ansicht über Geld abkaufen, die ihre Eltern/Großeltern/die Leute, mit denen sie groß wurden, hatten, anstatt wirklich selber einige Fragen dazu zu stellen, wie ihre finanzielle Realität sein könnte. Ich kann sehen, wie du auf eine Art das empfangen hast, was sie dir schenkten und

doch immer noch deine eigene Ansicht kreiert hast; du hast immer noch deine eigene Perspektive mit Geld kreiert.

Nun, ich fing früh damit an, Fragen zu stellen. „Wie kommt es, dass ich das nicht haben kann?" „Warum? Warum? Warum?" Wie meine Mutter immer sagte: „Kannst du bitte aufhören, Fragen zu stellen?" „Okay. Warum können wir nicht ..." Ich konnte etwa zehneinhalb Sekunden still sein.

Nichts hat sich verändert. Ich bin noch immer so. Ich stelle immer Fragen. Und ich habe auch damals immer Fragen gestellt, denn ich schaute mir Sachen an und sagte: „Warum ist es so, wie es ist?" Ich sah, wie meine Freunde sagten: „Nun, du kannst das nicht haben. Du kannst das nicht machen." Und ich sagte: „Warum?" Und sie meinten: „Nun, weil du es nicht kannst." Ich fragte: „Warum nicht? Alles, was du tun musst, ist, dies machen; ich habe es gemacht." Und sie sagten: „Ja, aber du kannst das nicht machen."

„Warum nicht?", fragte ich. Ich wuchs in der Zeit auf, als es Mode war, Autoritäten infrage zu stellen. Aber ich war in einer größeren Zeit aufgewachsen, in der ich alles infrage stellte.

Welches sind einige der pragmatischen, praktischen Werkzeuge, die du den Leuten geben könntest – irgendwelche Fragen, Lieblingsfragen oder Werkzeuge, um damit zu beginnen, ihre eigene Perspektive zu Geld zu erschaffen?

Nun, eine der ersten Fragen, auf die ich kam, als ich ein Kind war, lautete: „Okay. Was werde ich tun müssen, um das Geld zu bekommen, das ich brauche?" Ich begann, das zu fragen. Das Einzige, was mir einfällt, dass meine Eltern versucht haben müssen, mir eine Arbeitsethik anzuerziehen, weil sie beide ständig arbeiteten, also müssen sie das getan haben. Also sagte ich: „Also, was kann ich tun, um Geld zu machen?" Und dann kam zum Beispiel: „Okay. Du kannst Rasen mähen." Und ich war nicht sehr groß; ich war ein mageres, dürres

Kind und ich ging zu den Nachbarn und fragte: „Kann ich Ihren Rasen mähen?", und sie sagten: „Natürlich. Wie viel nimmst du dafür?" „Was immer Sie mir zahlen möchten." Und einige zahlten mir 1 $ und einige zahlten 50 Cents. Und ich dachte mir: „Juhu, ich habe 50 Cents. Juhu, ich habe 1 $." Ich schaute mir nie an, was ich hätte bekommen sollen. Ich hatte nicht diese von Schlussfolgerungen geprägte Realität, die die meisten Leute haben: Ich hätte mehr verdienen müssen, ich hätte mehr bekommen sollen, ich brauche mehr. Ich sagte: „Okay, ich habe das. Was nun?"

Also ist das eher von einem Ort der Dankbarkeit aus?

Ja. Ich war dankbar dafür, dass ich Dinge hatte, und ich bemerkte diese Dankbarkeit, wenn ich meinen Freunden Kuchen schenkte; da war eine Dankbarkeit in ihnen, die mir und meinem Körper eine Energie beitrugen, die ich sonst nicht fühlte. Und ich fühlte das nicht, wenn ich die Leute arbeiten und Dinge tun sah, und ich wollte das wirklich.

Die andere Sache, über die du sprichst, wozu ich gerne deine Gedanken hören würde, ist, Geld zu verwenden, um die Realitäten anderer Leute zu erweitern. Wann bist du das erste Mal in das Gewahrsein davon gekommen?

Nun, das war tatsächlich viel später in meinem Leben, denn ich hatte buchstäblich die Periode durchgemacht von: „Oh ja, ich bin ein Hippie und ich habe gar kein Geld" hin zu: „Okay, ich werde ein Drogendealer sein und ich werde Geld machen." Also baute ich Haschisch an, damit ich viel Geld hatte, aber das machte mich auch nicht glücklich. Ich merkte, dass die Leute, die ich kannte, die viele Drogen nahmen, im Gefängnis endeten und dachte mir: „Weißt du was, ich werde da nicht hingehen. Also denke ich, höre ich damit auf." Ich arbeitete für verschiedene Leute und tat alles, was ich konnte, um alles richtig zu machen, und wann immer ich auf eine seltsame Art großzügig war, passierte etwas Wunderbares in meinem Leben. Ich erinnere mich, wie ich in meinen 20ern für diese Reitschule arbeitete und Pferde ritt. Und da war eine Dame, die so reich war wie Gott, und sie hatte ein schönes Vollblutpferd, das sie vorzeigte, und sie war elegant und fuhr ein wirklich schönes Auto. Ich verdiente 5 $ am Tag plus Unterkunft und Verpflegung. Also war sie vor der Box ihres Pferdes, saß weinend auf einer Sattelkiste und ich fragte: „Was ist los?" „Ich bin pleite. Ich habe kein Geld. Ich bin so pleite, dass ich nicht weiß, was ich tun soll." Ich sagte: „Nun, kann ich Sie zum Essen einladen?" Also lud ich sie zum Essen ein, und wir saßen da beim Abendessen und es kostete 25 $; fünf Arbeitstage für mich. Und sie steht auf, um zur Toilette zu gehen, und ihr Scheckbuch fällt aus ihrer Handtasche auf den Boden und es ist offen und zeigt, dass sie 47.000 $ auf ihrem Girokonto hat.

Ich dachte: „Heilige Scheiße! Moment mal. Ihre Vorstellung von pleite war weniger als 50.000 $." Nach einer Weile unterhielten wir uns und ich sagte: „Also ich habe Ihr Scheckbuch gesehen. Was bringt Sie dazu zu denken, Sie seien pleite?" „Jedes Mal, wenn ich unter 50.000 $ lebe, weiß ich, dass ich pleite bin. Ich muss 50.000 $ haben oder ich bin pleite." Ich sagte: „Nun, das ist cool." Und ich merkte für mich, dass ich bei minus 100 $ pleite war.

Also hat jeder eine andere Perspektive.

Ja.

Das Buch, das du mit Dr. Dain Heer geschrieben hast, „Geld ist nicht das Problem, du bist es" – all diese Werkzeuge in diesem Buch haben mich buchstäblich aus den Schulden herausgebracht, weil ich anfing, meine Ansicht rund um Geld zu verändern. Eine Sache, von der ich sehe, dass sie so ungemein wichtig ist, ist, dass du deine Ansicht ändern musst. Du musst ändern, wie du Geld betrachtest, wie du mit Geld bist und wie du damit beginnst, dich selbst über Geld weiterzubilden.

Das war der wichtigste Teil. Hier war ich mit dieser Dame, die 47.000 $ hatte und ein Pferd für 20.000 $, und ich konnte mir kaum etwas leisten und musste in einem Zimmer in einem Klubhaus leben und ich verdiente 5 $ pro Tag, aber ich tat, was ich liebte. Mir wurde klar, dass sie viel

Geld ausgab, um zu tun, was sie liebte. Ich machte wenig Geld, um zu tun, was ich liebte. Ich dachte: „Ah okay, also, was würde es brauchen, um eine andere Realität zu haben?" Ich begann, das infrage zu stellen: „Wie wäre es, eine andere Realität zu haben?" Ich wollte so wie sie sein, wo ich mein Geld kreiere, damit ich viel Geld ausgeben kann, um Spaß zu haben. Ich möchte Spaß haben, aber auch ein bisschen Geld haben, und da begannen sich die Dinge für mich zu ändern. Ich fragte: „Okay, weißt du was? Das muss sich ändern." Und das ist die eine Sache, die du, denke ich, tun musst, nämlich deine Situation anschauen und fordern: „Okay, genug! Das muss sich ändern." Und dann einfach diese Stellung für dich beziehen, denn das ist es, worum es geht: Eine Stellung für dich. Einfach diese Ansicht einzunehmen; und das ist es, was du gemacht hast, Simone, als du sagtest: „Genug. Ich komme aus diesen Schulden raus." Du musst eine Stellung für dich beziehen und dann beginnt die Welt, sich auf das einzustellen, was du brauchst. Es ist erstaunlich.

Also ich habe gehört, wenn du sagst, dass die Welt sich einstellt. Und das ist eine der Sachen, die ich am Anfang gehört habe, und dachte: „Ich habe keine Ahnung, worüber du sprichst." Für alle, die das zum ersten Mal hören, kannst du mehr darüber sprechen, dass „die Welt anfängt, sich darauf auszurichten"?

Nun, Dr. Dain Heer und ich haben vor Kurzem eine Ranch gekauft. Ich reiste nach Japan und aß zum ersten Mal Kobe-Rindfleisch und fragte: „Oh, ich muss mehr davon haben. Wie bekomme ich mehr davon?", und jemand sagte, dass man diese besondere Rinderart nur in Japan züchtet. Und dann fand ich heraus, dass es auch welche in einigen Ländern wie Australien gibt, also fragte ich mich: „Ich frage mich, ob ich die auch in Amerika kriegen kann?" Also bat ich einen Freund, online zu gehen, und er fand einen Ort in Amerika, wo er sie finden konnte, und er fand sieben Kühe für mich. Und ich sagte: „Wow, ich liebe es, diese Kühe zu haben. Sie sind so hübsch." Und das sind schöne schwarze

Kühe. Sie sind freundlich und sanft und es sind einfach herrliche Tiere; ich hasse es irgendwie, sie zu essen.

Ich ließ diesen Mann hingehen und diese Kühe kaufen. Fünf Tage später rief er mich an und sagte: „Ich habe gerade sieben dieser Kühe gefunden"; und ich hatte gerade sieben gekauft. „Sieben weitere Kühe für nur 6.500 $." Und ich sagte: „Das ist weniger als 1.000 $ pro Kuh. Ich nehme sie."

Was ich da sehe Gary, ist, dass du ständig kreierst. Du schaust dir nicht die Reichtümer oder den Wohlstand an, den es kreiert, du schaust dir an, was du kreieren kannst.

Ja. Und ich rechnete mir aus, dass ich im schlimmsten Fall Essen für acht Jahre habe. Weißt du, ich habe acht Jahre an Rindfleischvorrat auf Hufen …

Viele Menschen denken nicht, dass sie Reichtümer haben können, sie denken nicht, dass sie Wohlstand haben können. Ich meine, ich habe dich erzählen hören, wie du in einem sehr, sehr kleinen Raum mit deinem Sohn leben musstest und nichts als Cornflakes essen konntest.

Das war kein Zimmer. Es war ein Schrank. Ich lebte buchstäblich in einem Schrank in jemandes Haus und mein Sohn schlief neben mir auf einer Schaumstoffmatratze. Meine Kleidung hing am einen Ende des Schrankes und ich lebte am anderen Ende, und ich hatte kein Geld, und alles, was ich mir leisten konnte, waren Cornflakes und Milch; denn das war ohnehin alles, was mein Kind damals essen wollte. Ich zahlte 50 $ pro Woche, um in dem Schrank dieser Leute zu leben.

Und welche Forderungen stelltest du dann an dich?

Ich sagte: „Weißt du was? Genug. Ich werde nicht wieder so leben; nie wieder. Es ist mir egal, was es braucht. Ich werde Geld machen. Ich werde Geld besorgen." Direkt danach änderte sich alles. Ich hatte immer Antiquitäten geliebt, aber ich war zu diesem Antiquitätengeschäft gegangen, um etwas zu verkaufen, das ich hatte. Und ich sagte: „Wow, Sie haben wirklich großartige Sachen, aber Sie könnten einige Umstellungen brauchen." Die Frau schaute mich an und sagte: „Kennen Sie jemanden, der das machen kann?" Ich sagte: „Ja, mich." „Wie viel nehmen Sie?" „25 $ pro Stunde." Das war viel mehr, als ich damals verdiente und das war so, warum nicht? Sie sagte: „Ich zahle Ihnen 35 $, wenn Sie einen guten Job machen." „Abgemacht." Also ging ich hin und stellte ihr Geschäft um, und am nächsten Tag verkaufte sie fünf Stücke, die schon zwei Jahre in ihrem Laden gewesen waren, die von zwei Leuten gekauft wurden, die in diesen zwei Jahren mehrfach in ihrem Geschäft gewesen waren. Und sie sagten: „Oh, ist das neu?" Ich sagte: „Ja!" Und sie sagten: „Oh, ich glaube, das wäre perfekt für mein Haus." Was ich über Werbung lernte, war, dass man die Dinge umstellen muss, damit die Leute sie anders sehen. Denn das unterschiedliche Licht kreiert einen unterschiedlichen Effekt. Und schau dir dein Leben auf diese Art an: „Was muss ich in meinem Leben umstellen, um mehr zu kreieren; mich selbst besser zu verkaufen, mehr Geld zu kreieren, mehr Möglichkeiten im Leben zu haben?" Es ist wirklich wunderbar zu sehen, was geschieht, wenn du endlich anfängst, diese Fragen zu stellen: „Wie kann ich mich und mein Leben so arrangieren, dass ich für verschiedene Leute anders erscheine, die dann das, was ich anzubieten habe, kaufen möchten und dem, was ich zu sagen habe, zuhören möchten?"

Also, nochmal, es geht darum, dass man seine Ansicht über Geld ständig ändert. Und auch, dass man das tut, was man liebt. Denn du musst es lieben, mit Antiquitäten zu arbeiten. Ich nehme an, du hättest diesen Job auch umsonst gemacht.

Nun, ich hätte es umsonst gemacht, weswegen ich wusste, dass ich es tun konnte.

Dann hast du also offensichtlich im Laufe deines Lebens verschiedene Geldbeträge verdient. Ich sehe viele Leute denken: „Oh, ich hab jetzt mein Haus – abgehakt" und dann haken sie es ab. Oder „Ich habe ein Auto", und sie haken das ab, und dann scheinen sie aufzuhören zu kreieren. Was kannst du Leuten sagen, oder welche Werkzeuge kannst du den Leuten geben, damit sie nicht diese Begrenzung haben?

Das Wichtigste ist, dass du dir anschauen musst, ob du ein Ziel oder ein bewegliches Ziel hast. Eine Sache, die ich vor langer Zeit herausfand, war, dass das Wort „Ziel" (im Englischen „goal") Gefängnis bedeutete. Wenn du ein solches Ziel anstrebst und es erreichst und es nicht anerkennst, dann gehst du rückwärts, um in der Lage zu sein, das Ziel zu erreichen, von dem du meinst, es nicht erreicht zu haben. Also dachte ich mir: „Moment mal. Ich lasse mich nicht auf Ziele ein. Ich werde bewegliche Ziele anstreben." Also fasste ich ein bewegliches Ziel ins Auge und sobald ich das bewegliche Ziel erreichte, konnte ich immer noch einen anderen Pfeil abschießen und wieder ins Schwarze treffen. Und ich sagte mir: „Ich möchte in der Lage sein, mich ständig zu verändern." Veränderung ist etwas äußerst Wichtiges für mich im Leben, und ohne Veränderung gibt es keine Kreation. Wenn du wirklich dein Leben kreieren möchtest, fange an, dich zu verändern.

Und mit dieser Veränderung zeigt sich, wenn du an einem ständigen Ort der Veränderung bist, das Geld. Es zeigt sich Wohlstand.

Ich weiß. Das ist seltsam.

Kannst du erklären, wie du den Unterschied zwischen Wohlstand und Reichtümern siehst?

Wohlstand heißt, jene Dinge anzusammeln, die andere Leute dir für einen bestimmten Geldbetrag abkaufen werden. Reichtümer ist, wenn du genug hast, um alles auszugeben, was du möchtest.

Wenn du wirklich Wohlstand haben möchtest, solltest du dich mit Dingen umgeben, die mehr wert sein werden, egal, was geschieht. Wenn du Reichtümer möchtest, möchtest du einfach nur genug haben, um in der Lage zu sein, das auszugeben und zu kaufen, von dem du beschlossen hast, dass du es willst. Alle, die ich kenne, die Reichtümer verfolgt haben, die kaufen alle diese Dinge, und dann haben sie plötzlich keinen

Wunsch mehr nach mehr, denn sie versuchen nicht wirklich, Wohlstand zu kreieren, sie versuchen, Reichtümer zu kreieren. Sobald du erkennst: „Moment, Wohlstand umfasst Dinge, die für andere wertvoll sind. Was ist wertvoll für jemand anderen, wofür er dir zahlen würde?" Und wenn du das in deinem Leben hast, dann geht es bei allem, wohin du gehst, bei allem, was du tust, um den Wohlstand des Lebens und nicht um die Reichtümer von dem, was du ausgeben kannst.

Also geht es darum, dass man das Leben sich nicht um Geld drehen lässt, es geht darum, es sich um das drehen zu lassen, worüber wir gesprochen haben; die Großzügigkeit, die Kreativität, die Bereitschaft zu empfangen, die Bereitschaft zu schenken?

Und dir auch erlauben, dir selbst gegenüber großzügig zu sein. Denn die meisten von uns sind nicht großzügig zu uns selbst. Wann immer du dich selbst bewertest, bist du nicht großzügig gegenüber dir. Wann immer du dich in irgendeiner Hinsicht als falsch betrachtest, bist du nicht großzügig zu dir. Du solltest großzügig zu dir sein. Und es geht nicht darum, wie viel Geld du für dich ausgibst; es geht darum, wie gut du dich um dich kümmerst.

Die meisten von uns glauben, ein Problem mit etwas zu haben, aber das ist nicht so. Das ist, was wir erfinden, um uns dazu zu bringen, immer weiter jene Dinge zu tun, die uns begrenzen, und an dem Ort festhalten, an den wir gehören. Und das ist eine der Sachen, die mir über meine Familie klar wurden, nämlich, dass sie sich am selben Ort festhalten wollten. Sie hatten ein kleines Haus und alles war kontrollierbar. Es ging immer um die Kontrolle. Und ich wollte ein wenig außer Kontrolle sein. Ich wollte etwas anderes machen. Also begann ich schon früh, einen Unterschied zu kreieren, und es war eine großartige Veränderung im Leben, zu erkennen, dass ich etwas anderes haben konnte und etwas anderes wählen konnte. Und das tat ich.

Ich verstand, dass man die Dinge anders betrachten muss, und eine Sache, die man sich anschauen muss, ist: „Was ist richtig hieran und was ist richtig an mir, das ich nicht kapiere?"

Als wir zum Beispiel neulich ausreiten waren und jemand von hinten angerast kam und dein Pferd anfing zu scheuen, und ich dich heute gefragt habe, ob ich dir ein paar Informationen darüber geben kann, was da passiert ist? Und ich sagte: „Schau, du musst verstehen, dass Pferde die Ansicht haben, dass, wenn ein anderes Pferd von hinten angelaufen kommt, sie auch loslaufen müssen. Also bereiten sie sich darauf vor. Du hast da auf deinem Pferd gesessen und es kontrolliert, und es ist nicht losgelaufen. Verstehst du, dass daran nichts Falsches ist? Dass das eine geniale Fähigkeit ist? Denn die meisten Pferde werden versuchen zu laufen, weil die anderen Pferde laufen. Du hast es nicht laufen lassen. Du hattest es unter Kontrolle." Du hast es hervorragend gemacht und dann warst du erschrocken und dachtest, du seist nicht gut und bist abgestiegen.

Als ich heute mit dir sprach und dich habe reiten sehen, konnte ich deine Nervosität wahrnehmen, es wieder zu reiten, als ob es etwas Ähnliches tun könnte. Aber ich möchte, dass du dir klar machst, dass du eigentlich einen wunderbaren Job mit dem Tier hingelegt hast. Die Sache mit den Pferdeliebhabern ist, dass sie dir selten sagen, dass du etwas gut gemacht hast. Und es ist so, weißt du, ich liebe Pferde, aber ich mag die Pferdeliebhaber nicht so sehr, denn die meisten sagen dir nichts Gutes über das, was du getan hast, sie erzählen dir, was du falsch gemacht hast. Und ich sagte: „Was du verstehen musst, ist, dass das verflixt genial war." Und du hast dort gesessen, und du hast richtig fest auf ihm gesessen. Du wärst nicht heruntergefallen. Nichts wäre passiert. Und dieser Junge liebt dich so sehr, er wird sich um dich kümmern. Du bittest ihn, wenn du aufsteigst, dass er sich um dich kümmert, und er wird das immer tun.

Ich bin dir so dankbar, dass du mit mir darüber gesprochen hast. Und ich habe gemerkt, wie oft wir uns selbst nicht vorwärtspuschen; wir

fordern häufig nicht mehr von uns. Stattdessen steigen wir vom Pferd ab und sagen: „Das ist okay."

Du steigst von deinem Business ab.

Du steigst von deinem Business ab. Du hörst auf, Geld zu kreieren. Weil was? Du Geld verloren hast? Etwas passiert ist und du in den roten Zahlen bist; weil du im Minus bist? Na und? Was wäre, wenn jetzt die Zeit wäre, das zu verändern?

Ich habe vier Mal bankrott angemeldet, und weißt du, ich hasste es. Aber ich habe beschlossen: „Genug." Und der wirkliche Wendepunkt in meinem Leben in Bezug auf meine Geldsituation trat ein, als ich 55 Jahre alt war und Geld von meiner Mutter leihen musste, um mein Haus nicht zu verlieren. Und vorher hatte ich meine Ehefrauen das Geld bestimmen lassen, und ich sagte mir: „Genug. Nie wieder werde ich Geld von meiner Mutter leihen müssen. Das ist lächerlich. Ich bin verdammt noch mal zu alt, als dass dies eine Realität sein dürfte." Und ich machte mich an die Arbeit und begann, Geld zu kreieren, und habe seitdem immer weiter Geld kreiert. Und es war phänomenal. Und also – ich werde nicht warten. Ich werde immer kreieren. Ich wartete auf meine Frauen und ich wartete auf meine Partner und ich wartete auf alle anderen, dass sie etwas lieferten. Jetzt warte ich auf niemanden mehr. Jetzt gehe ich da raus und mache die Arbeit für mich. Weil ich mich ehre. Du musst dich selbst ehren, denn rate mal, was? Wenn du es richtig gemacht hast, schau dir nicht an, was du falsch gemacht hast, sondern was du richtig gemacht hast. Frage immer: „Was ist richtig an mir und was ist richtig hieran, das ich nicht kapiere?" Und du wirst dein Leben verändern; es ist nicht schwer.

Selbst als ich [Simone] Schulden hatte, kreierte ich immer noch, und man hätte nicht merken können, dass ich kein Geld hatte. Und jetzt, wo ich Geld habe, ist da eine ganz, ganz andere Energie. Kannst du über die Energie sprechen, die sich für dich veränderte, seit du tatsächlich Geld hattest und Geld hast und was kreiert das für dich? Und den Planeten?

Ja. Ich liebe es hier in Costa Rica. Und ich habe Pferde hier, und ich habe hier Pferde gekauft. Ich bin da hingekommen zu erkennen, dass jedes Mal, wenn ich mich für ein Pferd interessierte, sein Preis sich verdoppelte. Es war immer doppelt so teuer, wenn es mir gefiel. Also versuchte ich, andere Leute dazu zu bringen, für mich zu kaufen, aber es funktionierte nie. Einer dieser Leute, Claudia, die eine Menge Sachen für uns macht in der hispanischen Gemeinde, sagte zu mir: „Ist dir klar, dass du reich bist?" Ich meinte: „Ich bin nicht reich." Sie sagte: „Du bist reich." Und ich meinte: „Ich bin nicht reich! Ich habe keine Millionen Dollar auf der Bank." „Du bist reich." Und ich schaute es mir an und meinte: „Oh, ich verdiene viel Geld, das macht mich in den Augen anderer Menschen reich." Das ist wie die Dame, die 47.000 $ hatte und ich hatte 5 $ am Tag. Ihre Vorstellung von reich und meine Vorstellung von reich waren verschieden. Nicht falsch. Nur verschieden. Also musst du fragen: „Was kann ich hier verändern? Und wenn ich dies verändern kann, wie kreiere ich mein Leben anders?"

Danke für diese Frage. Wir haben noch eine Minute – gibt es noch etwas anderes, das du den Leuten da draußen in der Welt mitteilen möchtest?

Geht los und kreiert. Wartet nicht.

Wenn du fest genug am Geld festhältst, wirst du es verlieren. Das ist eine Garantie, es zu verlieren. Du kannst Geld nicht festhalten, du kannst nur damit kreieren. Geld ist eine kreative Kraft in der Welt und keine kontinuierliche Kraft in der Welt.

INTERVIEW MIT DR. DAIN HEER

Auszug aus der Internet-Radiosendung „Joy of Business" zum Thema „Freudvoll raus aus den Schulden mit Dr. Dain Heer", ausgestrahlt am 12. September 2016.

Also, die Idee hier ist, dass ich wollte, dass die Leute tatsächlich verstehen, dass es nicht nur um mich, Simone, geht, die Schulden gehabt hat und die Werkzeuge von Access Consciousness angewandt hat und Sachen verändert hat. Es gibt viele Leute da draußen, die ihre Ansicht rund um Geld und ihre Situation mit Geld verändert haben, wie auch du, Dain.

Ich muss dir sagen – seit ich dich das erste Mal getroffen habe – dich als die weltweite Koordinatorin von Access Consciousness zu haben, als ich anfing, ein Co-Kreator von Access Consciousness zu werden – das war so interessant für mich, dass du wirklich Spaß an dem hattest, was du machst. Ich wuchs in einem Familienunternehmen auf und sie hassten es; sie hassten Business. Sie hassten Geld wirklich, außer meinem Großvater, der das Business kreierte. Ich nahm aus dieser Erfahrung einige wirklich seltsame feste Ansichten mit.

Ich wollte genau mit dem anfangen, worüber du gesprochen hast. Wie bist du in Bezug auf Geld groß geworden? Wart ihr reich oder arm? Wie war eure Geldsituation, als du aufwuchst?

Als ich jung war – die prägenden Jahre bis etwa 10 – lebte ich die meisten Jahre mit meiner Mutter im Ghetto. Wenn ich sage Ghetto, möchte ich Folgendes sagen – wir hatten etwa so viel Geld: Einmal ging unsere Toilette kaputt und wir mussten fast einen Monat warten, um einen Klempner zu holen, weil wir es uns nicht leisten konnten, und ich werde euch nicht erzählen, was wir in der Zwischenzeit gemacht haben. Lass uns einfach sagen, dass wir das, was wir in die Toilette hätten tun sollen, jeden Morgen im Hinterhof ausleerten. Hey, zurück zu den alten Zeiten. Vielleicht war das wie unser Schloss, ich weiß es nicht! Also da gab es das, und dann hatte ich auf der anderen Seite eine Familie, die wirklich Geld hatte, die wohlhabend war, aber das nie beigetragen hat. Sie gaben mir oder meiner Mutter niemals Geld, um unser Leben leichter zu machen. Also hat das diese wirklich seltsamen Ansichten rund um Geld begründet.

Bist du unterrichtet worden in Geld? Hattest du welches? Durfte man darüber sprechen?

Ich fing an zu arbeiten, als ich 11 war. Ich arbeitete im Business meines Großvaters und ich arbeitete im Lager, und na ja, was kann ein 11-jähriger Junge tun? Alles! Ich meine, ich organisierte den Laden. Ich half beim Putzen. Ich tat, was immer erforderlich war. Es war eine tolle und wunderbare Erfahrung, und was passierte, war dass ich den ganzen Sommer arbeitete und mehrere hundert Dollar zusammenbrachte. Und ich war so aufgeregt, dass ich sie überall mit mir rumtrug. Ich hatte sie in meiner Tasche. Wir gingen an den Fluss, wo meine Familie – mein Vater und meine Stiefmutter – immer Urlaub machte, und meine Stiefmutter sah es dort. Sie sah diese Tausende von Dollar, weil ich meine Schecks einlöste und das in Bargeld hatte, und ich dachte: „Das ist klasse!" Ich gab das Geld damals nicht aus, denn ich liebte es, Geld zu haben. Und sie ging an meine Tasche und nahm es und sagte: „Ein so junges Kind sollte kein Geld haben." Ich war 11 oder 12 zu der Zeit, und das erstickte meine Bereitschaft, Geld zu haben ab diesem Punkt. Ich meine, ich habe es offensichtlich in der Zwischenzeit geändert, Gott sei Dank.

Aber das kreierte wirklich diesen Ort in meiner Welt, wo ich wirklich im Konflikt und verwirrt war, was Geld anging; so, als sollte ich es nicht haben. Als ob es etwas Schlechtes wäre. Und das war einer dieser prägenden Momente in meinem Leben, wo Geld diese wirklich seltsame Sache für mich wurde. Während es vorher leicht gewesen war. Ich dachte: „Ja, ich geh halt arbeiten." Und ich arbeitete buchstäblich, und sagt es niemandem, aber ich arbeitete wahrscheinlich 30 Stunden pro Woche, als ich 11 war. Ich war bei meinem Großvater, also war das akzeptabel und all das. Aber da gab es eine Menge Verwirrung, die in meiner Welt rund um Geld existierte. Und als ich in meine Teenagerjahre kam, hatte meine Familie, die Geld hatte und ein Familienunternehmen hatte; das Unternehmen scheiterte, weil sie nicht bereit waren, sich die Zukunft anzuschauen, und so zu wählen, dass die Zukunft kreiert würde.

Mein Großvater, der das Unternehmen ins Leben gerufen hatte, wurde langsam müde. Er wurde es auch müde, meinen Onkel und meinen Vater zu unterstützen, die im Grunde dachten, sie hätten einen Anspruch auf alles Geld, was er hatte. Und so scheiterte das Unternehmen buchstäblich. Und das ist interessant, denn beide Seiten meiner Familie, die arme Seite, die so ziemlich in Wohnwagen und verschiedenen Teilen der Welt aufwuchs, und die „wohlhabende" Seite wurden durch Geld bestimmt. Und als das Unternehmen meines Großvaters scheiterte und das Geld verloren war, oh Mann! Das war das größte Trauma und Drama, das man sich vorstellen konnte. Und das ging jahrelang! Die Tatsache, dass sie all ihr Geld verloren hatten und dass sie nicht mehr Geld kreieren konnten und dass sie nicht das Unternehmen kreieren konnten, das sie wollten … Völlige Verwirrung.

Kannst du ein bisschen über die Verwirrung sprechen? Ich sehe immer noch, egal, was dich verwirrte, dass du es geschafft hast, deine eigene Realität rund um Geld zu kreieren.

Ich denke, viele von uns da draußen, wir haben tatsächlich unsere eigene Realität rund um Geld, die anders ist, als die unserer Familie, die anders ist als das, womit wir aufgewachsen sind, die anders ist als die von unseren Freunden und Freundinnen und Ehemännern und Ehefrauen und den Leuten, mit denen wir aufwuchsen und unseren Freunden. Aber wir haben uns nie die Zeit genommen, das anzuerkennen. Und den Unterschied davon anzuerkennen, aber auch die Großartigkeit darin. Und für mich ist das riesig. Ich war immer bereit zu tun, was auch immer es brauchte, um zu kreieren, was ich wollte. Ich war bereit, so hart zu arbeiten, wie nötig, oder so viel, wie ich musste. Und darin fand ich tatsächlich am Ende … und du und ich sind gemeinsam auf dieser Reise gewesen, und ich weiß, dass du eine Menge Gelegenheiten gesehen hast, wo meine Bremsen sozusagen einsetzten, um Begrenzung zu kreieren ..., aber es ist interessant zu sehen, dass jetzt, wo ich meine eigene Realität in Bezug auf Geld und Finanzen einnehme, die Dinge tatsächlich sehr dynamisch vorangehen.

Kannst du ein Beispiel davon geben, wie du die Begrenzung kreiert hast und wie du das verändert hast, um deine eigene Realität rund um Geld zu erschaffen?

Also, die Seite meiner Familie, die nie wirklich Geld hatte, jedes Mal, wenn sie welches bekamen, verloren sie es, sie verschwendeten es. Sie investierten meinetwegen bei einem Typen, der sagte: „Ich habe eine Maschine, die kostenlose Energie kreieren wird. Gebt mir 10.000 $", und sie meinten dann: „Nun, ich habe 5 $. Lass mich die ganze Familie zusammenholen und sie können mir ihre Ersparnisse geben", und sie fanden Wege, um das wenige Geld loszuwerden, das sie hatten.

Ich funktionierte anders. Ich hatte gerne Geld und sparte es. Ich legte 10 % beiseite und sah zu, dass ich immer Geld hatte, so gut ich konnte. Aber alles, was meine Familie wählte, begrenzte meine Kreativität so dynamisch. Es begrenzte meine Bereitschaft, von einer Klippe zu springen, wenn eine Möglichkeit zur Verfügung stand.

Ich habe bis vor Kurzem so bei Access funktioniert. Und, also eine Sache, die ich gerne die Leute wissen lassen möchte, ist: Chaos und Ordnung existieren. Keines davon ist falsch. Sei bereit, das Chaospotenzial und die chaotischen Möglichkeiten zu begrüßen, die mit Geld möglich sind, und höre auf zu versuchen, alles so sehr zu kontrollieren.

Und eine Sache, die mir aufgefallen ist, ist, dass du bereit bist, so ziemlich alles zu tun, um Geld zu machen.

Ja. Ich kann es ja wenigstens probieren, weißt du? Das Schlimmste, was passieren kann, ist, dass man scheitert, all sein Geld verliert und die Sache nicht weiterläuft. Und wir haben Tausende von Dingen in den letzten 16 Jahren probiert. Besonders bei Access, denn das ist so anders, als was es im Mainstream gibt, dass man so viele Sachen probieren muss, wie man kann, weil das Mainstreamzeug für uns nicht funktioniert. Was ein wunderbares Geschenk ist.

Ich muss an Richard Branson denken. Er schaute sich das an und dachte: „Nun, es gibt den Mainstream und diesen anderen Ort da drüben, wo ich hingehe." Schaut euch an, was er kreiert hat. Er hat Wellen in der Welt jeder einzelnen Branche verursacht, in die er jemals gewählt hat einzusteigen; oder zumindest bei denen, von denen wir es wissen. Es gibt wahrscheinlich Hunderte von Branchen, in die er versucht hat hineinzugehen und die nicht funktioniert haben, und er dachte sich: „Okay. Auf zur nächsten Sache." Und ich denke, dass dies eine der wirklich großen Sachen ist, die du kapieren musst: „Okay, wenn dies nicht funktioniert, wird etwas anderes funktionieren." Gib nicht auf. Höre nie auf. Höre nie mit etwas auf. Gib niemals klein bei. Und lass dich nie von jemand anderem stoppen. Und was so lebensnotwendig und wichtig ist, ist, dass du anfängst, *deine* Realität rund um Geld zu kreieren. Und für mich war eine der Sachen, die ich erkannte, als ich das Wort „Geld" zu „Bargeld" änderte – irgendwo in meiner Welt ergab das mehr Sinn. Und viele Leute sprechen über Geld, aber sie haben keine Ahnung, was zum Henker das ist. Und ich begann zu sagen: „Okay, anstatt um Geld werde ich jetzt anfangen, um Bargeld zu bitten. Ich werde anfangen, darum zu bitten, Bargeld zu kreieren." Zeigt es sich dann in Dollarnoten und so? Nein. Nicht unbedingt. Aber wenn ich es als „Bargeld" bezeichne, ist das für mich etwas Greifbareres; das sind nicht nur Punkte auf einem Computerbildschirm, und es ist nicht dieses seltsame unsägliche Konzept, das ich ab einem sehr jungen Alter abgekauft hatte, und deshalb gibt es mir eine andere Möglichkeit. Und für mich fühlt sich das viel kreativer an.

Einer meiner Lieblingssprüche, den ich ständig zitiere, Dain, ist, als du gesagt hast: „Geld folgt der Freude, Freude folgt nicht dem Geld." Also, kannst du ein bisschen mehr darüber sprechen und wie du zu dieser Erkenntnis gekommen bist?

Ich kann mich noch nicht einmal mehr erinnern, als mir das das erste Mal klar wurde. Ich weiß, dass ich im Auto mit vier meiner armen Familienmitglieder war, und wir fuhren in diesem Auto, das wirklich eine Reparatur gebraucht hätte, aber niemand konnte sie bezahlen, und wir fuhren hinter jemandem in einem Mercedes; einem Mercedes Cabrio. Ich schaute das Auto an und das war so lustig, denn in dem Moment, als ich hinschaute, dachte ich mir: „Das ist verdammt genial. Ich kann es gar nicht erwarten, eines Tages eines von denen zu haben." Ich war wahrscheinlich ein junger Teenager zu der Zeit und drehte mich zu einem aus meiner Familie um und sagte: „Das Auto ist toll." Eine meiner Tanten sagte sofort: „Dain. Diese reichen Leute sind nicht glücklich." Ich schaute mir die Familie an, in der ich lebte und wie unglücklich sie waren und dachte: „Ähm ... Es könnte nicht schlimmer werden als jetzt ..."

Ich merkte langsam in meinem eigenen Leben, dass an den Tagen, an denen ich deprimiert und unglücklich war und nicht aufstehen wollte, kein Geld kam. Ich erkannte das, als ich Chiropraktiker war. Wenn ich deprimiert und unglücklich war, wenn ich nicht die Energie des Lebens und der Lebensfreude und des Enthusiasmus, am Leben zu sein, hatte, was übrigens der Grund war, warum ich überhaupt Chiropraktiker wurde, ich wollte diese Energie den Leuten bringen. Und wenn *ich* das nicht hatte, merkte ich, dass sich niemand dafür anmelden wollte. Die Leute sagten sozusagen: „Warum sollte ich wollen, was du hast?" Richtig? Also wurde mir langsam klar, dass Geld wirklich der Freude folgt. Je glücklicher du bist, umso mehr Geld wirst du machen.

Das ist interessant, denn wir kennen alle viele Leute, die viel Geld haben, die so unglücklich sind. Ich schau mir das an und jetzt gerade bin ich so verdammt gesegnet. Ich reise ziemlich viel in der Business-Klasse und wenn ich Glück habe, in der 1. Klasse, egal, wo ich hinfliege, weil es mir Freude macht. Und ich habe gemerkt, dass, selbst als ich nicht das Geld dafür hatte, als es keine Leichtigkeit gab, dafür zu zahlen, ich es trotzdem machte, weil es mir so viel Freude brachte. Ich *wusste*, dass es mehr Geld reinbringt; ich konnte es fühlen. Und ich denke, das können wir alle, und ich denke, wir haben das abgeschnitten, seit wir kleine Kinder waren. Aber eine Sache, die mir aufgefallen ist, ..., wenn du da draußen bist und mit Geld kämpfst, oder du hast einfach nicht so viel, wie du dir wünschst, ist vielleicht eines der fehlenden Elemente die Freude in deinem Leben; und vielleicht ist eines der fehlenden Elemente die Freude, die du mit Geld und mit Bargeld hast, wie wir vorher schon erwähnt haben.

Eines der Dinge, die ich bemerkte, als ich in der Business-Klasse reiste, ist, wie viele Leute wütend waren, sauer waren, absolut überheblich oder totale Arschlöcher waren und so taten, als ob alle ihnen den Arsch küssen müssen, weil sie Geld hatten. Sie waren nicht glücklich. Sie waren nicht nett zu den Flugbegleitern. Sie waren nicht dankbar dafür, dass sie kostenlose Drinks bekommen. Und ich schaute mir das an und dachte, wie existiert das? Diese Leute haben, was alle anderen sich wünschen, angeblich. Sie denken, sie haben, was alle anderen sich wünschen, was das Geld ist, aber sie haben keine Freude dabei. Und das ist interessant, denn ich habe so viele solcher Leute gesehen, und ich verstehe nicht ..., ich meine, ich verstehe es, weil ich es so oft gesehen habe, und ich verstehe, dass das die Art und Weise ist, wie so viel unserer Welt funktioniert. Aber in Wirklichkeit, für mich, also wirklich, beim Geld geht es nicht um das Geld. Ich liebe, was Gary Douglas in einem der ersten Kurse sagte, die ich bei ihm machte. Er sagte: „Schau, der Zweck von Geld ist, die Realitäten der Leute zum Großartigeren hin zu verändern." Und ich dachte: „Das ist so cool. Endlich habe ich jemanden, der wirklich eine ähnliche Ansicht hat."

Kannst du mehr darüber sprechen, die Realität von Leuten mit Geld zu verändern? Wie sieht das aus?

Ich habe immer versucht, das zu machen, sogar als kleines Kind, weißt du? Als ich ein Kind war und wenn ich Geld in meiner Tasche hatte und da jemand auf der Straße bettelte, und wenn sie das nicht einfach so machten, wenn es nicht so aussah, als ob sie es machten, um sich die Taschen vollzustopfen; wenn es wirklich eine Not in ihrer Welt gab, habe ich halt gesagt: „Hier sind 10 $", und das war damals, als 10 $ wie eine Milliarde war. Weißt du, damals; also in den alten Zeiten! Als 10 $ wirklich etwas bedeuteten. Und ich gab ihnen das Geld, weil mein Gespür war: „Hier, es könnte deine Welt verändern. Ich weiß es nicht." Und der lustige Teil ist, dass jedes Mal, wenn ich so etwas machte und ihnen 10 $ gab, dass ich mindestens 10 zurückbekam.

Ich erinnere mich, wie ich einmal die Straße entlangging. Ich hatte dieses Geld gespart und ich hatte also 20 $, und ich wollte diese Süßigkeiten kaufen, die ich wollte, und da war dieses Spielzeug, das ich wollte, und da waren etwa 25 Sachen, die ich mit meinen 20 $ kaufen wollte. Gott! Erinnert ihr euch? Na ja, da war ich also, und da war dieser Typ, der auf mich zukam, und man konnte diese Not in seiner Welt spüren, und er sagte: „Hey Kumpel. Hast du Geld?" Und ich war noch nicht mal ein Teenager. Und ich sagte: „Hm." Und ich hatte plötzlich ein riesiges Lächeln auf meinem Gesicht und sagte: „Klar. Hier, nimm." Und ich dachte, okay, ich denke, ich werde jetzt nicht gehen und meine Süßigkeiten und Spielzeuge kaufen. Also fing ich an, zurück nach Hause zu gehen. Ich bog buchstäblich um die Ecke und da lag ein 20-$-Schein auf dem Boden. Und ich dachte: „Wow. Das ist toll." Also, diese Sache, dass die Freude dir dieses Gefühl für die Magie des Lebens und der Lebensfreude gibt. Das kann sich wirklich so zeigen, und die meisten von uns haben es vergessen, wenn wir es hatten, als wir klein waren. Aber, wenn du da wieder zurückkommen kannst, zeigt sich das Geld von den verrücktesten Orten.

Und das ist die Sache, von der ich denke, dass es so wichtig, dass wir das kapieren: Es geht nicht um die Menge an Geld, die du hast. Es geht um die Freude, die, was immer du auch damit tust, es dir bringt. Und das ist dasselbe mit mir. Ich hatte 20 $. Ich gab meine 20 $ weg, weißt du?

Da ist eine solche Großzügigkeit darin. Kannst du mehr über die Großzügigkeit sagen und was das kreiert?

Es ist interessant, denn als ich Gary Douglas das erste Mal traf, war das so, er hatte keine riesige Summe Geld. Wir gingen irgendwo hin und machten irgendwas und man hätte denken können, dass er ein Milliardär ist wegen der Großzügigkeit, die er hatte. Und das ist der Punkt .... die Großzügigkeit, die du mit Geld und mit Bargeld und mit Geschenken haben kannst. Und auch die Art, wie du in der Welt bist, ist eine andere Art, auf die du Geld und Bargeld zu dir bringen kannst, denn was geschieht, wenn du diese Großzügigkeit hast, ist, du bist offen, Geschenke zu machen, und was wir uns nicht klarmachen, ist, dass schenken und empfangen gleichzeitig auftreten. Die meisten von uns haben versucht, das auszuschließen. Wir haben versucht, das in das ‚Schenken' und ‚Empfangen' zu stecken oder in ‚Geben' und ‚Empfangen'. Oder was die meisten von uns tatsächlich als ihre Ansicht haben, ist, ‚geben und nehmen'. Und ich merke, dass das die Art ist, wie die Welt funktioniert, aber es ist nicht die Art, wie du funktionieren musst.

Also hast du, ich, im Prinzip das ganze Access-Team, wir haben diese Sache, die eine Großzügigkeit ist, die uns Freude bringt, jemand anderem etwas zu schenken. Es schenkt uns Freude, jemand anderen etwas Schönes tragen zu sehen, worin sie toll aussehen, und zu sagen: „Verdammt, Baby. Du siehst heute heiß aus!" Mädchen oder Junge; das ist egal. Aber was es tut, ist, das kreiert tatsächlich eine Energie davon, direkt vom Universum zu empfangen. Und wenn ich sage, das Universum, dann meine ich jetzt nicht dieses spirituell-abgehobene Universum. Was ich meine ist: „Wir sind alle Teil des verdammten Universums, wisst ihr? Also ist es nicht nur das Universum, das dir dein Bargeld gibt. Es kommt über andere Leute und über andere Orte, und das kreiert eine Energie, wo dieses Reinfließen weitergehen kann wegen der Gleichzeitigkeit von Schenken und Empfangen. Es ist nicht wirklich eine Geben- und Nehmen-Welt; wir haben sie nur so kreiert.

Du sprichst darüber, dass du zwei verschiedene Familien hattest; eine, die kein Geld hatte, und eine, die Geld hatte. Die Energie von

den beiden war unterschiedlich. Was ist der Unterschied, der dir aufgefallen ist?

Im Grunde war es für mich so, die Familie, die kein Geld hatte, hatte diesen Stolz auf ihre Armut, und ich sehe das bei vielen Leuten.

Stolz auf Armut ist eine der größten Sachen, die ich bei Leuten sehe, die ständig Geld ablehnen. Es ist so wie: „Du weißt nicht, was ich durchgemacht habe. Du weißt nicht, wie ich leiden muss." Und es ist aber, du musst den Mist nicht mehr an Ort und Stelle halten. Was ist der Wert daran? Nur, weil deine Familie das hatte, bedeutet das nicht, dass du das auch musst.

Nun mit der Seite der Familie, die Geld hatte, die waren auch geizig; sie hatten nur einen schöneren Lebensstil. Außer mein Großvater. Er war derjenige, der das Unternehmen überhaupt gegründet hatte, der tatsächlich große Mengen an Bargeld und Geld kreierte, die mein Vater, mein Onkel, meine Großmutter und der Rest der Familie später ausgab und bis zum letzten Cent verbrauchte. Das zu erkennen, veränderte meine Welt, weil er eine Großzügigkeit hatte und bereit war, ständig zu schenken, und immer mehr bekam.

Kannst du mir ein bisschen mehr über deinen Großvater erzählen? Was war das für ein Unternehmen und wie ging er damit um?

Mein Großvater hatte eine angeborene Großzügigkeit. Und als ich groß wurde, gab ich eines Tages mein Zeugnis ab und er sagte: „Okay", und gab mir 600 $ zurück. Das war, als ich zur Highschool ging. Und ich hatte diese großen Augen, denn mir gefällt ja Bargeld, richtig? Ich liebe Geld. Ich dachte, das ist toll. Das ist so cool. Und ich bekam wirklich große Augen und fragte: „Wofür ist das?" Und er sagte: „Für all die guten Noten, die du bekommen hast." Ich hatte 6 von 6 Einsern. Und ich meinte: „Wirklich?" Er sagte: „Ja. Und jedes Mal, wenn du eine 1 bekommst, gebe ich dir 100 $ und für eine 2 gebe ich dir 50 $." Ratet mal, wer während der gesamten Schulzeit glatte Einser bekam?

Und weißt du, das ist so interessant. Du machst dir manchmal gar nicht klar, was eine Auswirkung in deinem Leben hatte, bis dich jemand darum bittet, dir die Geschichte davon zu erzählen. Das geschieht gerade jetzt. Ich gehe eine Menge Sachen durch, wo ich merke, dass eine Menge von der finanziellen Realität, die ich jetzt haben kann, von dem kam, was ich sah, das er war, was ihm niemand in unserer Familie anrechnete und was niemand als Großartigkeit anerkannte. Er hatte wirklich Größe in diesem Bereich. Also war diese eine Sache, diese Großzügigkeit, einfach toll in meinen Augen, aber auch die Bereitschaft, einfach Bargeld wegzugeben, Geld wegzugeben, und es war nicht so, dass er es weggab, um etwas Unnützes zu tun. Er wusste, wann es jemandes Realität verändern würde. Er hatte dieselbe Ansicht wie Gary.

Was er mit diesem ersten Zeugnis in der Highschool machte, war, dass er mir etwas zeigte, wofür ich wirklich arbeiten und wählen wollte, und ich habe buchstäblich so ziemlich durchgängig Einsen gehabt. Es gab vielleicht zwei 2+, die ich in der Highschool bekam. Aber der ganze Rest waren im Prinzip wirklich gute Noten. Und das war ein Teil der Motivation, aber ich tat es nicht nur für das Geld. Ich tat es, weil mich jemand wirklich mit diesem Geschenk anerkannte und mich sah, und sah, dass es Wert hatte. Wenn ich mein Zeugnis meinem Vater und meiner Stiefmutter nach Hause brachte, schauten sie es sich an und sagten: „Oh, cool. Ich werde es unterschreiben, um zu beweisen, dass ich es gesehen habe", und da war keine Energie. Nicht etwa: „Wow, Dain, gut gemacht. Wir könnten das nie." Mein Großvater brachte mich also dazu, nach mehr zu streben, und noch einmal, das ist eine der Sachen, die wir mit unserem Geld machen können – es Leuten beitragen, damit es ihnen erlaubt, nach mehr zu streben.

Gibt es entscheidende Momente, wo du das Gewahrsein hattest, was die Energie rund um Geld kreieren kann oder nicht kreiert?

Das ist interessant, denn das Familienunternehmen meines Großvaters, er nannte es Robotronics, und die Leute riefen immer an und fragten: „Haben Sie Roboter?" Und er sagte: „Nein, das machen wir nicht wirklich." Sie verkauften gewartete Bürogeräte. Aber er erkannte einen Bedarf, der erfüllt werden konnte, als er noch sehr jung war, kreierte dieses Unternehmen, als niemand sonst ein solches Unternehmen hatte, hatte alle möglichen großen Klienten, große Banken, große Institutionen, und zwar alles damals, als man noch Schreibmaschinen und Kopierer und solche Sachen benutzte. Nun, als langsam das Computerzeitalter anbrach, wollte er da einsteigen, und mein Onkel und mein Vater, die irgendwie einen Anteil am Unternehmen hatten, meinten damals: „Nein. Wir können das nicht machen." Blah, blah blah. Sie waren nicht bereit, die Zukunft zu sehen. Das ist noch etwas, was mein Großvater hatte. Er war bereit, die Zukunft zu sehen und anzuschauen, was seine Wahlen in Bezug auf das Unternehmen und das Personal kreieren würden, und zu tun, was er konnte, um das beste Ergebnis zu erzielen.

Und ich sehe viele Leute, die zum einen nicht erkennen, dass sie diese Fähigkeit haben, und ich denke, viel davon ist, weil sie in der finanziellen Realität ihrer Familien feststecken. Aber das andere ist; zu einem Zeitpunkt kreierte mein Onkel tatsächlich ein Unternehmen wie Kinkos, das gibt es zumindest in den Vereinigten Staaten, und ich weiß, dass es an vielen Orten auf der Welt ist. Kinkos ist im Prinzip ein Dokument-Management-Service, wenn du Büroraum mieten musst, einen Kopierer brauchst, wenn Kopien gemacht werden oder Banner gedruckt werden müssen, blah, blah, blah. Mein Onkel kreierte das tatsächlich 15 Jahre, bevor es Kinkos gab, aber er war so sehr dem verpflichtet, kein Geld zu haben und sich selbst zu zerstören, um zu beweisen, dass er in seinen festen Ansichten recht hatte, dass es scheiterte. Nun kann man sagen, dass er seiner Zeit voraus war. Das war er. Und andererseits würde man jetzt, wenn er den Antrieb gehabt hätte, den mein Großvater hatte, mit einem Multimilliardär sprechen, denn er hat tatsächlich dieses Konzept kreiert, bevor es irgendjemand sonst auf der Welt getan hatte.

So viele Leute bleiben in den Ansichten ihrer Familie hängen. Wie war es bei dir: Hast du sie abgekauft? Hast du deine eigene Realität

kreiert? Wie können die Leute da rauskommen, wo sie in den Ansichten ihrer Familie feststecken?

Wenn ich mir diese Sachen finanziell anschaue, sehe ich, wo viele Ansichten herkamen, sowohl gute als auch schlechte oder auch erweiternde und begrenzte, aber dann ist da diese andere Sache, die wirklich unerlässlich ist, nämlich, über all das hinauszugehen, über all das Vergangene hinauszugehen. Etwa so: „Cool. Ich hatte dies von der mütterlichen Seite der Familie. Ich hatte dies von der väterlichen Seite der Familie. Ich hatte diese Verrücktheit hier in Bezug auf Armut. Ich hatte jene Verrücktheit dort in Bezug auf die mangelnde Bereitschaft, das Geld zu haben, als sie das Geld hatten und es verloren und zerstörten, aber weißt du was? Was möchte ich heute gerne kreieren?" Ja, ich hatte all das, und was ich vorschlagen würde, ist, wirklich zurückzugehen und all die großartigen Dinge aufzuschreiben, die du von den Menschen um dich herum, mit denen du aufwuchst, über Geld gelernt hast. Welche Erkenntnisse hast du bekommen, die du nie wirklich umgesetzt hast und nie wirklich anerkannt hast? Und auch: Was sind die Begrenzungen? Und gehe diese gesamte Liste durch und mache sie 10 Mal, 20 Mal, 30 Mal, bis du sie dir anschaust und keine Ladung mehr darauf hast. Denn, was es wirklich braucht, ist, nicht nur unsere Vergangenheit anzuschauen und sie noch einmal zu durchleben und sie anzuschauen und zu sagen: „Nun, deswegen habe ich diese Ansicht. Okay, gut. Ich werde jetzt weitermachen und diese Ansicht noch ein wenig weiter behalten", es geht darum, anzuerkennen, dass die Ansicht eine Begrenzung ist: „Wow. Das ist cool. Jetzt weiß ich wenigstens zum Teil, warum ich diese Ansicht habe. Jetzt werde ich darüber hinausgehen."

Und ich hasse es, das zu sagen, aber meine Ansicht über diese Ansichten und unsere Begrenzungen aus der Vergangenheit ist: „Weißt du was, scheiß drauf!" Ja, ich habe das gelebt. Ich habe einigen entsetzlichen Missbrauch erfahren, als ich aufwuchs; physisch, emotional, mental, und fast alle um mich herum hassten mich einen Großteil meines Lebens. Weißt du, meine Stiefmutter und mit der Familie, mit der ich im Ghetto mit meiner Mama lebte, okay, gut. Prima. Ich habe das gelebt. Und nun? Was möchte ich heute mit meinem Leben kreieren? Ich habe diese 10 Sekunden, um den Rest meines Lebens zu leben, was werde ich von jetzt an wählen? Nicht etwa: „Ich habe dies, also muss ich es weiter mitschleppen", sondern: „Da ist es. Was kann ich jetzt tun, um darüber hinauszugehen?"

Gibt es noch eine andere Sorte wirklich pragmatischer Werkzeuge, die du den Leuten geben könntest, die sagen: „Ja, ja, ja. Er hat das gemacht. Sie hat das gemacht. Aber was ist mit mir?" Kannst du dem noch etwas anderes hinzufügen, um den Leuten mehr Klarheit zu verschaffen, um sie zu ermächtigen, etwas anderes in Bezug auf Geld zu wählen und in Bezug auf ihr Leben?

Auf jeden Fall. Und ich meine das wirklich ernst, wenn ich es sage: Kauft Simones neues Buch! Und was ich vorschlagen würde, wäre, folgende Frage aufzuschreiben: „Was lässt mich am meisten in Bezug auf Geld und Bargeld festhängen, das aus meiner Vergangenheit ist?" Und schreib einen verflixten Roman, wenn du musst. Und dann verbrenne das Scheißding. Okay? Das war deine Vergangenheit. Und hier ist das andere, was ich gerne hätte, dass du es dir anschaust und vielleicht aufschreibst, wenn du dazu bereit bist, aber du solltest dir Folgendes anschauen: „Was ist das Geschenk, das dies zu durchleben mir gegeben hat?" Siehst du, wir betrachten das immer, als sei es ein Fluch. Das ist es nicht.

Ich habe ein angeborenes Gewahrsein davon, wie Menschen funktionieren, die sehr wenig Geld haben. Ich habe ein angeborenes Gewahrsein von ihren Unsicherheiten und ihren Wünschen und ihrem Gefühl, es nicht tun zu können. Nun, was ist meine Aufgabe in der Welt? Leute zu facilitieren, aus diesem Mist rauszukommen. Also, dieses inhärente Gewahrsein, das ich habe, ich weiß nicht, ob ich das tun könnte, was ich mache, ohne den Missbrauch, den ich erfahren habe. Ich könnte es wahrscheinlich, aber nicht auf die Art, wie ich es mache. Nicht auf die Art, die wirklich für mich funktioniert, und manchmal auch sehr intensiv ist. Und, was das finanzielle Zeug angeht, ist es auch so, wenn man sieht, was ich erfahren habe - ich habe einen Ort, von dem aus ich sprechen kann, der mir erlaubt, das zu tun, was zu tun ich hier in der Welt bin. Und was ich mir bei den hunderttausenden Menschen angeschaut habe, die in der Zeit, in der wir beide hier waren, zu Access gekommen sind, ist, dass jeder etwas hat, was er hier tut. Jeder hat etwas, das sein Leben ihm dazu beigetragen hat, hier zu sein und zu tun. Sobald du einen Zipfel oder die Spur von diesem Geschenk erwischst, fangen die Dinge an, sich dramatisch zu ändern, denn du kommst aus der Bewertung dessen heraus, was du erfahren hast, und schaust dann auf das Geschenk von dem, was du erfahren hast, und fängst an zu schauen: „Wow." Und die andere Frage, die man stellen könnte, ist: "Wie kann ich dies nutzen, um Geld und Bargeld zu kreieren?"

Also nutzt du eigentlich deine Kindheit, wie du aufgewachsen bist, die Kultur, die Familie, alles zu deinem Vorteil.

Ganz genau. Und nutze alle Werkzeuge, die du hast. Wenn du noch ein paar mehr Sachen aufschreiben möchtest, könntest du zum Beispiel aufschreiben: „Welche anderen Werkzeuge und Geschenke habe ich, die mir erlauben werden, viel Geld zu kreieren, mehr Geld und mehr Bargeld, als ich jemals für möglich gehalten habe?" Und schreibe auf, was du noch hast.

Außerdem ist da noch diese Sache, dass du dich nicht so verflixt ernst nehmen solltest. Weißt du, wir machen das so häufig, und worüber du am Anfang der Sendung gesprochen hast, über die Leichtigkeit und es aus der Freude zu tun, und dass du Joy of Business als eines deiner Businesse hast, und auch ein Buch, und als ich davon hörte, als ich dich das Business aus der Freude betreiben sah, ging es genau darum. Sich selbst nicht so wichtig nehmen. Viel mehr Spaß haben. Tue, was Spaß macht, und nimm dich selbst nicht so verdammt wichtig und du wirst tatsächlich damit beginnen, mehr Geld zu kreieren, als du je für möglich hieltest.

Die Leute sehen dich jetzt und du bist erfolgreich, du hast Geld, du bist auf der ganzen Welt bekannt. Aber so hast du ja nicht angefangen. Wie hast du das Kreieren deiner Zukunft gesehen und was war die Energie, die du warst, die du sein musstest? Was hast du gewählt, als du beschlossen hast, wirklich damit anzufangen, mehr für dich zu verlangen, damit anzufangen, mehr Geld in deinem Leben für das, was du tatsächlich tust und bist, zu empfangen?

Als ich anfing, nahm ich 25 $ pro Sitzung, in meinen chiropraktischen Sitzungen; die meisten Leute bekamen das, wofür sie bereit waren 25 $ zu zahlen, wie zum Beispiel einen Film. Und das war so wie: „Oh, das war nette Unterhaltung. Vielen Dank", und sie gingen wieder. Und dann kam Gary Douglas, der in meine Praxis kam und sagte: „Du nimmst viel zu wenig für das, was du machst." Aber ich gab ihm eine Sitzung, und er sagte: „Das hat buchstäblich mein Leben gerettet." Und ich meinte: „Wirklich? Ich?" Denn meine Unsicherheit damals war jenseits aller Vorstellungen. Das war ein Prozess über die letzten 16 Jahre! Und was den Leuten nicht klar ist, ist, dass sie jemanden sehen, der einen gewissen Erfolg hat oder einen gewissen Wohlstand oder ein gewisses Maß an irgendetwas, das sie meinen, sich zu wünschen, und sie machen sich nicht klar, wie lang derjenige gebraucht hat, um dort hinzukommen. Sie machen sich nicht klar, wie viele Fehler er gemacht hat. Sie machen sich nicht klar, wie viele Unsicherheiten er überwinden musste.

Was ich also den Leuten sagen möchte, ist, egal, wo du gerade stehst, fang an. Und nimm das wahr, wenn du die Energie davon vor dich nimmst, wie es wäre, vielleicht das Drei- oder Vierfache von dem zu verdienen, was du im Moment verdienst, und nimm die Energie davon wahr. Und nimm die Energie davon wahr, wie es wäre, um die Welt zu reisen, wenn du das möchtest. Oder zumindest die Zeit und das Geld zum Reisen zu haben. Nimm die Energie davon wahr, wie das wäre, nicht nur deine Rechnungen zu bezahlen, sondern ein Maß an Wohlstand und finanziellem Überfluss zu haben, der dir gefällt, und Extrageld auf der Bank oder in deiner Matratze oder wo auch immer du es zu Hause aufbewahrst.

Und nimm auch wahr, wie es wäre, etwas zu tun, das wirklich anderen Menschen beiträgt und sich die ganze Zeit verändert, wo du mit Leuten arbeiten kannst, mit denen es Spaß macht, und du wirklich dein Leben und deine Lebensweise genießen kannst. Und nimm diese Energie wahr und dann zieh Energie da hinein aus dem ganzen Universum und schicke kleine Rinnsale raus zu allen und allem, was dir helfen wird, dies für dich zu einer Realität zu machen, die du noch nicht einmal kennst. Weißt du, das ist eine Übung im Buch „Being You Changing The World" (Sei du selbst und verändere die Welt), das ich geschrieben habe. Und es geht wirklich darum, du zu sein. Was ist so einzigartig für dich, das diese Energie wäre, wenn all diese Sachen sich zeigen würden? Und dann geh in die Richtung von allem, was sich so anfühlt. Und die Leute machen sich das nicht klar, dass es etwas gibt, das sie tatsächlich leiten wird, was nämlich ihr Gewahrsein ist, ihre Verbindung mit allem, was ist, wenn man so will. Und lustigerweise scheinen erfolgreiche Geschäftsleute dies von Natur aus zu machen. Und dann machen sich viele von ihnen über das energetische Zeug lustig. Und ich sage: „Ja, aber das ist es, was du energetisch machst." Und sie sagen: „Ja, ja, ja. Nein. Nein. Sag nicht das Wort ‚Energie'. Vielen Dank."

Aber wenn du das wahrnehmen kannst, beginnt es zu bewirken, dass du bereit bist, in die Zukunft zu gehen. Also ziehst du Energie aus dem ganzen Universum da hinein, bis es wirklich groß wird und bittest das Universum beizutragen. Und jetzt kommt der Clou. Ich höre viele Leute das Wort „Universum" benutzen, als ob es etwas außerhalb von ihnen wäre. Du bist Teil des Universums! Also erkenne, dass das du bist, der um etwas bittet, basierend auf deiner Verbindung damit und dann lass kleine Rinnsale zu allen und allem rausgehen, die dir helfen werden, dies für dich zu einer Realität zu machen. Und wenn du das machst, beginnst du damit, die energetische Zukunft, die du gerne hättest, zu erschaffen, und das Seltsame und Wunderbare hieran ist, dass all die

Teile davon, wie es wäre, diese Energie zu kreieren, anfangen, zu dir zu kommen. Aber du musst bereit sein, sie zu empfangen, wenn sie sich zeigen.

Und da komme ich dann zu dieser Sache, wo ich darüber gesprochen habe, wie ich versucht habe, meine Familie zu ordnen, sodass, wenn sich etwas zeigte und es zu „groß" war, ich meinte: „Oh nein. Ich kann das nicht tun", anstatt eine Frage zu stellen. Und das ist das Nächste, das du tun solltest, wenn sich etwas zeigt, nämlich *nicht* zu sagen „Ich kann das nicht", sondern „Was würde es brauchen, damit ich das tue?" Und das ist wirklich diese funktionelle Ansicht: „Was würde es brauchen, damit ich das kreiere?", anstatt in diesem Modus der Unsicherheit zu sein von dem, was man nicht tun kann und was man nicht kreieren kann.

Also gibt es diese Orte, wo du diese Unsicherheiten hast oder Gründe, die du als real kreiert hast, oder die Dinge, die du kreiert hast, die du als Fehler betrachtest, aber das sind sie nicht wirklich. Eine Sache, die ich bei dir beobachte, Dain, ist, dass du ständig etwas Großartigeres wählst, egal, was es braucht.

Ja, genau. Eine Sache, die ich Leute tun sehe, wenn eine neue Möglichkeit aufkommt, ist, dass sie automatisch beschließen, sie können es nicht tun, bevor sie überhaupt anfangen. Das ist also einer der Orte, wo wir uns so dynamisch stoppen. Und wenn du dir mein Leben anschaust, habe ich viele Gründe, um Nein zu sagen. Ich habe viele Gründe, um mich selbst zu stoppen. Ich habe viele Gründe, warum ich nicht in der Lage sein sollte, es zu tun. Aber ich muss sagen, dank Access und der Werkzeuge von Access Consciousness, denn das ist wirklich diese großartige Schatzkiste an Werkzeugen, um Sachen zu verändern, also dank dem und meiner Nähe zu dir, meiner Nähe zu Gary und meinen Freunden, die wirklich für mich da sind und die für mich da sein werden, wenn ich merke, dass ich eine Begrenzung habe und sie verändern möchte, dank all dem bestimmt meine Vergangenheit nicht mehr meine Zukunft. Und ich glaube, dass dies eine der größten Schwierigkeiten ist, die Leute haben; ihre Vergangenheit bestimmt ihre Zukunft. Eine großartige Möglichkeit zeigt sich, und sie sagen: „Nein, das ist zu chaotisch. Das ist zu viel." Nun, rate mal was? Chaos ist Kreation. Und die Sache beim Chaos ist, wir denken immer noch, Ordnung sei gut und Chaos sei schlecht. Bewusstsein beinhaltet alles und bewertet nichts; deswegen heißt es Access Consciousness, was wir machen. Es umfasst alles und bewertet nichts.

Ich meine, wenn du es dir einen Moment anschaust, der interne Verbrennungsmotor, weißt du, das Ding, das dein verflixtes Auto antreibt, er funktioniert aus dem Chaos. Es sind Explosionen in deinem Motor, die dein Auto antreiben. Wenn du versuchen würdest, das Chaos vollständig zu eliminieren, würde sich dein Auto nicht mehr fortbewegen. Genauso ist es mit dem Auto deines Lebens. Was du tun solltest, ist, das Chaos zu nehmen und es zu ordnen, so gut du kannst, um eine Kohärenz zwischen Chaos und Ordnung herzustellen, die dir erlaubt, vorwärtszugehen. Und ich sage das, und viele Leute denken: „Äh was? Ich kapier das nicht ..."

Aber das ist das Schöne daran: Du musst nicht wissen, wie es funktioniert. Aber du musst bereit sein, damit aufzuhören zu versuchen, das Chaos zu vermeiden, das sich zeigt, und die Dinge, von denen du meinst, sie seien zu viel, und die Dinge, von denen du meinst, sie seien außer Kontrolle, denn vielleicht ist außer Kontrolle genau das, was du brauchst, um deinen nächsten Schritt zu tun.

Also welche Fragen können die Leute stellen, wenn sie meinetwegen denken: „Oh ja, ja. Der Typ kann das machen, aber wie kann ich das machen?"

Ah, mach dir einfach klar, ich wusste nicht, dass ich es tun könnte, ich dachte auch nicht, dass ich es tun könnte, aber ich war bereit, es zu versuchen. Und das ist es wirklich, was du bereit sein musst zu tun, dich darauf einzulassen. Weißt du, das Schlimmste, was passieren kann, ist, dass es nicht funktioniert. Nun, rate mal was? Wie viele andere Sachen hast du gemacht, die nicht funktioniert haben? Und die andere Sache ist, dass jede einzelne dieser Sachen, die deine Unsicherheiten und diese Orte sind, wo wir Nein sagen, all das sind Orte, wo wir versuchen, etwas aus unserer Vergangenheit zu ordnen. Jede einzelne dieser Sachen. Und wenn du dir das anschauen würdest und fragen würdest: „Versuche ich hier, etwas zu ordnen?"

Erkenne, dass, wenn du versuchst, deine Vergangenheit zu ordnen, dich das davon abhält, deine Zukunft zu kreieren.

Was würdest du gerne noch sagen, bevor wir die Unterhaltung beenden?

Deine Ansicht kreiert deine Realität, deine Realität kreiert nicht deine Ansicht. Diese Werkzeuge verändern deine Ansicht, sodass sich deine Realität anders zeigt. Du musst nicht leiden mit Geld. Ich kenne das. Jeder kann seine Geldsituation verändern. Du hast es gemacht. Ich habe es gemacht. Und wir haben so viele Leute gesehen, die zu Access gekommen sind, die es gemacht haben, aber du musst wirklich bereit sein, es zu machen. Du musst bereit sein, die Arbeit zu machen; es ist keine magische Pille, aber es funktioniert manchmal auf jeden Fall wie ein verflixter Zauberstab!

Du kannst dein Schicksal verändern, wirklich. Du kannst alles verändern. Und was wäre, wenn du, indem du wirklich du selbst bist, das Geschenk, die Veränderung und die Möglichkeit wärst, die diese Welt braucht? Wählst du, dies zu wissen? Denn du bist es.

Glossar

In diesem Buch werden bestimmte Begriffe wiederholt, und da sich ihre Verwendung ein wenig vom gewohnten Sprachgebrauch unterscheidet, soll hier kurz auf ihre Bedeutung und Verwendung bei Access Consciousness eingegangen werden.

Präsent sein mit etwas – etwas wahrnehmen, ohne es wegschieben oder darauf reagieren zu müssen; zum Beispiel eigene Gefühlsregungen.

Gewahr sein – etwas bemerken, sich einer Sache bewusst sein, und zwar nicht auf die fünf Sinne und den Verstand beschränkt, sondern darüber hinausgehend.

Gewahrsein – die über die 5 Sinne hinausgehende Wahrnehmung der Welt, häufig als „Instinkt/Intuition" bezeichnet; als Ergebnis einer Wahl auch „Erkenntnis".

Beitrag/beitragen – wenn etwas oder jemand etwas oder jemandem einen Nutzen jeglicher Art bringt, auch ohne, dass dies beabsichtigt ist – so kann eine Katze einem Menschen ein Beitrag sein, einfach dadurch, dass sie da ist.

Wahl/wählen – dies ist ähnlich wie eine Entscheidung, dabei aber viel flexibler und immer abänderbar – ich wähle in diesen 10 Sekunden, am Tisch zu sitzen, in den nächsten 10 Sekunden wähle ich aufzustehen, dann wähle ich, betrübt zu sein, und wenn es mir über ist, wähle ich, wieder fröhlich zu sein.

Etwas zeigt sich – im Gegensatz zum Geschehen oder Passieren, das bisweilen ein Ausgeliefertsein impliziert, beschreibt dieser Ausdruck, dass Dinge/Umstände eintreten/sich zeigen, aufgrund der Wahlen, die man trifft.